KB232388

못 파는 광고는
쓰레기다

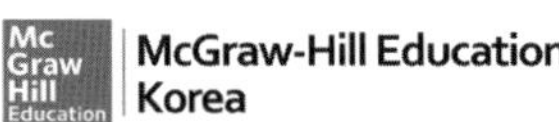

McGraw-Hill Education Korea

My Life in Advertising and Scientific Advertising, 1st Edition.

1 2 3 4 5 6 7 8 9 10   IMRI   20 14

Original: My Life in Advertising and Scientific Advertising, 1st Edition. © 1966

By Claude Hopkins

ISBN 978-0-84-423101-3

This book is exclusively distributed by Infomercial Marketing Research Institute.

When ordering this title, please use ISBN 979-11-951552-0-0

Printed in Korea

인포머셜 마케팅연구소 McGraw Hill Education

못 파는 광고는 쓰레기다

My Life in Advertising & Scientific Advertising

나의 광고 인생과 과학적 광고

클라우드 C. 홉킨스 Claude C. Hopkins 지음

심범섭 편역

도대체 왜,
또다시 홉킨스인가?

Claude C. Hopkins.

이 위대한 광고인을 가르쳐준 것은 데이비드 오길비(David Ogilvy, 1911~1999)와 존 케이플즈(John Caples, 1900~1990)였다. 1980년 초, 광고계에 입문한 나는 케이플즈를 역사상 가장 효과적인 광고를 만든 인물로, 오길비를 광고계의 영웅이자 현인으로 흠모하며 그들의 광고정신과 기법을 사숙했다. 그러나 제일기획이라는 요람에서 광고를 배우던 1980~1990년대는 광고만 하면 팔리던 시대였다. 이런 이유로 홉킨스의 위대성을 알 수 없었다. 얼치기 광고인에게 〈과학적 광고(Scientific Advertising)〉는 증기기관차 시대의 유물로 치부되곤 했다. 오길비와 케이플즈에게 광고를 배우면서도 그들의 결과물에만 탐닉했을 뿐, 그들의 광고철학에 지대한 영향을 끼친 홉킨스와 〈과학적 광고〉의 본질을 깨닫지 못했다.

그렇다면 지금 왜 다시 홉킨스인가?

100여 년 전, 새롭게 부흥하는 산업시대의 광고와 마케팅을 이끌었던 홉킨스의 과학적 광고원리가 지금 이 시대에도 유효할 것인

가. 그렇다. 오늘날, 새로운 미디어의 혁명적 분화(Cable TV, 위성TV, IPTV, 디지털TV, HDTV, DMB, Smart Phone, 인터넷 등)는 100여 년 전 새로운 매체(신문, 잡지, 라디오, TV)의 출현과 동일하다. 따라서 새로운 미디어를 어떻게 활용하고, 소비자에게 어떻게 커뮤니케이션 할 것인가에 대한 홉킨스의 통찰력은 시공을 초월한 기본원리가 될 수 있다. 새로운 변화의 시대—광고의 ABC를 다시 배워야 하는 지금 홉킨스가 정립한 과학적 광고는 다시금 모든 광고인의 교과서가 되어야 한다.

이번에 편역한 책은 1950년에 출간된 〈나의 광고 인생(My Life In Advertising)〉과 〈과학적 광고〉의 합본으로 국내 최초로 출판하게 되었다. 무엇보다 이 책을 통해 홉킨스의 광고철학과 현장 경험을 보다 쉽고 구체적으로 이해할 수 있을 것으로 기대한다. 특히 홉킨스의 자서전인 〈나의 광고 인생〉을 통해 역사적 실전 사례에 기초한 '과학적 광고'가 불변의 진리임을 깨닫게 될 것이다.

도대체 왜!

지금 이 시점에 또다시 홉킨스를 조명하는 이유는 무엇일까?

첫째는 광고를 많이 하는 대기업의 광고담당자나 광고대행사의 제작자일수록 광고가 제품에 관심을 기울이게 하여 판매를 일으키도록 하는 설득도구가 아니라, 단지 광고 자체에 관심이 쏠리도록 하는 것이 광고라고 생각하는 경향이 있기 때문이다.

어쩌면 이 시대의 광고인들은 홉킨스가 100여 년 전 선언한 '즉각 소비자를 설득하여 즉각적인 판매를 하는 것'이 광고의 목표라는 것을 잃어버린 것은 아닌지! 이런 이유로 이미 자리를 잡았고 성공했기 때문에 즉각적인 판매보다는 재미있는(소위 창의적이라는 아이디어가 담긴) 광고물을 만드는 것(그것도 예술적으로)이 광고라고 생각하는 이 시대의 광고인들에게 광고의 본원적 역할에 대한 성찰의 시간을 마련해 주고 싶다.

둘째는 새로운 비즈니스와 아이템을 시장에 도입하려는 새로운 발상의 젊은 도전자들에게 기득권 세력(기업과 상품)에 대항할 수 있는 강력한 무기를 제공하고자 한다. 미디어의 혼돈시대에 광고하려는 제품과 서비스는 어떤 매체를 통하여 어떤 소비자를 설득해야 하는지에 대한 사실관계를 정확하게 'Fact Finding'하는 것이 바로 홉킨스의 광고철학을 실천하는 것이며, 성공 비결이다.

광고는 상품을 팔 수 있어야 한다는 불변의 명제는 잊은 채, 광고를 예술 혹은 흥밋거리로 즐기며 천문학적인 광고비를 허공에 날리고 있는 대기업 광고담당자를 비롯한 메이저 광고대행사의 AE와 크리에이터들과 맞서 고군분투하고 있는 새로운 비지니스 게릴라(도전자)들이 비록 소액의 광고비밖에 없지만 과학적 광고를 실천한다면 시장의 틈새를 비집고 들어가 굳건하게 성공할 수 있을 것이다.

셋째는 G-마켓이나 옥션과 같은 Open-Market에서 제품을 파는 소호 상인들이 본능적으로 만든 광고물(소위 저급하다고 천대 받는 쇼핑몰 상세페이지)이야말로 오히려 시대에 훌륭히 적응한 사례임을 새삼 깨달았기 때문이다. 더불어 쇼 호스트들의 판매기법과 정보형광고인 인포머셜이라는 새로운 광고기법으로 생활용품은 물론 보험이라는 무형의 상품까지 팔아내는 인포머셜 광고인(유통업자)의 설득력이야 말로 홉킨스의 과학적 광고 기법과 광고철학을 올곧게 구현하고 있는 선각자라는 점을 선언하고 싶다.

본능적으로 세일즈맨 정신을 실천하고 있는 그들에게 홉킨스의 지혜와 경험을 알려준다면 새로운 광고시대의 주인공이 될 것을 의

   못 파는 광고는 쓰레기다

심치 않기 때문이다. 그래서 이 책을 그들에게 바치고 싶다. 나 역시 피와 땀이 묻어나는 판매의 현장에서 그들과 함께하는 동료이기 때문에.

덧붙여, 인포머셜이라는 새로운 분야에 동고동락하고 있는 인포벨의 모든 동료들과 출판 과정을 꼼꼼하게 챙겨 준 민병석 위원과 유종상 위원, 그리고 인포머셜마케팅연구소의 홍민석 부소장에게 감사를 드린다. 또한 일상의 가정사에는 게으르면서도 책 읽고 음악 듣고 글 쓰는 것을 즐기는 이기적인 나를 기쁜 마음으로 이해해 주고 있는 아내 정병옥 선생과 밤늦도록 나누는 인문학적 대화를 즐겨 해 준 재민·재욱과도 작은 성취를 함께하고 싶다.

2014년 정초
편역자 심범섭

이 책은 개인의 역사가 아니라 비즈니스에 관한 이야기를 기록한 것이다. 가능하면 사소한 이야기는 피하고 교육적인 내용에 한정하려고 했다. 이 책에서 여러 에피소드를 소개하는 주된 목적은 후배들에게 유용한 시사점을 주기 위한 것이다. 더불어 나와 달리 그들이 캄캄한 어둠 속을 더듬는 수고에서 구하기 위한 것이다.

어느 날, 로스앤젤레스에서 이 책의 내용을 벤 햄튼(Ben Hampton)에게 이야기했다. 그는 작가이자 출판인이며 또한 광고인이다. 그는 내 말을 여러 시간 동안 경청했다. 그의 생각에 나의 이야기가 광고에 입문하는 사람에게 매우 유용한 가치가 있는 내용이었기 때문이었다. 그는 끈질기게 나를 설득해 결국 출판하겠다는 약속을 나에게서 받아냈다.

그의 판단은 옳았다. 평생을 열심히 자신의 분야에 매진해 남보다 더 많이 깨우친 사람은 뒤를 잇는 후배들에게 경험을 전해 줄 빚이 있다. 연구의 결과는 기록되어야 한다. 모든 선구자는 이정표를 세워야 한다. 그것이 내가 하려고 했던 전부다.

이 자서전이 〈광고와 판매(Advertising and Selling)〉에 연재되자, 수

많은 항의편지가 답지했다. 그중에는 내가 예전에 도움을 주었던 대기업의 대표들이 보낸 것도 있었다. 내가 심하게 자랑을 늘어놓다가 다른 사람의 자존심에 상처를 입히지 않을까 하는 두려움이 담긴 내용이었다. 그들이 우려하는 부분을 최대한 배제하기 위해 책의 내용을 일부 수정하기도 했다.

하지만 그렇지 않다. 그들의 두려움과 달리 나의 유일한 자랑거리는 내가 이 분야에서 남들보다 아마도 두 배는 더 오래 일했다는 것이다.

나는 광고의 소용돌이 속에서 오랜 시간을 보내왔다. 당연히 남들보다 더 많이 경험하고, 경험을 통해 배웠다. 앞으로도 힘닿는 데까지 오래도록 새로운 경험을 하고 싶다. 후배들이 어려운 산봉우리를 피해갈 수 있도록 돕는 그런 경험 말이다.

후배들이 내가 시작했던 계단보다 훨씬 더 높은 곳에서 출발할 수 있도록 돕겠다는 오직 그 목적 하나로 나는 이 책을 썼다. 그런 만족감을 빼놓으면 내가 얻을 수 있는 것은 아무것도 없다.

만일 내가 처음 광고계에 입문할 때, 누군가 이런 기록을 적어놓았더라면 나는 그에게 축복을 내렸을 것이다. 이런 연유로 이 책에서 밝힌 나의 노력은 우리 위에 우뚝 솟은 광고의 몇 개 산봉우리에 도달한 것이라고 생각한다.

클라우드 C. 홉킨스
(Claude C. Hopkins)

1923년 클로드 C. 홉킨스는 로드 앤 토마스 광고대행사(Lord & Thomas, Foote Cone & Belding의 전신)에서 〈과학적 광고(Scientific Advertising)〉라는 핸드북 한 권을 발표했다. 30년이 지난 후 과학적 마케팅 및 광고 분야의 최고 전문가인 알프레드 폴리츠(Alfred Politz)[1]가 "이 책이야말로 홉킨스가 광고에 대해 발표한 내용 중에서 가장 유용한 정보가 집약되어 있으며, 현재 광고계의 수준은 홉킨스가 도달한 수준보다 한참 뒤떨어져 있다"며 이 책을 다시 출간했다.

홉킨스는 1927년에는 〈나의 광고 인생(My Life in Advertising)〉이라는 자서전도 발표했다. 〈광고와 판매(Advertising and Selling)〉라는 잡지에 연재된 것을 마리언 하퍼(Marion Harper)[2]가 단행본으로 출간한 것이다. 이 책은 중고 서점에서 10센트만 주면 쉽게 구할 수 있을 정도로 많이 팔렸다. 그리고 1946년에 월터 위어(Walter Weir)[3]의 해석적인 서문을 덧붙여서 재출판되었다. 월터 위어의 서문은 이렇다.

〈나의 광고 인생〉은 저자의 세심한 연구 결과의 집약체다. 그의 광고 인생은 매우 성공적이었다. 저자는 자신이 얻은 교훈 하나하나를 이제 홉킨스의 저서를 현대 독자들에게 다시 한 번 소개하려 한다. 이번 책은 〈나의 광고 인생〉과 〈과학적 광고〉를 하나로 엮은 것이다. 요즘 광고계에 종사하는 사람들은 대부분 홉킨스와 그의 동시대 사람들에게 증손자뻘이 되는 세대다. 바로 그들을 위해 이 책을 선사한다.

홉킨스가 옛사람인 것은 부인할 수 없는 사실이지만, 그의 이야기는 믿기 어려울 정도로 우리 시대에 맞아떨어진다. 그는 뛰어난 카피라이터이며, 당대를 대표하는 전략가였다. 연수입이 18만 달러를 넘어서 당시 미국 재무부조차 놀랄 정도였다. 과학이 발달하지 않은 시절에 과학적 광고를 논했는데, 오늘날의 전문가들이 보기에도 전혀 손색이 없다. 물론 일부 내용은 분명 요즘 시대와 맞지 않으며 오류도 발견된다. 시대가 달라졌고, 환경도 많이 변했기 때문이다. 그럼에도 불구하고 홉킨스가 제시한 '광고의 원칙'은 우리에게 큰 의미를 가지며, 영구적인 가치가 있다는 평가를 얻고 있다.

아마 이 책을 읽는 독자들은 고개를 세차게 흔들 정도로 책의 내용을 부정하다가 어느새 무릎을 탁 치며 저자의 말에 감탄하는 일을 반복하게 될 것이다. 홉킨스의 당당함과 거만함이 거슬릴지 모른다. 그러나 책의 내용은 독자들을 충분히 매료시킬 수 있으며, 짧지만 통통 튀는 말투가 흥미롭게 느껴질 것이다. 루돌프 플레쉬(Rudolf Flesch, 미국의 언어학자로 어렵고 복잡한 악문惡文이 범람하는 세태를 우려하면서 쉬운 문장을 쓰는 운동을 주도)보다 먼저 짧고 단순하면서도 요점을 분명히

드러내는 문장을 선보인 것이다. 그의 자서전 1장의 일부를 인용하
면 다음과 같다.

> 내가 롤스로이스나 보석 브랜드인 티파니앤컴퍼니, 또는 스타인웨
> 이 피아노 광고를 시도했다면 분명히 실패했을 것이다. 나는 부유층이
> 광고에 어떻게 반응하는지 잘 모르기 때문이다. 내 전문 분야는 평범
> 한 사람들이다. (…) 그들이 원하는 상품이라면 제대로 광고할 자신이
> 있다. 나는 어려운 표현을 쓰거나 결코 문장을 장황하게 늘어놓지 않
> 는다. 아마도 학자들은 내 문체를 우습게 여길 것이다. 부유층 인사들
> 과 허영심 많은 사람들은 내가 광고하는 제품은 거들떠보지도 않을지
> 모른다. 그러나 소박하게 살아가는 수천만의 소시민들은 내 광고에 마
> 음을 빼앗겨 구매할 것이다. 자신의 심리를 잘 아는 사람이 광고를 만
> 들었기 때문이다. 우리 고객의 95%가 바로 그런 소시민들이다.

홉킨스는 광고계의 선구자였다. 그는 새로운 광고를 쉴 새 없이
선보였다. 하지만 그는 '기본에 충실하며, 원리 원칙을 절대로 벗어
나지 않는' 조심성이 많은 광고전문가였다. 이것이 바로 그의 책이
여러 번 출판되는 배경이다. 광고전문가와 초보자들 모두 입을 모아
그의 책이 매우 신선하고 유용하며 그저 놀라울 따름이라고 극찬하
는 데에는 그만한 이유가 있다.

S. R. 번스타인
(S. R. Bernstein, Advertising Publications, Inc. CEO)

1 **알프레드 폴리츠**(Alfred Politz) 저명한 조사전문가로 〈창의적인 광고의 딜레마〉라는 글에서 '광고제작자들이 과거에는 사람들이 제품에 관심을 쏟도록 노력을 기울였지만, 최근 들어서는 광고에 관심이 쏠리도록 하는 데 열중하게 되었는데, 이는 실로 안타깝지만 그리 놀랄 만한 현상이 아니다. 결국 광고제작자는 제품을 소비자에게 파는 게 아니라 광고를 고객사에게 팔기 때문이다'라며 고객사들이 창의적인 광고를 의뢰할 때 빠지게 되는 함정들을 지적한 바 있다. 그는 제품 및 광고 캠페인의 형태를 분석한 뒤에 이 원리를 '광고의 실체'라는 2가지 법칙으로 요약했다. 한편 그는 독자가 잡지 광고에 접촉하는 빈도를 측정하는 데 사용되는 조사방법인 애드페이지 익스포저(ad-page exposure)를 창안했다.

2 **마리언 하퍼**(Marion Harper) 인터퍼블릭 그룹(Interpublic Group of Companies)를 창설해 직원 수 400여 명이던 회사를 40개국 7,000여 명의 규모로 키워낸 마리언 하퍼는 1960년 마케팅 발전에 기여한 공로로 아메리칸마케팅협회로부터 파린상(Parlin Award)을 수상했다. 예일대학 출신으로 살렘대학에서 명예 박사학위를 수여받은 그는 미국 광고대행사협회 및 광고조사재단의 회장을 역임했으며, 〈광고에서 얻을 수 있는 것〉을 비롯한 수많은 저서와 논문을 남겼다. 특히 1960년 마케팅 에이전시의 구상을 발표해 광고사에 한 획을 장식했는데, 광고대행사의 역할이 광고에만 그치는 것이 아니라 광고주의 마케팅 활동까지 포함해야 한다는 사고방식이다.

3 **월터 위어**(Walter Weir) 13세에 학교를 그만두었지만, 시인, 작곡가, 작가, 광고인을 거쳐 대학 교수가 되었다. 기자가 되고 싶어 〈Philadelphia Record 신문사〉의 편집국을 찾다가 실수로 광고부의 문을 두드린 것이 계기가 되어 광고인이 되었다. 당시 전 세계에서 가장 큰 광고회사인 N. W. Ayer을 찾아갔지만, 대학 졸업 후에나 오라는 말을 듣고, 33일간 회사 로비에 진을 치고 기다린 끝에 주당 20달러를 받는 우편 심부름 사환으로 채용되었다. 시인을 꿈꾸었던 그는 이내 운율(韻律)이 있는 카피로 명성을 얻었으며, 주로 비영리단체의 광고를 담당했다. 또한 2차 세계대전 때는 '전시채권(War Bonds)'과 '전쟁자금 모금을 위한 우표(Victory Stamps)'의 이름을 짓기도 했다. 홉킨스가 일했던 Lord & Thomas 등을 거친 후, 1945년 Walter Weir Inc.를 설립했다.

이 책의 마지막 페이지를 다 읽고 난 뒤에 내게 맨 처음 떠오른 생각은 온고지신(溫故知新)이었다. 홉킨스가 왕성하게 활동을 하던 시대는 100년 전이다. 그 시대에는 라디오도 없었고 물론 TV도 존재하지 않았다. 그저 소규모로 인쇄되는 지역신문과 우편통신만이 그나마 다수의 사람들을 상대할 수 있는 수단이었다. 그러한 시대에 그는 다양한 방법의 광고를 창안하고 또 어떻게 광고를 해야 효과적인지를 증명했던 사람이다.

지난 100년 동안 세상은 엄청나게 바뀌었다. 사회 환경뿐만 아니라 사람들의 생활과 사고방식 등 모든 것이 그때와는 비교할 수가 없을 정도로 달라졌다. 그럼에도 불구하고 내가 온고지신을 떠올리게 된 것은 지금 이 시대에 우리가 맞닥뜨리고 있는 광고환경의 문제가 본질적으로는 100년 전과 너무도 흡사하다는 생각이 들었기 때문이다.

홉킨스의 시대는 불특정 다수를 대상으로 하는 매스 커뮤니케이션의 시대가 아니었다. 그래서 그는 곳곳에 숨어 있는 소비자들을 찾아내고, 그들과 효과적으로 소통할 수 있는 방법들을 끊임없이 개발해 냈다.

그리고 100년이 흐르는 동안, TV가 등장하고 신문과 잡지가 대형화 하면서 광고 커뮤니케이션은 집단화되고 내용 또한 획일화되었다. 모든 광고이론과 표현의 방법들이 매스 미디어를 통한 매스 커뮤니케이션을 전제로 추구되었다.

그런데 왜 지금, 새삼스럽게 100년 전의 광고인인 홉킨스에게 주목을 해야 하는가? 세상이 바뀌었기 때문이다. 혁명적인 통신기술의 발달은 포괄적인 매스 미디어의 영향력을 급속히 약화시키고 있다. 이제는 여러 형태로 온라인화된 루트를 통해서 개인적이고 다양한 의견들이 활발하게 소통되고 있다. 매스 커뮤니케이션의 시대가 퇴조하고 퍼스널 커뮤니케이션의 시대가 시작되고 있는 것이다.

광고 역시 이제는 홉킨스의 시대처럼 숨어 있는 소비자를 찾아내고, 그들과의 특별한 소통을 해야 하는 시대가 된 것이다. 그리고 놀라운 사실은 홉킨스가 주장한 광고의 본질들이 지금까지도 여전히 증명되고 있다는 점이다. 그런 점에서 역사의 순환이란 것이 참으로 위대한 미래학이라는 생각이 든다.

만약 홉킨스가 남겨 놓은 이 책이 없었다면, 지금같이 빠르게 변하는 시대 앞에서 많은 광고인들은 100년 전에 겪어야 했던 시행착오를 또 한 번 겪어야 할 것이다.

이 책은 광고를 배우려는 사람들에게는 광고에 대한 철학을 갖게 한다. 또 오랫동안 광고를 해 왔던 사람에게는 알고 있다는 착각 속에서 실제로는 까맣게 잊고 있었던 광고에 대한 기본을 되짚어 보게 한다. 아마도 누구나 이 책을 읽으면 광고의 정신과 철학, 그리고 목표에 대해서 겸허하게 생각해 보게 될 것이다.

홉킨스의 광고 인생을 단순한 성공담으로 읽어서는 안 된다. 그

앞에는 늘 어려운 문제들이 있었고 그는 그것을 해결하기 위해서 치열하게 고민을 하고 노력을 했다. 본인 스스로도 광고에는 지름길이 없다고 했다. 그는 늘 새로움을 찾아다녔고 모험을 두려워하지 않았다. 그리고 언제나 자신감에 충만해 있었다. 100년 전에 이미 그는 광고를 과학이라고 단정 지었다. 시시각각 변하는 현상을 보지 않고 불변의 본질을 보았기 때문이다. 그리고 지금도 그 본질은 불변의 것이어서 먼저 깨달은 사람의 지혜가 빛이 나는 것이다.

이 책을 번역한 인포머셜마케팅연구소의 심범섭 소장은 한국의 광고회사가 폭발적으로 성장을 하던 1980년대와 90년대에 걸쳐 근 20여 년간 제일기획에서 대형 광고주들의 광고 전략을 담당했던 AE였다. 홉킨스의 말대로 수많은 실패와 성공을 통해서 경험과 지식을 쌓았다. 그리고 지금은 새로운 형태의 광고이며 판매방식인 인포머셜(informercial)의 제작과 매체운영을 하면서 크게 성공을 거두었다. 아마도 새로운 도전을 하는 과정에서 홉킨스로부터 많은 영감을 받았을 것으로 짐작이 된다. 그리고 그 경험을 다른 사람들과 공유하기 위해서 이 책을 편역했을 것이다.

우선 읽기가 쉽고 편했다. 공감이 가는 곳마다 밑줄을 긋다 보니 책이 다소 지저분해지기는 했지만 방황하던 여행길에서 새 이정표를 발견한 느낌이 들었다. 온고지신, 역시 옛말은 틀리지 않았다.

이강우
CM플래너·중앙대학교 광고홍보학과 겸임교수

전설적 카피라이터이자 위대한 마케터, 클로드 C. 홉킨스

information_Claude C. Hopkins

19세기 후반부터 20세기 초반 미국을 대표하는 카피라이터인 홉킨스는 단순한 광고인이 아니라 전략가였다. 그는 소비자와 시장에 대한 사전조사와 테스트 광고를 통해 광고의 과학화와 현대화를 선도했다. 이런 이유로 제임스 트위첼(James B. Twitchell, '광고와 문화'에 대한 독특한 접근법으로 세계 문화비평계에서 주목을 받고 있는 저명한 문화사가이자 인문학자다. 미국 플로리다대학교 교수이며, 광고잡지인 〈Ad Age〉에 고정칼럼을 쓰고 있다)은 홉킨스를 소설가로 비교하면 찰스 디킨스, 화가로는 파블로 피카소와 같은 인물이라고 평가했다.

1866년 4월 24일 미국 미시간 주에서 태어난 홉킨스는 9살 때부터 홀로된 어머니 밑에서 생계를 위해 어린 나이에도 불구하고 돈을 벌었다. 곤궁한 생활 속에서도 엄격한 신앙생활에 몰두했던 그는 가난 때문에 대학 진학을 포기하고 서점 점원, 과수 농장의 일꾼 등을 전전했다.

24세 때인 1890년 비셀 카펫 청소기에 입사해 회계부서에서 일하던 중 당대 최고의 카피라이터인 존 파워즈(John E. Powers)가 쓴 광고 카피의 문제점을 지적하고, 이틀 밤을 꼬박 새워 새로운 카피를 썼다. 이를 계기로 광고계에 입문했다.

비셀 카펫청소기에서 능력을 인정받은 그는 육류회사인 스위프트와 닥터 슈프스 특허약품 회사의 광고책임자로 명성을 날렸다. 이후 프리랜서 카피라이터로 독립해 수없이 많은 광고 캠페인으로 성공을 거두었으며, 광고계의 거물인 앨버트 라스커(Albert Lasker)의 스카우트 제의를 받아들여 로드 앤 토머스에 입사했다.

로드 앤 토머스를 미국 최고의 광고대행사☞로 성장시킨 홉킨스는 CEO인 앨버트 라스커, 그리고 카피라이터인 존 케네디(John E. Kennedy)와 함께 이른바 '판매지상주의'를 실천했다. 특히 홉킨스는 로드 앤 토머스에 근무하는 동안 하드셀(hard sell) 소구[4]의 일종인 선제적 리즌 와이(pre-emptive reason why) 기법을 창안했는데, 존 케네디가 주창한 리즌 와이(reason why)를 확대 발전시킨 것이다. 리즌 와이가 제품의 효용성과 경쟁우위를 강조해 소비자들이 제품을 구입해야 하는 이유를 제시하는 것에 머문데 반해 선제적 리즌 와이는 일반적이거나 경쟁 제품에도 보편적으로 존재하고 있는 특성을 먼저 강조해 자사 제품만의 독창적인 장점으로 이미지를 각인시키는 전략이다.

선제적 리즌 와이 기법은 로저 리브스(Rosser Reeves)에 의해 계승되어 USP(Unique Selling Proposition) 전략으로 완성되었다. USP는 제품 판매에 직접적인 도움이 되는 '고유한 판매 제안'이나 '독특한 판매제안'을 제시해야 한다는 것이다.

한편, 광고사에서 그와 자주 비교되는 인물은 어네스트 엘모 컬킨

---

4 **소구**(訴求, appeal) 소비자의 구매욕을 자극시키기 위해 상품이나 서비스의 특성이나 우월성을 호소하여 공감을 구하는 것.

                                            못 파는 광고는 쓰레기다

스(Earnest Elmo Calkins)다. 홉킨스가 실용적으로 선제적 리즌 와이를
활용했다면, 컬킨스는 감성적인 소프트셀(soft sell) 전략을 구사했다.

1924년 다시 프리랜서 카피라이터로 독립해 20세기 초반의 광고
계를 선도한 그는 한마디로 '일벌레'였다. 매일 같이 다음날 새벽까
지 사무실에서 일했으며, 누구에게도 방해받지 않고 일할 수 있는
일요일을 가장 좋아했다.

펩소던트(Pepsodent) 치약을 비롯해 팜올리브(Palmolive) 비누와 굿
이어(Goodyear) 타이어, 선키스트(Sunkist) 오렌지, 슐리츠(Schlitz) 맥
주, 밴 캠프(Van Camp)의 포크 앤 빈(pork and bean), 그리고 최초의 자
동차 광고 등 숱한 역작을 창조한 그는 언제나 새로운 상품판매를
촉진하는 아이디어를 짜냈다. 테스트 광고, 쿠폰에 의한 샘플링, 카
피 리서치 등이 그가 세상에 최초로 내놓은 아이디어라고 할 수 있
는데, 대학교육을 받은 사람에게는 절대로 중요한 광고의 카피를 맡
기지 말라고 역설할 정도로 서민(소비자)의 눈높이와 판매현장을 중
시했다. 즉, 카피라이터 자신이 바로 영업사원임을 일깨웠다.

광고를 예술, 적어도 '판매의 미학'으로 여겼던 그는 미국 광고계에
서 가장 영향력이 있는 카피라이터이자, 가장 돈을 많이 버는 광고인
임에도 수줍고 조용한 사람이었다. 하지만 심하게 침을 튀기며 혀 짧
은 소리로 말을 해, 그가 자신의 이름 첫 자인 C. C.를 발음하는 것을
흉내 낸 'Thee-Thee'라는 별명으로 통했다. 그러나 그는 훌륭한 스
토리텔러(storyteller)였고, 연설에도 능수능란했다. 항상 단추 구멍에
꽃을 꽂는 멋쟁이였음에도 지독한 구두쇠였던 그는 구두 한 켤레에 6
달러 이상 지불해 본 적이 없을 정도였다. 그러나 두 번째 부인의 설
득으로 시카고 교외에 사방 800여 미터에 달하는 대저택을 지었으며,
항해용 요트와 루이16세 시절의 고풍스런 가구를 장만하기도 했다.

또한 정원사가 가꾼 멋진 정원에서 파티를 열기도 했다.

소비자 분석과 시장조사기법 등의 체계화로 광고의 현대화와 과학화를 선도한 그에 의해 광고가 막연한 창조의 결과물이 아니라 사회과학의 영역으로 진입하게 되었는데, 1923년 출간된 〈과학적 광고(Scientific Advertising)〉는 창작 원칙, 판매 전략, 헤드라인, 심리학, 전략 수립, 예산 설정, 디자인, 브랜드 네임 등 광고 전반에 걸친 자신의 광고 철학을 집대성한 결과물이다.

광고계의 거물이 되어서도 길거리의 노점상과 가가호호 가정을 방문하며 물건을 파는 외판사원의 판매기법을 소홀히 여기지 않았던 그의 광고 원칙과 실천은 20세기 광고 크리에이티브의 발전에 이정표를 제시했으며, 로서 리브스와 데이비드 오길비(David Ogilvy)의 광고철학에 큰 영향을 미쳤다. 특히 "〈과학적 광고〉는 나의 카피에서 영국 카피라이터들의 병폐였던 사이비 문학적인 허식을 불식시키고, '구매력을 창출하는 광고'를 만들도록 온갖 신경을 집중시키게 함으로서 내 인생의 진로를 바꾸어 놓았다"고 고백한 오길비는 '〈과학적 광고〉는 광고의 성전(聖典)이며, 홉킨스는 광고의 성인(聖人)'이라고 추앙했다.

삶의 모든 것이 광고였던 홉킨스는 전설적 카피라이터이자 뛰어난 마케터(marketer)로 현대 광고사에 위대한 유산을 남긴 영웅이라고 할 수 있다.

편역자 심범섭

  못 파는 광고는 쓰레기다

☞ 클로드 C. 홉킨스가 활동하던 시대의 광고계는 오늘날과 많은 차이가 있었다. 당시 광고계는 광고업자(지면중개인), 광고대행사, 광고유통사가 혼재했다. 광고업자는 신문이나 잡지의 지면을 사전에 확보해 광고주나 광고대행사, 그리고 광고유통사에 웃돈을 얹어 판매했는데, 광고 제작까지 담당했다. 광고대행사는 초기에는 광고업자와 유사한 형태였으나, 오히려 광고는 제작을 하지 않았다. 따라서 신문지면 판매대행사라고 할 수 있는데, 1890년대 이후 오늘날과 같이 광고제작, 매체운영 등 광고업무 전반을 대행해 주고 수수료를 받는 형태로 발전되었다. 광고유통사는 독특한 형태로 운영되었는데, 광고주(제조업자)가 생산하는 제품을 광고하는 것은 물론이고, 판매와 유통까지 일정 부분 책임졌다. 즉, 매출이나 수익과 관계없이 광고비의 일정액을 수수료로 받는 광고대행사가 아니라, 독자적으로 광고비를 투자해 매출과 수익을 증대시키고 커미션을 받았다. 또한 광고유통사는 독자적으로 상품을 개발하고 생산해 직접 광고를 통해 판매하기도 했으며, 새로운 광고주(제조업자)를 유치하기 위해 비용을 들여 테스트 광고를 실시하기도 했다. 따라서 이 책에서는 광고대행사와 광고유통사를 최대한 구분하여 표현했는데, 홉킨스가 정립한 〈과학적 광고〉는 광고대행사와 광고유통사, 그리고 광고주가 직접 운영한 광고 전담부서에서 일했던 경험에서 비롯되었다. 당시는 광고계가 아직 체계화되지 않았던 시기라 광고주가 광고제작은 물론이고 매체운영까지 도맡아 하는 경우가 많았으며, 광고기획자 역할까지 수행했던 카피라이터들은 특정 회사에 소속되거나, 광고주나 광고유통사, 또는 광고대행사와 계약을 맺고 프리랜서로 활동하기도 했다.

My Life in Advertising

나의 광고 인생

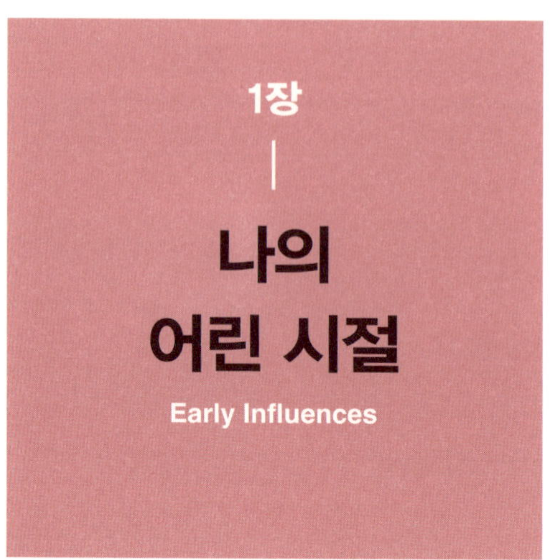

나의 인생에 가장 큰 영향을 준 사건은 내가 태어나기 1년 전에 일어났다. 아버지가 스코틀랜드 출신의 어머니와 결혼한 것이다. 스코틀랜드인들은 검약정신, 조심성, 야망, 활력 등으로 유명한데, 어머니는 전형적인 스코틀랜드 여자였다. 아들은 어머니의 성격과 재능을 닮기 마련이라고 하는데, 내가 어머니로부터 '유난히 보수적인' 성격을 물려받은 것은 분명하다. 여기에서 말하는 보수적이란 표현은 새로운 것을 거부하고 전통을 유지하려고 하는 성향이 아니라, 매사에 진지하다는 것을 의미한다. 이런 특성이 부족하기 때문에 많은 광고인들과 사업가들이 실패의 아픔을 맛보았다. 내 경험으로 광고나 사업에서 실패하는 첫 번째 이유가 바로 그것이다.

이 책에서 나는 이 점을 반복하여 강조할 것이다. 또한 내 신중함의 '뿌리'에 찬사를 바치고자 한다. '안전제일(Safety first)'의 원칙은 언제나 나를 인도하는 별이었다. 그런 점에서 스코틀랜드 출신의 어머니는 광고계로 진출한 나에게 가장 큰 재산이었다. 더불어 절약정신과 신중함도 본능처럼 있어야 한다. 이것이 기본이다. 성공이란, 우연에 의한 것을 빼고는 이런 것이 없으면 불가능하다. 이러한 자질이 태생적으로 부족한 사람이라면 꾸준한 노력에 의해 고쳐나갈 수밖에 없다.

지금까지 내가 지켜본 실패는 대부분 '과도한 질주(over-reaching)' 때문이었다. 명확하지 않은 가능성에 대한 무모한 도전과 희망적인 결론, 신중함[5]을 비웃는 성급함, 경쟁자가 더 멀리 더 높이 앞서갈까 두려워, 길도 없는 곳을 무턱대고 앞서 달리기. 이런 것들이었다.

사업을 하다보면 예외적으로 이런 실수가 기회가 되기도 한다. 그러나 광고계에서는 그런 기적이 일어나지 않는다. 재앙으로 끝나는 광고는 반드시 조급함에서 기인한다. 이 점은 누구도 핑계를 대거나 부인할 수 없다.

사업에는 예외라는 것이 있다. 하지만 광고에서는 그렇지 않다. 광고의 모든 재앙은 불필요한 성급함과 용서할 수 없는 무모함에서 비롯된 경솔함 때문이다.

내가 지금 말하는 것은 '광고의 실패'가 아니다. 우리는 불가능에 도전하고 있다. 우리는 인간의 본성과 욕구, 편견, 특성 등을 다루고 있는데, 이런 것을 계량화하여 측정하기란 불가능하다. 따라서 아무리 경험이 많고 수많은 사례가 있어도 우리를 올바르게 이끌고 갈

---

5 홈킨스는 '테스트광고'를 처음으로 도입하여 광고사에 획을 그었다. 그는 소구(訴求)의 방향이나 소구 포인트를 찾는 것에 있어 테스트 기법을 사용하여 수많은 성공을 이끌어 냈다. 그가 말하는 보수성과 신중함, 그리고 그에 대비되는 무모함과 성급함은 테스트 광고를 염두에 둔 표현이라고 볼 수 있다.

수는 없다. 바로 이 때문에 '주의태만(incaution)'은 광고에서 범죄가 된다. 우리는 모든 '광고 벤처(advertising venture)'[6]에서 눈 감고 심지 뽑기를 하고 있다.

하지만 '보통의 실패'는 큰 의미가 없다. 예견된 것이기 때문이다. '광고 벤처'의 첫 단계는 단순히 대중의 맥박을 짚어보는 수준이다. 만일 사람들이 반응하지 않는다면, 잘못은 제품 자체에 있거나 통제할 수 없는 환경 탓일 수 있다. 제대로 행해진 '벤처'라면 손실은 거의 없으며, 있다고 해도 소액이다. '금을 캐려던' 희망과 아이디어는 실패했지만, 이는 흔한 일이다.

무모한 결론으로 인한 실패를 나는 '파멸'이라 부른다. 값비싼 대형선박을 암초로 몰고 가는 광고인을 지칭하는 것이다. 이런 사람들은 회복이 거의 불가능하다. 무모하다고 입증된 항해사는 영원히 두려움의 대상이다. 광고계에서 촉망받는 인재들이 배와 함께 난파하는 것을 나는 수없이 보아왔다. 그 이유는 미지의 항로에서 돛을 활짝 펴고 달렸기 때문이다. 내가 알기로 그중에서 다시 돌아온 사람은 하나도 없다. 하지만 내 안의 스코틀랜드인의 기질은 지난 35년

---

6 '광고 벤처'라는 표현은 이 책에서 자주 언급되는데, 홉킨스가 주장하는 '테스트 광고'와 밀접하게 관련되어 있다. 간단히 설명하자면, 대행사가 새로운 광고주를 유치하기 위해 자신들의 방식이 옳다는 것을 수치로 증명해 보이는 것이다. 이를 위해 대행사는 소규모 테스트를 실시하며, 비용의 대부분을 부담한다. 테스트 결과가 성공적이면 대행사는 광고주를 유치할 뿐만 아니라 커미션을 받는다. 하지만 실패하면 비용만 날리는 셈이 된다. 미국다운 '경쟁 프레젠테이션'이라 할 수 있다. 한편 홉킨스는 광고의 어려움을 언급하며 '실패'와 '재앙/파멸'을 구분해 사용하고 있다. 즉 소규모 테스트에서의 실패는 큰 손실이 아니지만, 테스트 없이 '무모하고 성급하게' 대규모 광고를 집행했다가 실패하면 광고주에게 엄청난 손해를 입힌다는 것이다.

                                           못 파는 광고는 쓰레기다

간 그런 재앙에서 나를 지켜주었다.

어머니는 10센트짜리 동전도 1달러처럼 여기도록 나를 교육시켰다. 그래서 내 주머니에 있는 10센트는 물론이고, 다른 사람이 가진 10센트도 나에게는 1달러와 같았다. 오너일 때나 전문경영인일 때나, 나는 단 한 푼도 허투루 쓴 적이 없다. 내 자신을 위해서든 남을 위해서든 넓은 의미에서 도박을 한 적도 없다. 이런 이유로 비록 여러 번 실패를 경험했지만 크게 손해 본 적은 없었다.

나는 '엄청난 재앙'이 일으키는 불신의 늪을 늘 피해왔다. 실패했을 때에도 돈은 거의 날리지 않았으며, 자신감도 전혀 잃지 않았다. 성공했을 때에는 광고주에게는 수백만 달러를 안겨 주었고, 나 자신에게는 명성이라는 부(富)를 선물했다. 이 모든 것이 바로 어머니 덕분이다.

어머니를 생각하면 감사드릴 일이 얼마나 많은지 모른다. 어머니는 항상 근면하고 성실한 태도를 강조하셨다. 지금 생각해 보면 단 하루, 아니 단 한 시간도 어머니가 허투루 시간을 보내는 모습을 보지 못했다. 어머니는 대학을 나온 분답게 지성과 교양이 풍부했다. 훗날 남편을 잃고 교사로 일하면서 혼자 자식들을 키우셨는데, 출근 전이나 퇴근 후에는 집안일로 늘 바쁘셨다. 그런 와중에도 밤이면 유치원용 교재를 집필하느라 책상 앞에 앉으셨다. 방학이 되면 교재를 들고 다니면서 판촉활동을 하셨다. 어머니는 한 번에 서너 사람의 역할을 능숙하게 해내시는 것은 물론 서너 가지 직업도 거뜬히 해내셨다.

나 역시 어릴 때부터 어머니의 지도와 격려 아래 바쁘게 살아왔으며, 9살 때부터는 경제적으로도 자립했다. 친구들은 공부와 학교생활이 전부였지만 나는 달랐다. 수업 전에는 학교에 일찍 가서 교사

(校舍) 두 동에 불을 지피고 먼지를 닦았으며, 방과 후에는 학교 건물을 청소했다. 그 후에는 65가구에 '디트로이트 이브닝 뉴스'를 배달한 후에 저녁을 먹었다.

토요일마다 학교 두 곳의 대청소를 맡았고, 청구서 등을 배달하는 일도 했다. 일요일에는 교회 청소를 했기 때문에 아침 일찍부터 밤 10시까지 쉴 틈이 없었다. 방학 때는 농장에 가서 하루에 16시간씩 고된 노동을 했다.

결국 나는 몸이 너무 허약해서 학교에 다닐 수 없다는 진단을 받고 시골에 내려갔다. 그러나 그곳에서도 쉴 틈이 없었다. 시골 생활은 새벽 4시 30분에 시작되었다. 젖소의 젖을 짜고 외양간에 여물을 가져다 준 후에야 아침을 먹었다. 아침 6시 30분이면 도시락을 챙겨서 삼나무 숲으로 갔다. 나무를 베고 목재를 켜다 보면 하루가 금방 지나갔다. 저녁을 먹은 후에는 젖 짜는 일을 한 번 더 하고 젖소들을 재워야 했다. 그러고 나서 다락방에 기어 올라가서 잠자리에 누우면 저녁 9시였다. 그렇게 지내면서도 너무 열심히 일한다고 생각한 적은 한 번도 없었다.

광고계에 입문한 후로도 나의 일상은 크게 다르지 않았다. 나는 출근 시간과 퇴근 시간이 정해져 있지 않았다. 자정이 되기 전에 일이 끝나면 휴일처럼 느껴질 정도였다. 새벽 2시가 되어서야 퇴근하는 날이 수두룩했다. 일요일은 아무도 방해하지 않기 때문에 일에 집중하기 가장 좋은 날이었다. 광고계 입문 후 16년 동안 단 하루도 저녁이나 일요일에 집에서 쉰 적이 없다.

이런 이야기를 하는 것은 나를 본받으라는 뜻이 아니다. 내 자식에게도 이렇게 살아야 한다고 가르칠 마음은 없다. 인생에는 성공보다 중요한 것이 셀 수 없이 많다. 적당하게 일하는 것은 성공보다 더 큰 기쁨을 줄 수 있다. 그러나 동료보다 두 배 이상 일하는 사람은 분명 두 배 이상 앞서 갈 수 있다. 특히 광고계에서는 그렇다.

누구도 거기서 벗어날 수는 없다. 물론 두뇌의 차이는 약간 있다. 하지만 그것은 '근면'에서의 차이만큼 중요하지 않다. 남들보다 두세 배로 일하는 사람은 배우는 것도 두세 배 많을 것이다. 그는 더 많은 실수를 하고 더 많은 성취를 이룬다. 그리고 실수와 성공 모두에게서 배운다. 내가 광고계에서 남들보다 높이 올랐거나 더 많은 일을 했다면, 그것은 비범한 능력 때문이 아니라 비범한 시간 때문이다. 그것은 한 남자가 자신의 직업에서 앞서가기 위해 삶의 다른 부분을 희생했다는 의미다. 그것은 어쩌면 그 남자가, 부러움보다는 동정의 대상이 되어야 한다는 의미다.

어느 연설에서 밝힌 적이 있지만 나는 광고에 70년을 투자했다. 물론 달력을 놓고 계산하면 35년이지만, 근무시간과 성취한 일의 양을 놓고 따져보면 나는 1년에 2년을 살았다. 검약과 신중함은 나를 '재앙'에서 지켜주었지만, 근면은 나에게 광고를 가르쳤고 오늘의 나를 만들었다.

아버지가 내게 물려준 것은 가난이었다. 하지만 그 또한 축복이었다. 아버지는 성직자의 아들이었다. 우리 집안은 대대로 성직자였기에 아버지는 가난 속에서 자라고 학교에 다녔다. 그래서 가난은 아버지의 자연스런 동반자였다. 나 역시 가난을 벗어날 수 없었지만, 한편으로 특별한 은혜를 입었다. 가난은 나를 보통사람들 속으로 인도했기 때문이다.

하느님은 보통사람을 많이 만드셨는데, 나는 보통사람들과 함께

하며 그들의 욕구와 충동, 노력과 절약, 그리고 단순함을 알게 되었다. 내가 잘 알고 있는 보통사람들은 훗날 나의 고객이 되어주었다. 광고를 통해서든 직접 만나서든 내가 그들에게 말을 걸면, 그들은 내가 자신들과 같은 부류임을 금방 알아차린다.

나는 부유층을 잘 모르기 때문에 그들의 마음을 사로잡지 못하리라 확신한다. 부유층을 대상으로 하는 상품을 다룬 경험도 없다. 내가 롤스로이스(Rolls-Royce)나 보석 브랜드인 티파니(Tiffany & Co), 또는 스타인웨이(Steinway pianos) 피아노 광고를 시도했다면 분명히 실패했을 것이다. 나는 부유층이 광고에 어떻게 반응하는지 잘 모르기 때문이다.

하지만 나는 보통사람들은 잘 안다. 나는 노동자들과 대화하는 것을 좋아한다. 또한 한푼이라도 아끼려 애쓰는 주부들을 연구하고, 가난한 청소년들의 포부를 듣고 자신감을 안겨주는 것을 사랑한다. 이런 이유로 그들이 원하는 제품 광고를 맡긴다면 나는 제대로 그들의 공감대를 얻을 수 있다.

나는 어려운 표현을 쓰지 않고 문장도 짧다. 학자들은 나의 문체를 조롱할지 모른다. 부자나 허영심 많은 사람들은 내가 강조하는 포인트를 비웃을지 모른다. 그러나 소박하게 살아가는 수백만의 보통사람들은 나의 광고를 읽고 구매할 것이다. 자신들의 마음을 잘 아는 사람이 만든 광고라고 생각할 것이다. 우리 고객의 95%가 바로 그런 사람들이다.

가난 덕분에 나는 판매의 기술과 판매원으로서의 마음가짐을 배울 수 있었다. 가난이 아니었다면 집집마다 찾아다니는 외판원 노릇을 해보지 못했을 것이다. 외판원 경험을 통해 돈을 쓰는 것에 대한 인간의 본성을 많이 이해할 수 있었다. 외판(canvassing)이란 놀라운 학교다. 위대한 광고인 중의 한 사람은 팔리는 광고를 만들기 전에 자기 나름의 방법을 개발하여 항상 외판활동을 했다. 그를 알게 된 것은 나 또한 농부들의 의견을 알아보기 위하여 몇 주째 여러 농장을 찾아다니던 때였다. 나는 그가 주부들의 생각을 알아보려고 수백 가구의 초인종을 눌렀다는 것을 알게 되었다.

가난 때문에 나는 대학에 가지 못했다. 그러나 '이론의 학교'가 아닌 '경험의 학교'에서 4년간을 보냈다. 나는 광고인이 대학에서 배울 수 있는 가치 있는 것이 무엇인지 모르지만, 차라리 대학에서 배우지 않는 편이 더 나은 과목들을 많이 알고 있다. 이런 이유로 평생을 보통사람들을 대상으로 하는 광고를 만들어야 할 사람에게 대학교육은 오히려 약점이 된다는 것이 나의 지론이다.

물론 내가 학생이었을 때에는 광고를 전문적으로 가르치는 학교가 없었다. 비즈니스나 저널리즘도 독립된 전공 분야가 아니었다. 나는 지금도 대학에서 차라리 광고를 가르치지 않으면 좋겠다고 생각한다. 대학에서 사용하는 교육 자료를 살펴보니 기가 막힐 노릇이었다. 실용적이지 못할 뿐만 아니라, 학생들을 오히려 잘못된 방향으로 이끄는 내용도 있었다. 분노가 일었다. 한번은 어느 유명 기술대학(technical school)의 교수가 수업에 사용하는 교재를 가져와 개선점을 알려달라고 했다. 나는 교재를 훑어본 후에 이렇게 대답했다.

"전부 다 태워버리세요. 인생에서 가장 중요한 시기를 보내는 젊은이들에게 왜 이런 쓰레기를 가르치는 겁니까? 당신에게는 그럴 권한이 없습니다. 이런 이론들을 배우느라 학교에서 4년을 보낸 사람은 그릇된 논리에서 벗어나느라 10년도 넘게 노력해야 할 겁니다. 그러다 보면 뒤쳐져서 아무것도 이루지 못할 겁니다."

앞에서도 말했지만 나는 화가 난 상황이었다. 물론 내 반응에 상대방도 기분이 적잖이 상했을 것이다. 하지만 평생 상아탑에 들어앉은 대학 교수가 어떻게 광고와 비즈니스를 가르치기에 적합하다고 말할 수 있겠는가? 광고와 비즈니스는 '실제 업무의 학교'에 속하는 문제다. 다른 어디서도 배울 수 없다.

나는 이 문제에 대해 수백 명이 넘는 관계자들과 이야기를 나누었다. 자신이 대학 교육을 받지 못했기 때문에 대졸자를 무조건 우러러 보는 한심한 사람들도 많이 만나보았다.

나도 대학에 가본 적이 있으며, 존경심을 가지고 수업에 들어가 강의도 들어 보았다. 왜냐하면 나는 '대학 가족'에 속하기 때문이다. 내가 태어난 곳은 대학 캠퍼스였다. 아버님과 어머님 모두 대학 졸업생이었고, 할아버지는 대학 설립자 중의 한 명이었다. 뿐만 아니라, 누이와 딸도 대학 교육을 받았다.

나는 지금 신중하게 말하고 있다. 나는 대학을 졸업하고 비즈니스에 뛰어든 사람들을 셀 수 없이 많이 지켜보았다. 내가 대표로 있던 광고회사에서도 대졸자를 많이 고용했다. 심지어 사무실에서 허드렛일을 하는 직원조차 대졸자였다. 내가 상대하는 고객사들도 같은 처지였다. 대졸자가 아니면 뽑지 않았다. 아마도 기본적으로 '훈련이 되어있는' 사람을 선발하자는 취지였을 것이었다. 고용주 본인이 받지 못했던, 그래서 더욱 아쉽게만 생각되던 '교육 받은' 사람을 뽑자는 의도다.

하지만 대졸자 중에서 광고계를 주름잡은 거장은 거의 찾아볼 수 없다. 오히려 대학을 다니지 않고 곧바로 실전에 뛰어들어 경험을 쌓은 사람들이 훨씬 더 이점이 많았다. 다른 분야는 몰라도 광고 분야에서는 학교에서 1년간 수업을 듣는 것보다 일주일 동안 농장을 찾아다니면서 농민들을 직접 만나서 이야기를 나누면 훨씬 더 많은 것을 배울 수 있다.

성직자의 길을 가려던 나에게 새로운 방향을 제시한 것은 윌 칼튼(Will Carleton)[7]이었다. 나는 원래 목사가 되기로 예정되어 있었다. 집안 대대로 그랬고 내 이름도 성직자들의 인명사전에서 따온 것이다. 가족들도 내가 설교단에 서지 못하는 일이 생기리라고는 꿈에도 생각하지 않았다.

하지만 성직자가 되기 위한 훈련이 너무 과했다. 할아버지는 강경파 침례교도(Hardshell Baptist)이셨고, 어머니는 스코틀랜드 장로교 신자였다. 두 분 때문에 나는 종교에 숨이 막혔다. 일요일이면 다섯 곳에서 예배를 보았다. 저녁이 되면 지루한 설교를 들었는데, 내가 졸면 두 분은 나를 꼬집어야 했다.

일요일은 우울한 날이었다. 산책도 허락되지 않았다. 내가 읽을 수 있는 책은 바이블과 용어색인(Concordance)뿐이었다. 성서에 나오는 단어와 글자 수를 세어 색인과 대조하면서 일요일을 보냈다. 게다가 나는 〈천로역정(天路歷程)〉[8]도 읽었는데, 어린이가 읽고 따르기에 바람직한 책은 아니었다.

이런 환경과 책의 영향으로 나는 인생의 모든 즐거움을 죄악으로

---

7 **윌 칼튼**(William McKendree Carleton, 1845~1912) 미국의 시인. 전원생활을 소재로 한 작품을 많이 남겼다. 미시간 주 허드슨에서 태어나 소도시인 힐스데일에서 신문기자로 일하기 시작했으며, 약관 25세에 〈디트로이트 위클리 트리뷴〉의 편집장이 되었다. 본문에 나오는 〈언덕 넘어 구빈원〉으로 전국적인 주목을 받아 유명해졌다. 이 작품은 1920년 무성영화로 만들어지기도 했다. 1919년 미시간 주는 공공법을 제정해 그의 작품을 반드시 1편 이상 학교에서 가르치도록 했다.

8 *The Pilgrim's Progress.* 1678년 출간된 영국의 작가 버니언의 기독교 우화소설.

어린 시절의 홉킨스에게 많은 영향을 준
윌 칼튼

여기게 되었다. 춤을 추거나 카드 놀이를 하거나 극장에 영화를 보러 가는 사람들은 악마의 앞잡이가 되는 것이었다. 또한 주일 학교에서 허락하지 않은 책을 읽으면 죽어서 지옥에 떨어지는 것으로 믿었다.

〈언덕 넘어 구빈원(Over the Hills to the Poorhouse, 이 시는 나중에 같은 제목의 영화로 만들어졌다)〉을 비롯해 유명한 민요시를 많이 쓴 윌 칼튼(Will Carleton)은 아버지의 대학 동창이었다. 미시간 주는 그가 태어난 10월 21일을 기념일로 지정하여 추모하고 있다. 그는 나의 어린 시절 우상과도 같은 존재였다.

아홉 살인가 열 살이었을 때, 그의 강연을 듣기도 했다. 한 번은 그가 우리 집을 방문해 집안 분위기가 지나치게 종교적이라 어린 아이에게 좋은 영향을 주지 못한다고 말했다. 이후, 그는 〈마을의 발라드(City Ballads)〉라는 시집에 수록된 〈그의 마음 붙일 곳 하나 없네〉라는 작품을 발표했다. 어느 젊은이가 감옥으로 끌려가며 보안관에게 자신의 심정을 털어놓는 형식이었다. 젊은이는 스코틀랜드 장로교 집안에서 자랐는데, 가족들은 광신도에 가까울 정도로 종교를 앞세웠다. 그런 분위기에 염증을 느껴 범죄의 길에 빠져들고 말았다는 내용이었다.

그의 시 한 편이 끼친 영향력은 가족의 모든 가르침보다 더 컸다. 나는 그를 존경하게 되었다. 어른이 되면 나도 그처럼 유명한 사람이 되고 싶었다.

우리 집안의 강압적인 교육에 대한 그의 생각은 나와 같았다. 월 칼튼 같은 사람이 내 마음을 알아주자 왠지 힘이 솟아났다. 그 후로 그는 내 평생의 스승이 되었다. 종교적 광신주의에 대한 그의 시각을 통해, 나는 처음으로 세상에는 다른 측면이 있다는 것을 알게 되었다.

나는 성직자가 되기 위한 공부를 계속했다. 열일곱에 전도사가 되었고, 열여덟에는 시카고에서 선교 활동에 참여하기 시작했다. 그러나 월 칼튼이 심어준 생각이 점차 내 마음에 자리하면서 성직자의 길을 끝까지 고수할 수 없었다.

이것 외에도 큰 충격을 준 사건이 또 있었다. 누이와 나는 병을 앓았고 어머니가 항상 우리를 간호하며 극진히 보살펴 주었다. 어머니는 우리에게 〈톰 아저씨의 오두막(Uncle Tom's Cabin)〉이라는 소설을 읽어주었다. 깊은 감명을 받은 누이와 나는 얼마 후에 우리 마을에서 그 소설을 원작으로 한 연극이 공연된다는 소식을 듣고 티켓을 사기 위해 돈을 모았다. 그리고 어머니를 끈질기게 설득한 끝에 공연을 보러 가도 좋다는 허락을 받아냈다.

공연은 일주일이나 남아 있었다. 하루하루가 너무 느리게 지나갔다. 마침내 공연 당일이 되었다. 나는 새벽 4시에 일어났다. 시간이 빨리 갔으면 하는 마음이 굴뚝같았다. 누이와 나는 더 이상 참지 못하고 아침 7시에 어머니를 졸라서 공연장으로 향했다.

공연장으로 가던 중에 장로교 목사를 만났다. 그는 나이가 많은 독신이었는데, 젊음을 잃어버린 사람처럼 완고했다. 아이들은 그를 보면 숨거나 도망가기 바빴다. 그를 본 순간 무언가 나쁜 일이 생기리라 직감했다.

목사는 우리에게 다가와서 입을 열었다.

"자매님, 안녕하세요. 아이들과 산책하러 나오셨군요. 보기가 정말 좋습니다."

"네, 아이들과 함께 나왔어요. 산책하러 나온 것이 아니라 다른 일이 있어요. 목사님께 사실대로 말씀드려야겠군요. 우리 아이들이 한동안 아팠거든요. 그때, 아이들에게 〈톰 아저씨의 오두막〉을 읽어주었는데. 아이들이 소설에 푹 빠져버렸어요. 오늘밤 시내에서 연극 공연이 있다고 아이들이 자기들의 힘으로 티켓을 샀답니다. 그래서 아이들을 공연장에 데려다 주는 길이에요. 연극이 소설보다 더 타락하지는 않았겠지요. 소설 내용 중에 좋은 점도 있었으니까요."

어머니의 이야기를 듣고 목사는 이렇게 응답했다.

"자매님의 말씀에도 일리가 있습니다. 그 소설은 분명히 좋은 점이 있습니다. 저도 잘 알지요. 그러나 한 가지 명심할 점이 있습니다. 이 아이들도 언젠가는 자매님의 품을 떠나게 될 겁니다. 그때 악마의 불빛이 아이들의 마음을 유혹하지 않겠습니까? 유혹의 손길을 만나면 아이들이 과연 어떻게 반응할까요? 생애 처음으로 관람한 연극 공연장에 어머니가 직접 데려다준 기억이 나지 않겠습니까? 그러면 악마가 유혹하는 곳으로 성큼 발걸음을 옮기지 않겠습니까?"

어머니는 "목사님 말씀이 옳군요. 제가 이렇게 나쁜 본을 보이면 안 되겠군요"라고 말하고, 우리를 다시 집으로 끌고 갔다. 순간 어머니에 대한 존경심이 와르르 무너지는 것을 느꼈다. 그 뒤로 한 번 무너진 존경심은 좀처럼 회복되지 않았다.

나의 어린 시절에 큰 영향을 끼친 사람이 하나 더 있다. 그는 하루에 1달러 60센트를 받고 일하는 철도공사 작업반장이었다. 그의 밑에서 일하는 인부들은 하루에 1달러 25센트를 받았다.

나는 예닐곱 살이 될 때까지 대학생들에게 둘러싸여서 놀았다. 대학 생활에 어려움이 있다는 것은 알지 못했다. 그들이 신나게 노는 모습만 보았다. 그래서 나는 인생은 놀이터와 같은 것이라고 생각했다.

그런데 공사장 작업반장이 나의 생각을 완전히 바꿔놓았다. 그와 인부들의 차이를 지켜보면서 나는 큰 충격과 감명을 받았다. 인부들은 궁핍한 생활 때문에 일을 했으며, 가능하면 게으름을 피려했다. 작업이 끝날 시간만 손꼽아 기다렸고, 토요일 밤이면 시내로 몰려나가 한 주 내내 고생하며 번 돈을 탕진했다.

작업반장은 인부들과 달랐고 열정이 넘쳤다.

"오늘도 열심히 일해 봅시다. 작업할 것들을 제대로 해냅시다."

인부들은 마지못해 그의 말에 움직였지만, 일이 지겨워 죽겠다는 표정을 감추지 못했다. 그러나 작업반장은 일을 즐거운 놀이로 만드는 사람이었다.

그는 퇴근하면 자신의 집을 지었다. 10시간 동안 철로 공사를 하고도 즐겁게 일했다. 집 주변에 예쁜 정원을 가꾸었으며, 마을에서 가장 예쁜 아가씨와 행복한 가정도 꾸렸다. 나중에는 높은 자리에까지 올랐다. 나는 그에게서 중요한 가르침을 얻었다.

"저기 공놀이하는 아이들을 잘 보렴. 내가 보기에는 저 것이 중노동이야. 나는 지금 지붕을 널판지로 잇는 작업을 하고 있는데, 시간과 달리기 경주를 하는 거야. 내가 이기려면 해가 지기 전에 일을 끝내야 하지. 그러려면 어느 널빤지를 어디에 놓아야 하는지 생각해야 하지. 저 친구들 좀 보렴. 장난삼아 나무를 다듬거나, 철도와 정치 이야기에 열을 올리고 있지. 그들이 철로에 대해서 아는 것이라고는 말뚝을 박는 요령뿐이야. 앞으로도 그럴 거야. 다른 일은 못 해. 저 사람들이 오늘 밤 빈둥거리는 동안 내가 무엇을 하는지 아니? 나는 현관 마무리 작업을 할 거야. 며칠만 기다리면 그곳에 편안한 자세로 앉아서 아내와 즐거운 시간을 보내겠지. 저 사람들은 식품점 난로 주위에 비누 상자를 엎어놓고 둘러앉아서 수다를 떠는 걸로 세월을 다 보낼 거야. 생각해 보렴. 어떤 것이 일이고, 어떤 것이 놀이겠니?"

나는 투박한 그의 목소리와 이야기에 빨려 들어갔다.

"사람들은 쓸모가 있는 것은 일이라고 하고, 그렇지 않은 것은 놀이라고 한단다. 그런데 둘 다 힘들기는 마찬가지야. 일도 놀이처럼 재미있을 수 있고, 놀이도 일처럼 힘들 수 있어. 일도 놀이에도 경쟁자가 있기 마련이지. 그래서 다른 사람보다 더 잘해야 한다는 투지도 생겨나지. 내가 보기에 결국 어떤 시각으로 보느냐에 달려 있는 것 같아."

나는 그 이야기들을 결코 잊지 않았다. 그는 마치 캘빈 쿨리지(Calvin Coolidge)[9]의 제임스 루시(James Lucey)[10]와 같았다. 지금 그를 다시 만난다면 나도 쿨리지처럼 이렇게 말하고 싶다.

"당신이 아니었다면 지금의 나는 없었을 겁니다."

훗날 나는 미국자원봉사협회(Volunteers of America, 종교 바탕의 비영리 단체)의 이사가 되었고, 부랑자들을 연구하게 되었다. 무료급식소와

---

9   **캘빈 쿨리지**(John Calvin Coolidge) 매사추세츠 주지사와 부통령을 거쳐 미국 제30대 대통령을 역임했다. 전임 대통령인 워런 하딩의 사망으로 대통령직을 승계 받았는데, 마침 고향에 머물고 있어 아버지의 잡화점 계산대에서 취임 선서를 했다. 미국 대통령 중 최초이자 유일하게 독립기념일(7월 4일)에 태어난 인물이기도 하다.

10   **제임스 루시**(James Lucey) 젊은 시절의 쿨리지에게 'Be genuine'이라는 충고를 해 주었다는 제화공(shoemaker). 대학생인 쿨리지의 구두를 수선해 주며 인연을 맺었으며, 쿨리지가 변호사를 거쳐 정계에 입문한 후로도 정치 철학과 관련한 멘토가 되었다. 이런 이유로 쿨리지는 부통령으로 지명된 직후 사람들이 루시에 대해 묻자 "나의 안내자, 철학자 그리고 친구로 기록해 주시오"라고 말했으며, 대통령이 되자 "그대가 아니었으면 내가 여기 있지 않을 것"이라는 찬사를 남겼다.

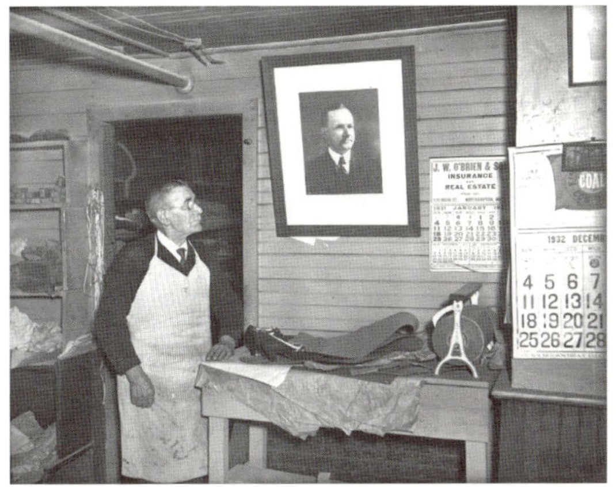

제화공인 제임스 루시는 미국 30대 대통령을 역임한 캘빈 쿨리지의 친구이자 정치적 멘토였다. 사진의 액자 속 인물이 캘빈 쿨리지

교도소, 그리고 가석방된 사람들이 주요 대상이었다. 그들의 가장 심각한 문제점은 게으름이 아니라 노는 것을 너무 좋아한다는 것이었다. 좀 더 정확히 말하자면, 놀이에 대한 생각이 잘못되었다는 것이다. 그들 대다수는 젊은 시절에는 한 순간도 쉬지 않고 일만 했다고 한다.

하지만 일부는 그렇지 않았다. 남들이 옥수수 밭에서 괭이질을 할 때 공 던지기를 하거나 남들이 주문서를 주머니에 넣을 때 당구공을 포켓에 넣었다. 그들이 친 홈런은 분필로 기록되었지만 남들이 친 홈런은 돌 위에 새겨졌다. 이 모든 차이는 놀이에 대한 개념의 차이에 비롯된다.

다른 사람들이 골프를 사랑하는 것만큼이나 나는 일을 사랑하게 되었다. 나는 지금도 일을 사랑한다. 주변 사람들이 카드 게임, 저녁 식사, 댄스파티에 초대해도 거절하고 사무실에서 일을 할 때도 있다. 시골 별장에서 열리는 주말파티에서 빠져나와 타자기를 몇 시간동안 두드리는 것이 더 즐겁다.

이런 이유로 일에 대한 사랑이 계발될 수 있었다. 일과 놀이는 서로 바뀔 수 있다. 다른 사람들이 일이라고 하는 것을 나는 놀이로 여긴다. 마찬가지로 남들이 놀이라고 여기는 것을 나는 일이라고 생각한다. 사람은 누구나 자신이 좋아하는 일에 최선을 다한다.

폴로 게임을 좋아하는 사람은 폴로 공을 쫓아갈 때 가장 활동적이고 남보다 뛰어난 실력을 발휘할 것이다. 이 점은 다른 분야에서도 마찬가지 일 것이다. 따라서 누구나 자신이 평생 동안 하게 될 일을 가장 재미있는 놀이라고 생각하는 것이 매우 중요하다. 경기장에서의 환호는 금방 사라진다. 그러나 성공한 사람에게는 박수소리가 무덤까지 따라간다는 점을 명심하기 바란다.

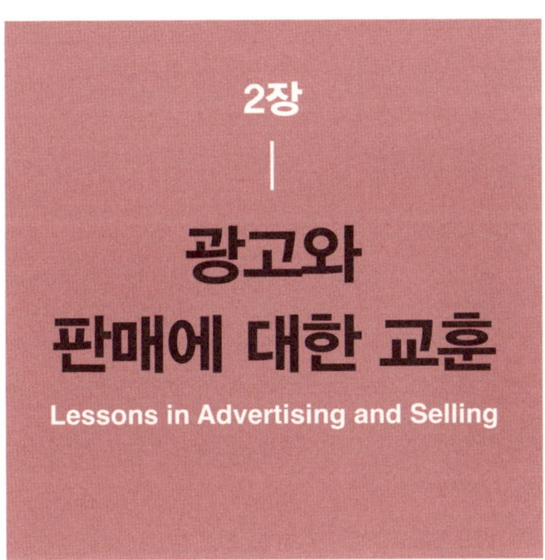

아버지는 목재업이 발달한 도시에서 신문사를 운영하셨다. 사람들의 주머니 사정이 넉넉해 광고주들이 신문사로 몰려들었다. 그 시절의 광고를 떠올리면 나도 모르게 웃음이 나온다.

광고비는 대부분 현물로 지불되었다. 우리 집은 광고 상품의 창고가 되었다. 한번은 피아노 여섯 대, 재봉틀 여섯 대가 쌓여 있었던 기억이 난다.

아버지가 광고한 제품 중에 '비터스 식초(Vinegar Bitters, 쓴 식초라는 뜻)'도 있었다. 나중에 사연을 알게 되었는데, 제조업자가 발효 과정에서 실수를 하는 바람에 맛이 아주 지독한 제품이 만들어졌다는 것이다. 당시 사람들은 약은 쓴맛이 날수록 효능이 좋다고 믿었다. 그래서 '남자와 야수'만을 위한 오일과 연고도 있었다. 우리는 '뱀 오일', '스컹크 오일'도 사용했는데, 아마 이름 때문이었던 것 같다. 병보다 더 지독한 치료법이 아니면 사람들의 눈길을 끌지 못했다.

신문사를 운영했던 홉킨스의 아버지
가 광고했던 비터스 식초

이런 이유로 독하거나 쓰디 쓴 제품이 판을 쳤다. 그중에서도 비터스 식초가 최악이었다. 아버지는 광고비 대신 그 지독한 제품을 수십 병이나 받았다. 피아노와 오르간, 그리고 재봉틀을 사려고 우리 집에 들르는 사람은 많았지만, 약품에 관심을 보이는 사람은 없었다. 그래서 날이 갈수록 비터스 식초의 재고가 늘어났다.

무엇이든 낭비하는 법이 없는 스코틀랜드 출신의 어머니는 약품을 소진시키려고 마음먹었다. 집안에서 가장 허약했던 내가 희생양이 되어, 하루에 3번 비터스 식초를 마셨다. 만일 제조업자가 아직도 살아 있다면, 나는 증언할 수 있다. 복용 후 엄청나게 건강해졌다는 것을.

아버지의 신문사에서는 각종 청구서를 인쇄하기도 했다. 나는 그것을 찬찬히 들여다보았다. 그러고 나서는 광고주를 찾아가 청구서를 배달하는 일을 맡겨달라고 졸랐다. 우리 마을에는 1,000가구가 있었다. 나는 청구서 배달에 2달러를 달라고 했다. 마을 곳곳에 산재되어 있는 집집마다 청구서를 갖다 주려면 35마일을 돌아다니는 셈이 된다. 다른 아이들은 1달러 50센트만 달라고 했지만, 멀리 떨어진 집을 일부러 빠뜨리곤 했다. 나는 광고주에게 결과를 비교해 보라고 말했고, 얼마 후엔 그 일을 독점할 수 있었다.

그것이 나의 첫 번째 비즈니스였다. 확실한 결과를 비교해서 보여

          못 파는 광고는 쓰레기다

주는 것이 얼마나 큰 차이를 낳는지 알게 된 후로 나는 그 방법을 자주 사용하게 되었다. 서비스업에서 장점을 피력하는 방법으로 이보다 나은 것은 없을 것이다. 객관적인 결과를 비교하지 않고 무조건 일만 하는 것은 어리석은 짓이다.

그것이 '추적된 결과(traced results)'[11]와 관련된 나의 첫 번째 경험이었다. 이때의 경험은 나에게 '결과를 챙기고 그것을 비교하라'고 가르쳤고, 이후로 나는 항상 이 점을 강조해왔다. 서비스에서 장점을 보여주는 것보다 더 좋은 방법은 없다. 눈을 감고 일하는 것은 바보짓이다.

내가 열 살 때 어머니는 혼자가 되셨다. 이후로 나는 경제적으로 자립하는 것은 물론이고, 가족들의 생계에도 보탬이 되어야 했다. 여러 가지 일을 했지만, 나의 경력에 영향을 끼친 것만 언급하겠다.

어머니가 '은 광택제(silver polish)'를 만드셨다. 나는 그것을 틀에 넣어 케이크 형태로 만들고 예쁜 종이로 포장했다. 그리고는 집집마다 다니면서 팔았다. 대문 앞에서 광택제에 대해 설명하면 10명 중 1명꼴로 지갑을 열었다. 그러나 집 안으로 들어가서 실제로 광내는 것을 보여주면(demonstrate) 거의 모두에게 팔 수 있었다.

이 또한 내가 결코 잊을 수 없는 교훈의 바탕이 되었다. 좋은 제품은 그 자체가 최고의 세일즈맨이라는 것이다. 샘플 없이 물건을

---

11 홉킨스의 주장을 한마디로 정리하면 모든 광고의 결과를 '추적'하고, 다른 광고와 '비교'하라는 것이다. 쿠폰 등을 사용하면, 회수율(return)을 통해 광고효과의 측정이 가능해진다. 그렇게 되면 어떤 광고가 효과적인지, 어떤 헤드라인이 좋은지가 밝혀진다. '테스트'라고도 불리는 이런 과정은 그가 각각의 광고에 기호(key)를 넣는 방법을 고안함으로써 이루어졌다. 홉킨스는 테스트의 위력을 모르고 '눈을 감고 일하는' 광고주와 광고인을 매우 안타까워하면서, 수없이 많은 테스트를 통해 알아낸 광고의 법칙을 이 책에서 소개하고 있다.

파는 것은, 광고든 방문판매든 오르막길을 오르는 것과 같이 힘이 든다.

광고주들이 샘플이나 시제품을 활용하도록 하는 것이 내 인생의 가장 힘든 투쟁이었다. 그들도 샘플 없이 세일즈맨을 내보낸다는 것은 꿈에도 생각지 않을 것이다. 하지만 거액을 들여 광고를 하면서는 테스트는 물론이고 본 적도 없는 물건을 사라고 강요하고 있다. 샘플 비용이 만만치 않고, 상습범들이 샘플만 요구한다고 주장하는 사람도 있다. 하지만 실제로는 설득력 하나로 제품을 파는 것이 훨씬 더 돈이 많이 든다.

샘플의 효과를 믿지 않는 광고주들은 예전에 내가 팔았던 '은 광택제' 판매를 직접 경험해보면 좋겠다. 그동안 광고주들에게 수백만 달러를 절약시켜준 교훈을 나는 그때의 경험으로 배웠다. 직접 해보면 누구라도 단 하루 만에 깨닫는다. 샘플 없이 파는 것이 몇 배나 더 어렵다는 것을.

나는 이것을 거리의 노점상에게서도 배웠다. 노점의 불빛 속에 몇 시간이고 서서 나는 그들의 이야기를 들었다. 지금 생각해보면, 새삼 그들의 방법과 이론을 내가 고스란히 흡수했다는 사실을 깨닫게 된다. 그들은 실연(實演, demonstration) 없이 물건을 파는 법이 없었다. 자신이 파는 물건이 어떤 작용과 역할을 하는지 아주 극적인 방법으로 보여준다. 많은 광고주들이 어쩌다 이들보다 판매정신(salesmanship)에 대해 잘 모르는지, 참으로 놀라운 일이다.

이 점에 대해서는 좀 더 자세히 다루어야겠다. 이 주제는 내가 생각하는 핵심이다. 위의 이야기는 내가 어디서 쿠폰의 기본 발상을 배웠는지 보여주는 것이다. 그때 이후로 나는 잡지와 신문에 수억 개의 쿠폰을 집행했다. 어떤 것은 샘플을 받는 쿠폰이었고, 또 어떤 것은 매장에서 무료로 완제품(full sized package)을 받는 쿠폰이었다.

나의 이름은 이제 이러한 광고시스템과 동일시되고 있다. 나는 모든 형태의 샘플을 집행해보았다. 이것이 내가 광고계에서 하나의 모델이 되는데 가장 큰 역할을 했다. 하지만 샘플은 얼마나 단순하고 자연스러운가. 모든 세일즈맨과 외판원, 그리고 노점상들이 하는 대로만 하면 된다. 광고를 무

어린 홉킨스의 영웅이었던 탐정이자 첩보원인 앨런 핑커튼

슨 요술램프로 생각하는 사람들을 빼고는 누구도 샘플을 활용하지 않고 물건을 팔려고 하지 않는다.

돈벌이 방법으로 또 하나 내가 찾아낸 것은 책을 파는 것이었다. 이윤이 많아서 마음에 들었다. 어느 날, 나는 유명한 탐정인 앨런 핑커튼(Allan Pinkerton)[12]의 자서전을 읽었다. 말할 것도 없이 핑커튼은 당시 모든 소년들의 영웅이었다. 나는 어머니를 졸라 아주 작은 돈을 들여 핑커튼의 책을 판매하게 되었다.

책이 배달된 날의 기억이 아직도 또렷하다. 나는 책을 마루에 펼쳐놓았다. 사람들이 모두 핑커튼의 책을 기다릴 거라는 확신이 들었다. 당장이라도 뛰어나가 공급하고 싶었다.

12　**앨런 핑커튼**(Allan Pinkerton 1819~1884) 스코틀랜드 태생의 탐정이자 첩보원. 1842년 미국으로 이민와 노예폐지 운동과 이를 위한 첩보활동을 펼쳤다. 남북전쟁 당시 북군 첩보장교로 복무하며 링컨의 암살기도 음모를 퇴치했다는 설도 있다. 제시 제임스(Jesse James) 등 당시 유명했던 열차강도를 끈질기게 추적했으며, 1872년에는 스페인 정부에 고용되어 쿠바 혁명을 저지하는데 관여하기도 했다. 이 책에서 언급된 그의 자서전은 〈모반의 스파이(The Spy of the Rebellion)〉다.

어머니는 "마을 어른들께 먼저 권해보렴. 그러면 자연스럽게 다른 사람들에게도 책을 홍보해 주실 거야"라고 하셨다. 그래서 시장님Mr. Resigue이 출근하기 전에 댁으로 찾아갔다. 시장님은 나를 따뜻하게 맞아주었다. 과부의 아들인 내가 돈을 벌려고 하면 대부분의 사람들은 기쁘게 도와주었다. 이런 경험으로 깨달은 것이 있다. 성공한 사람들은 다른 사람이 성공하도록 도와주려는 마음이 크다는 것이다. 일을 잘하는 사람은 다른 사람이 제대로 일하도록 도와주고 싶어 한다. 이 점은 나도 마찬가지다.

셀 수 없이 많은 젊은이들이 우리 집에 모여든다. 하지만 환영받는 사람은 '일하는 사람들'이다. 남자든 여자든 가리지 않는다. 부모의 재력에 기대어 놀기만 하는 청년을 보면 나도 모르게 화가 치민다. 여성도 마찬가지다. 남녀평등을 원한다면 노력에서의 평등도 있어야 한다. 남녀를 막론하고 인간은 누구라도 자신의 존재 가치를 스스로 증명해야 한다. 물론 어떤 환경으로 인해 밥벌이를 제대로 못하는 사람도 있겠지만, 그래도 하려는 노력이라도 해봐야 한다. 나는 게으름뱅이를 몹시 싫어한다. 아무튼 이러한 내 생각이 수많은 젊은이들을 진정한 행복의 길로 인도했다고 자부한다.

지금에 와서 나는 깨달았다. 시장님이 그날 아침 나를 그토록 따뜻하게 맞아주었는지를. 나는 성공해보려고 기를 쓰는 청년이었다. 나 역시 아무리 일이 바빠도 그런 처지의 청년이 찾아오면 만남을 거절한 적이 없다. 나는 그들에게 귀중한 시간을 아낌없이 쏟았고 재정적 도움과 조언을 주어왔다. 자신의 길을 개척하려는 의지만큼 내가 높이 평가하는 것은 아무것도 없다.

하지만 그날 아침엔 뜻밖의 장애물이 있었다. 시장님은 신앙심이

 못 파는 광고는 쓰레기다

깊은 분이어서 다소 극단적이며 융통성이 없는 측면도 있었다. 시장님은 범죄자를 상대하는 탐정은 평온한 세상에 맞지 않는다는 생각을 갖고 있었다. 핑커튼이 탐정으로서는 영웅일지 모르지만, 악독한 방법으로 힘없는 노동자들을 탄압했던 인물이라고 여기는 것 같았다.

책을 꺼내기 전까지 시장님은 내 말을 잘 들어주었지만, 책을 흘끗 보더니 내 무릎 위로 던지다시피 했다.

"너는 언제라도 환영이지만 이 책은 그럴 수 없구나. 둘은 엄연히 다른 문제다. 너는 이 집에 더 있어도 좋다만, 그 책은 당장 내 집밖으로 가져가거라. 핑커튼이라는 자의 책은 도저히 용납할 수 없다." 그것은 뜻밖이었다. 나는 그 이후로 이와 비슷한 상황을 수없이 보아왔다. 광고계에서도 비슷한 상황이 수없이 되풀이되었다. 수백 명의 사람들이 나에게 자신의 사업 계획을 설명했고, 이사회에서는 제품 판매는 따 놓은 당상이 틀림없다고 엄숙하게 결의했다. 나는 그들에게 일단 테스트를 통해서 대중들의 맥박을 짚어보라고 강조했다. 사람들을 '우리' 기준으로 판단해서는 안 된다는 것도 말했다. 몇몇은 내 조언을 받아들여 좋은 결과를 얻었지만, 내가 하는 말을 경멸하는 사람들도 적지 않았다. 세상을 자기 기준으로 판단한 사람이 어쩌다 성공하는 수도 있다. 하지만 다섯 중 넷은 실패했다. 제일 한심한 것은 나이 지긋한 이사회 임원들이 주부가 무엇을 원하는지 자기들 멋대로 추측하는 것이다.

책장사는 결국 해피엔딩으로 끝났다. 나는 기가 죽어서 시장님의 집을 나섰다. 내가 끔찍이 좋아하는 탐정 이야기에 대해 그런 의견이 있을 줄은 꿈에도 생각 못했다.

어머니는 풀이 죽은 나를 다독이며 이렇게 격려해주셨다.

"얘야, 사업하시는 분들에게 가보렴. 빅 스토어(Big Store)에 가보는 것은 어떨까? 그곳의 어른들이 뭐라고 하시는지 귀를 기울여보렴.”

어머니의 말대로 빅 스토어에 가서 책을 내놓았다. 매니저는 그 자리에서 책을 구입하더니 나를 데리고 사무실에 들어가서 여섯 권을 더 팔아주었다. 덕분에 핑커튼의 책을 모두 팔 수 있었다.

또 하나의 중요한 교훈을 얻었다. ‘우리’ 기준으로 사람들을 판단해서는 절대로 안 된다. 우리가 원하는 것, 우리가 좋아하는 것을 내세운 광고는 극소수에게만 어필할 수도 있다. 개인적인 취향을 앞세운 광고로 인한 손실은 나라의 빚을 다 갚고 남을 정도다.

우리가 사는 세상은 법 조항 하나를 두고도 의견이 나뉜다. 모든 선호(preference), 모든 원망(願望, want)이 다 마찬가지다. 오직 완고한 사람이나 바보만이 자기 의견을 기준으로 모험을 감행한다. 다른 일도 그렇겠지만 특히 광고와 관련된 모든 것은 여론(public opinion)이라는 재판정에 제출되어야 한다.

앞으로 알게 되겠지만, 그것이 바로 이 책의 주제다. 나에게는 바다로 나갈 수 있는 요트가 있다. 그렇다고 해서 내가 지도나 나침반도 없이 바다로 나서겠는가? 만일 그런 것이 없어도 나는 어떤 식으로든 수심水深을 측정한다.

우리는 주변 환경에 영향을 받는다. 잘 사는 사람들은 경제적 수준이 비슷한 사람들과 어울린다. 기호나 취향도 마찬가지다. 높이 올라갈수록 평범한 사람들과 멀어지게 된다. 그것은 광고에 도움이 안 된다.

나는 평생 동안 성공 가능성이 전혀 없는 프로젝트를 밀어붙이는 경우를 수없이 지켜보았다. 이유는 단지 하나, 고집불통인 사람이 소수를 기준으로 다수를 판단하기 때문이다. 물론 나도 그런 기업을

 못 파는 광고는 쓰레기다

상대로 일한 적이 있지만, 업무상 피치 못할 경우로 국한시켰다. 그들은 설득이 불가능하다. 옳든 그르든 자신의 편협한 생각을 끝까지 밀고 나간다. 그들에게 최소한으로 비용을 줄일 방법을 제시하거나, 앞에 놓인 암초를 경고함으로써 나의 의무를 끝냈다.

주제를 바꿔보자. **성공으로 가는 길은 평범한 사람들 곁을 지나간다.** 평범한 사람들은 절대 다수를 형성한다. 따라서 그들을 잘 아는 사람, 그들 중에 하나인 사람이 광고계에서 훨씬 유리하다.

광고계에서 가장 큰 성공을 거둔 사람 몇몇은 아주 '무식한' 사람들이다. 그중에서 두 사람은 지금 광고대행사 대표다. 한 사람은 광고로 많은 돈을 벌었는데, 자기 이름도 잘못 쓰는 수준이다. 하지만 그는 평범한 사람들의 마음을 알고 있었고, 평범한 사람들은 그가 파는 물건을 샀다.

그들 중의 하나가 농장을 담보로 대출을 받도록 권유하는 반응 response) 광고의 카피를 썼다. 하지만 모든 문장을 문법에 맞게 고쳐야 할 정도였다. 대졸자들이 떼 지어 몰려와 "우리는 교육을 제대로 받았으며, 세련된 글을 쓸 줄 압니다"라고 주장할지 모른다. 나는 그들에게 바로 그 두 가지가 약점이라고 말한다.

대다수의 사람들은 유려한 문체를 제대로 알아보지 못한다. 행여 알아보는 사람이 있더라도 오히려 화려하고 세련된 카피에 현혹되어 헛되이 돈을 낭비하게 될까봐 두려워한다. '넘어갈까봐(over influence)' 겁을 내는 것이다. **색다른 문체와 스타일은 경계심을 자극하고, 직접적인 광고 문구는 거부감을 일으킨다.** 상류층인 척하는 문구는 분노를 유발하고, 명령조의 말투는 누구나 싫어한다.

광고계에서는 항상 대중의 충동(impulses of the majority)을 통찰하는 사람을 찾고 있다. 교육 수준은 묻지 않는다. 문학적 소양도 중요하지 않다. 그런 단점은 쉽게 보완된다. 인간의 본성을 제대로 이해하는 사람이라면. 그리고 그것을 입증한다면 우리는 두 팔 벌려 환영이다.

두세 가지 예를 살펴보기로 하자. 어느 날, 편지를 받았는데 무작위로 여러 곳에 동시에 보낸 것이 분명했다.

"금방 데워서 먹을 수 있는 고기 파이의 수요가 엄청납니다. 저는 그걸 만듭니다. '브라운 아줌마의 고기 파이'라고 이름 붙였습니다. 집에서 구운 파이라는 느낌을 주니까요. 제가 이미 상당한 수요를 만들어 냈는데, 아직도 훨씬 더 많은 수요가 있습니다. 이 사업을 확장할 수 있도록 투자하실 분을 찾습니다."

나는 그에게서 원초적인 본능을 보았다. 고기 파이에는 구미가 당기지 않았지만, 인간본성에 대한 그의 보기 드문 통찰력에는 마음이 끌렸다. 그래서 사람을 보내 조사를 해 보았다. 그는 허름한 식당에서 주급 8달러로 일하는 야간 요리사였다. 그를 사무실로 불러서 주급 25달러를 줄 테니 광고 일을 배워보라고 제안했다. 그는 내 제안을 수락했고, 지금은 광고계의 거물이 되었다.

이번에는 위스콘신 주 매니토웍에서 시카고로 이주한 사람의 이야기이다(두 곳은 약 280킬로미터 정도 떨어진 비교적 가까운 거리). 그는 톰슨(Thompson)이라는 식당에서 아침을 먹다가, 구운 사과(baked apple) 요리를 보고 고향을 떠올리게 되었다.

"나처럼 시골에 살다가 시카고에 온 사람들이 얼마나 많을까? 아마 3분의 2는 타향 출신일 거야. 구운 사과로 그들에게 향수를 불러

일으켜야겠어."

그는 구운 사과에 대한 광고를 작성하여 식당 주인인 톰슨(John R. Thompson)에게 보였다. 톰슨은 광고를 집행하는 것에 동의했고, 손님은 금방 늘어났다. 이것이 바로 식당의 단골손님을 몇 배로 늘리고, 톰슨을 백만장자 반열에 올린 광고 캠페인의 시작이었다.

젊은 사람들과 초보자들은 나이가 많은 사람들이 자신의 의견을

1910년도에 제작된 기성복 브랜드 '로열 테일러스' 광고

무시할 것이라고 생각한다. 하지만 내 경험을 비추어 볼 때 경영자는 능력 있는 인재를 항상 물색한다. 마음에 드는 인재를 찾기란 하늘의 별따기처럼 어렵다. 아는 것이 많을수록 할 일도 많아진다. 어느 분야를 보더라도 쓸 만한 인재는 손에 꼽을 정도다. 경영자들은 모두 도움을 간절히 필요로 하며 산더미 같은 일에서 해방될 날을 고대한다. 이러한 현실을 잘 아는 사람은 통찰력 있는 인재를 간절히 찾고 있다.

톰슨 식당의 광고는 일요일 아침 처음으로 신문에 게재되었다. 나는 당시 규모가 큰 광고대행사의 카피 책임자로 새로운 인재를 찾고 있었다. 그래서 바로 톰슨 식당의 광고 카피를 쓴 사람을 찾아 사무실로 불렀다. 나는 그에게 연봉 7,500달러를 제안했다. 위스콘신 주의 작은 마을에서 올라와 평생 그 돈의 5분의 1도 만져보지 못했던 사람에게 엄청난 제안을 한 것이다.

그도 나처럼 '사람(people)'을 알고 있는 몇 안 되는 인물임을 직감

했기 때문이다. 하지만 그는 나의 제안을 수락하지 않았다. 자신의 첫 번째 광고를 통해 성공할 가능성을 보았기 때문이었다. 그는 자신의 길을 갔고, 성공을 거두었다. 그는 도시에 사는 시골 출신들에게 고향집에서 먹던 도넛과 파이, 그리고 달걀과 버터 등의 음식 광고를 만들었다. 이를 통해 그는 엄청난 광고 경력의 발판을 다졌다.

필립 레넌(Philip Lennan, 당시 활동했던 광고인으로 추정)도 마찬가지다. 그는 뉴욕 주의 중부 도시인 시라큐스 출신으로 로열 테일러스(Royal Tailors)에서 일한 적이 있었다. 로열 테일러스는 소도시와 시골 지역 청년을 겨냥한 맞춤복 전문점이었다.

그는 시카고에 시골 출신이 많다는 점에 주목하여 아이디어를 냈다. 몇 년 전 자신의 처지를 생각하고 '안 맞는 옷 양복점(misfit parlors)'[13]이라는 아이디어를 냈다. 이름만 들으면 '맞춤 양복' 같기 때문에 남자들이 기꺼이 가게 된다. 특출할 광고로 그는 청년들을 자극했고, 결국 수만 명이 양복점으로 몰려왔다. 나는 그에게 일자리를 제안하며 지금 받는 급여의 두 배를 주겠다고 했다. 사람들이 '정말로 원하는 것'을 그는 알고 있기 때문이었다.

---

13 이런저런 사정으로 급하게, 그리고 싸게 판다는 광고 카피는 요즘도 많이 쓰는 수법이다. 레넌의 광고는 맞춤양복점의 재고를 할인 판매한다는 내용인데, 'misfit parlors'의 이해를 돕기 위해 당시 광고 중의 하나를 살펴보면 다음과 같다.

WHAT ARE MISFITS?

They are the Custom Made Clothing of Merchant Tailors left on their hands for one reason or another; these we buy in large or small quantities for the ready cash. "For example" a suit of clothing costing originally **40** dollars, we can according to style and quality, sell from **10** to **18** dollars, just think of it a saving of sixty five (65) per cent, two thirds of their original cost. Of Pantaloons we have a good variety ranging in price from **2.50** to **8** dollars, originally made for from **7** to **15** dollars; many of them of the latest designs from the best tailoring establishments of this and other cities. We request an early inspection. Our place is at

COR. FULTON STREET & ELM PLACE,

BROOKLYN.

Open from 7 A. M. to 9.30 P. M.

"'Misfits'이라는 게 뭐죠? 그것은 전문 재단사가 만든 맞춤양복인데, 사정이 있어 (주문하신 분이 찾아가지 않고) 재단사에게 남겨진 것입니다. 그래서 40달러 하던 양복을 10~18달러에 팝니다. 스타일과 품질에 따라 가격이 달라집니다. 원래 가격의 3분의 2, 혹은 65%를 절약하는 셈입니다."

원턴 자동차(Winton Car) 광고를 만
든 찰스 미어스(Charles Willard Mears)[14]
도 비슷한 경우다. 그는 내가 만나 본
사람 중에서 가장 인간미가 넘치는 사
람이었다. 나는 그에게 광고대행사로
아예 옮기라고 연봉 2만5,000달러를
제안했다.

원턴 자동차 광고를 만든 찰스 미
어스는 〈새로운 시대를 위한 세일
즈맨십〉이라는 저서를 남겼다.

"당신은 보기 드물게 자연스런 사
람(natural people) 중의 한 분이군요. 광
고란 자연스런 충동(natural impulses)에
소구[15]하는 그런 일이죠. 우리는 당신이 필요합니다. 진정한 인간성
(real humanity)을 찾고 있었거든요."

14　**찰스 미어스**(Charles Willard Mears, 1874~1942) 〈새로운 시대를 위한 세일즈맨십
(Salesmanship for the New Era)〉 등 5권의 저서를 남긴 광고인이다. 그는 〈새로운 시
대를 위한 세일즈맨십〉에서 '거대한 기계와 같은 기업들이 인간의 욕구를 만족시키기
위해 존재하고 있다'고 산업화되는 미국 기업을 묘사했다.

15　**소구**(訴求, appeal) 소비자의 구매욕을 자극시키기 위해 상품이나 서비스의 특성이
나 우월성을 호소하여 공감을 구하는 것으로 광고와 같은 설득 커뮤니케이션에서 매
우 중시되고 있다. 광고 소구의 방법으로는 제품의 구성이나 사용법 등의 해설에 중점
을 두는 본질 소구(本質 訴求), 타사 제품과 비교하여 자사 제품의 특성을 강조하는 특
유 소구(特有 訴求), 소비자의 정서에 호소하는 감정 소구(感情 訴求), 논리적 이해를
구하는 이성 소구(異性 訴求) 등이 있으며, 유머 소구, 공포 소구, 성적 소구 등으로 세
분하기도 한다. 효과적인 광고 메시지를 만들기 위해서는 우선 소비자들의 욕구를 충
족시켜줄 수 있는 광고 소구를 선정해야 하며 그 소구에 입각하여 광고 메시지가 고안
되어야 한다. 물론 하나의 광고 메시지에서 여러 개의 소구를 제시할 수도 있으나, 광
고 소구의 수와 광고 효과간의 관계에 대한 연구 결과에 의하면 하나의 광고 메시지에
하나의 소구만 내세우는 것이 가장 효과적이다. 왜냐하면 하나의 강력한 인상만을 심
어주는 것이 가장 효과적이기 때문이다.

내가 여기서 말하려는 것은 훌륭한 광고란 얼마나 평범하며 얼마나 서민적인가 하는 점이다. 또한 평범한 인간성이 얼마나 중요한가 하는 것이다. 광고계에 새로 뛰어드는 사람들은 말재주, 즉 아이디어를 표현하는 능력에 의존한다. 혹은 관심을 끌어당기는 이상한 것들에 기대기도 한다. 그런 사람들은 스스로를 추켜올릴 수는 있지만, 반감만 부추길 뿐이다. 내가 알고 있는 광고의 진정한 대가들은 하나같이 '낮은(humble)' 사람들이다. 그들은 '낮은' 사람들에게서 나왔고, 그래서 '낮은' 사람들을 안다.

낮은 사람들은 신중하고 절약하고 알뜰하며 의심이 많다. 일상적인 물품 구입에서 쉽게 속지 않는다. 따라서 교육을 많이 받았거나 다른 환경에서 살았던 사람이 그들을 이해하기란 불가능하다.

주변을 둘러보면 대기업 대표들은 대부분 맨 아래서부터 차근차근 계단을 밟아온 사람들임을 알게 된다. 그들은 부하 직원들이 어떻게 사는지, 동료들이 어떤 길을 걸어왔는지 잘 안다. 사실 광고계만큼 그런 지식이 중요한 분야도 없을 것이다. 그러므로 내가 여기서 언급한 몇 가지 초라한 경험은 광고에서 가장 중요한 필수요건에 해당하는데, 사업이나 혹은 정치를 하더라도 그건 마찬가지다.

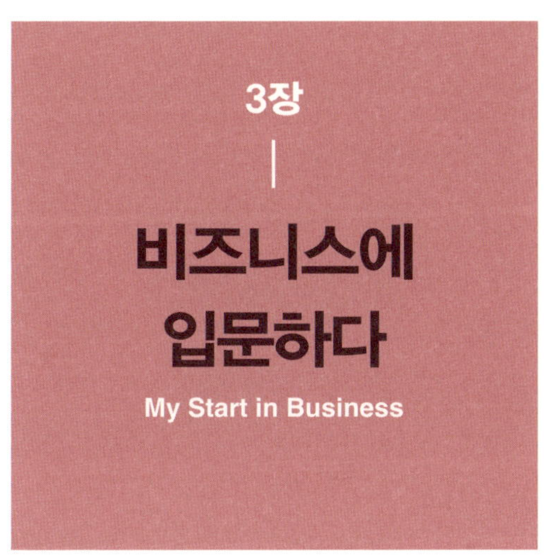

고등학교를 졸업할 때까지 나의 꿈은 성직자였다. 나는 성경을 열심히 공부하는 학생이었다. 우리 집에서 하는 가장 큰 놀이는 성경 암송게임이었다. 가족들이 둘러앉아서 돌아가며 성경 구절을 외우다가 끝까지 남는 사람이 이기는 게임이었다. 내가 만난 누구보다 나는 더 많은 성경구절을 외우고 있었다.

종종 우리 집을 방문하는 목사님조차 내 상대가 되지 못했다. 내가 몇 배나 더 많은 구절을 외우고 있었다. 뿐만 아니라, 일곱 살 때 쓴 설교문은 아버지에 의해 인쇄되기도 했다. 가끔 기도모임에서 짤막한 설교를 한 적도 있었다. 모두들 그런 모습을 보며 내가 장차 훌륭한 목사가 될 거라고 생각했다. 졸업식 때는 대표로 고별사를 하기도 했다. '야망'이라는 주제로 졸업 에세이를 제출했는데, 야망은 나쁜 것이며 가난하지만 종교 생활에 충실해야 한다는 주장을 피력했던 것이 지금도 생각난다.

이듬해 여름에는 내가 가르치던 시골 학교에서 일요일마다 설교를 했다. 학교까지는 20킬로미터나 되었지만 나는 가방을 매고 걸어 다녔다. 학교 이사회에는 글을 읽거나 쓸 줄 아는 사람이 아무도 없었다. 마을의 지도자였던 이사장은 거실 한쪽에 위스키 통을 두고 사람들을 대접하여 명성을 얻은 인물이었다. 위스키 통은 미시간 호에 떠 있던 것이었다. 그는 사람들을 불러 대접하는 것을 좋아했다. 덕분에 그의 집은 지역사회의 사랑방 같은 곳이 되었다.

가구라고는 장작난로와 비누상자 세 개가 전부였다. 나는 상자에 걸터앉아 까막눈인 이사장에게 내가 교사로서의 자격이 있다는 점을 납득시키려고 애를 썼다. 결국 성공했는데, 내가 책력(冊曆, almanac)을 펼쳐 거기 있던 유머를 하나 읽어준 덕분이었다. 책력은 이사장이 가진 유일한 장서였는데, 내가 그것을 읽는 것이 그에게는 놀라움이었다. 그것은 또 하나의 교훈이 되었다. 내가 만나는 사람은 '무식한' 사람이 아니고 '단순한' 사람들이었다. 나는 그들을 사랑한다. 그들의 자연스런 본능과 반응을 사랑하는 것은 물론이고, 누구보다 그들을 잘 알고 있다.

급여를 논할 차례가 되었다. 여름학교는 두 달간 운영될 계획이었다. 이사장은 나를 데리고 회계 담당자의 집으로 가서 재정 상태를 확인하고, 79달러 50센트를 주겠다고 했다.

근처에 농가를 하나 발견했는데, 그 집에는 새 오르간과 그것을 배우고 싶어 하는 두 딸이 있었다. 나는 아이들에게 연주법을 가르쳐 주는 조건으로 숙박비를 주당 1달러로 해결했다. 그 결과 여름학교에서 일하는 동안 월 35달러를 저축할 수 있었다. 비즈니스에 입문한 후로도 오랜 세월이 지나서야 저축할 수 있었으므로 적지 않은 금액이었다.

나는 주중에는 교사로 일하고 일요일
에는 목사로 활동했다. 나는 거기서 매
일 '사람'에 대한 새로운 교훈을 배웠다.
'당신도 함께 가면 깨달을 것이다(You
will realize as you go along)'는 당시 내가
배운 최고의 교훈이었다.

윌리엄 제닝스 브라이언

여름이 끝나고 나는 시카고로 갔다.
어머니가 브라이튼 파크에 있는 밀즈
박사 댁에 머물고 계셨기 때문이었다. 도착한 날은 토요일이었다. 오
후에 목사님이 오셨는데, 많이 편찮으셨다. 다음날 요양을 떠날 계획
이라고 했다. 목사님은 오늘 밤에 설교할 생각을 하니 벌써부터 진
땀이 난다고 했다. 그래서 어머니는 나에게 대신 설교를 하면 어떠
냐고 말씀하셨다. 나는 목사가 되려는 학생이었다.

나는 큰 위기가 닥쳤다고 생각했다. 당시 나는 어머니의 엄격한
종교적 신념에서 벗어나 성장하고 있었다. 나의 종교관이 변한 것
을 알게 된다면 어머니는 노발대발하실 것이 분명했다. 철저한 원리
주의자인 어머니는 악마와 지옥불, 그리고 모든 기적을 실제로 믿
고 있었다. 어머니에게 성서는 변하지 않는 역사의 기록이었다. 저
자들이 영감을 받아서 쓴 것이므로 글자 그대로 믿어야 한다고 생각
하셨다. 어머니에게 세상은 6일 만에 창조된 것이며, 이브는 아담의
갈비뼈로 만든 사람이었다. 윌리엄 제닝스 브라이언(William Jennings
Bryan)[16]이 우상인 셈이었다.

---

16 **윌리엄 제닝스 브라이언**(William Jennings Bryan) 미국 국무부 장관 등을 역임한 정치
가. 진화론이 성경을 훼손시킨다며 맹렬히 반대한 것으로 유명하다.

어머니의 정통적 종교관에서 벗어나 성장하고 있었지만 나는 차마 그런 사실을 입 밖에 꺼낼 용기가 없었다. 어머니의 소중한 환상을 부수고 싶지 않았기 때문이었다. 하지만 지난여름 가다듬은 종교에 대한 나의 생각을 설교로 준비했다. 여태까지 나를 짓누르고 있었던 인생의 '무해(無害)한 기쁨'을 옹호하는 내용이었다. 또한 지옥불, 유아지옥설(幼兒地獄說)[17], 종교적 고행 등을 논박하는 것이었다. 심지어는 하느님이 세상을 창조한 것과 요나의 고래 이야기에 의문을 제기하기도 했다.

나는 그날 밤, 설교를 하기로 결심했고, 이내 결과와 맞닥뜨렸다. 그때 나는 열여덟 살이었다. 그날과 같은 순간은 절대로 두 번 다시 맞닥뜨리고 싶지 않다. 나의 앞날을 결정하기 위해 시카고에 왔는데, 그날 밤은 큰 시련이었다.

지금도 그날 밤의 정경이 생생하게 기억난다. 나이가 나보다 두 배 이상인 신도들이 800여 명 모여 있었다. 하지만 어머니 외에는 그 자리에 있던 사람들이 하나도 기억나지 않는다. 내 뒤에 앉아 계시던 목사님은 어머니의 친구였다. 목사님의 정통파 교리는 어머니와 일치했다. 나는 아주 못된 반역자가 된 느낌이었다. 그날처럼 사람들이 만장일치로 반대하는 모습을 두 번 다시 경험하지 못했다. 내 인생에서 그날 밤은 가장 용감무쌍한 순간이었다.

설교가 차츰 윤곽을 드러내자 목사님은 쩔쩔매기 시작했다. 어머니의 얼굴은 심하게 일그러져 갔고, 신도들은 소름이 돋은 듯 보였다. 내가 설교를 마치자 목사님은 덜덜 떨며 축복의 기도를 올렸다.

---

17 infant damnation. 세례를 받지 않고 죽은 어린아이는 지옥으로 간다는 생각.

　　　　　　　　　　　　　　　　못 파는 광고는 쓰레기다

신도들은 조용히 빠져나갔다. 단 한 사람도 내게 와서 인사를 건네지 않았다. 그때 나는 알게 되었다. 내가 인도하려던 무리로부터 버림받았음을.

집으로 돌아오며 어머니는 아무 말 없이 걷기만 했다. 그날 밤 한마디도 하지 않으셨지만, 나는 이제 어머니와 헤어질 시점이 왔음을 알고 있었다. 그것은 내가 초래한 것이었다. 다음날 어머니는 시내에 가서 점심을 먹자고 하셨다. 디어본(Dearborn) 가의 어느 식당에서 어머니는 나를 아들로 여기지 않겠다고 말문을 열었다. 자리를 박차고 나오는 것 말고는 어떤 것도 할 수 없었다. 그것으로 나는 성직자가 되는 길을 영원히 문 닫게 되었다.

다시는 어머니가 예전 같지 않았다. 나의 잘못을 용서할 수 없었던 것이다. 그날 이후로 어머니와는 거의 만나지 않았다. 내가 목사가 아닌 다른 직업으로 성공한 것을 지켜보셨지만, 아무런 말씀도 없으셨다. 내가 어머니의 꿈을 저버렸기 때문이다.

광고도 예전의 종교처럼 나를 억압했다면, 마찬가지로 버렸을 것이다. 사실 나는 비슷한 이유로 대형 광고주를 버려왔다. 나는 누구나 그래야 한다고 믿는다. 체질에 맞지 않는 분야, 불행을 초래하는 분야에서는 누구도 성공할 수 없다. 나는 비즈니스도 일종의 게임이라고 생각하고, 게임으로 즐긴다. 그것이 바로 내가 지금까지 비즈니스에 헌신적인 이유다.

그 운명과도 같은 날, 디어본 가를 걷다가 주머니에 손을 넣었더니 3달러밖에 없었다. 예금 잔고는 미시간 주에 있었다. 문득 스프링레이크에서 과수원을 하는 삼촌이 생각났다. 때마침 과일을 수확하는 철이라 삼촌의 일을 거들어 드리며 돈을 벌어야겠다고 생각했다.

나는 항구로 내려가서 머스키건에서 온 목재 운반선을 찾았다. 어느 선장이 배의 취사당번을 시켜주었다. 머스키건에서 스프링레이크까지는 걸어서 갔다(시카고와 머스키건은 미시간 호를 끼고 동서로 마주보는 도시다. 머스키건에서 스프링레이크까지 거리는 약 20킬로미터 정도). 나는 삼촌의 과수원과 동네의 다른 과수원에서 일한 대가로 하루에 1달러 25센트를 받기로 했다. 그 수입과 학교 교사를 하며 저축한 돈을 합치니 100달러가 넘었다. 하지만 비즈니스 칼리지에 등록하려면 200달러가 필요했다.

삼촌과 함께 살던 할아버지는 내가 열심히 일하는 것을 기특하게 여기셨다. 할아버지는 나를 '끈기 청년(Mr. Stick to itiveness)'이라 부르셨다. 나와 동갑인 사촌도 과수원에서 일했는데, 내가 하루에 16시간씩 일하는 것에 비해 사촌은 일을 하는 둥 마는 둥 했다. 할아버지는 나를 도와주고 싶은 마음에 가지고 있던 100달러를 전부 내게 주셨다. 장례식에 쓰게 하려고 모은 돈이었다. 할아버지는 훗날 장례비용을 꼭 부담하라며 100달러를 내주셨다. 물론 나는 약속을 어김없이 지켰다.

그 순간이 나의 경력에 있어서 또 하나의 위기였다. 할아버지에게는 동갑인 두 명의 손자가 있었다. 능력 면에서는 차이가 없지만, 나는 배교자(背敎者)로서 상당한 반대를 겪어야 할 처지였다. 하지만 나는 100달러를 모았고 일도 잘했다. 사촌은 모아 놓은 돈도 없고 일하는 것도 싫어했다. 그래서 내가 할아버지의 후원을 받을 수 있었고, 그로 인해 인생의 흐름을 바꿀 수 있었다. 사촌은 나중에 기관사가 되었다.

그것은 내가 이후에도 수없이 목격한 하나의 '교차점'이었다. 돈을 모으는 사람, 그리고 일을 하는 사람은 기회를 통제하는 사람의

　　　　　　　　　　　　　　　　　　　　못 파는 광고는 쓰레기다

선택을 받는다. 그런 선택은 종종 인생에서 가장 중요한 것이 되기도 한다.

200달러를 들고 그랜드래피즈(Grand Rapids)[18]에 가서 스웬버그(Swenburg) 상과대학[19]에 등록했다. 그런데 이 학교는 웃기는 곳이었다. 스웬버그 교수는 스펜서체[20]를 잘 썼다. 그 재주 하나만으로 교수가 되었고, 우리에게는 아무것도 가르치지 않았다. 그는 필법(筆法, penmanship) 말고는 비즈니스에 대해 아는 것이 전혀 없었다. 게다가 6개월은 사어(死語)가 된 외국어를 배우느라 보냈다. 졸업할 무렵이면 부기전문가가 되어야 하는데, 우리가 부기에 대해 알고 있는 것은 멋들어진 글씨체뿐이었다.

진정한 스승은 웰튼이라는 분이었다. 우리는 그를 웰튼 교수님이라고 불렀다. 그가 돌아가실 때 직급은 수위(janitor)였다. 그의 교육 방식은 우리들을 조롱하여 스스로를 하찮은 존재로 느끼도록 하는 것이었다. 그의 말은 풍자가 넘쳤다. 그가 즐겨 사용하는 학생 괴롭히기는 누구도 철자를 모르는 희한한 단어를 공부하는 스펠링 수업

---

18 미국 미시간주에서 디트로이트 다음으로 큰 도시로 미시간호 동쪽 약 40킬로미터에 위치해 있다. '가구의 도시'라는 별명답게 세계 5대 사무가구 업체가 몰려 있다.

19 1866년 칼 스웬버그(Carl G. Swenburg)가 창립했다. 그는 남북전쟁 때 북군에서 퇴역한 후 미시간에 돌아와 대학을 설립해 16명의 학생을 놓고 수업을 시작했다. 과목으로는 부기와 펜맨십, 상법과 수학 등을 가르쳤다. 이 학교는 나중에 데이븐포트 대학(Davenport University)이 되었다.

20 스펜서체는 타자기가 일반에 보급되기 전까지 비즈니스 통신문 등에 사용된, 미국의 '표준 글씨체'였다. 쓰기에 시간이 덜 걸리고 읽기 쉽다는 것이 장점이다. 그래서 당시 상과대학에서는 '필법'도 가르쳤다고 한다. 코카콜라의 로고체가 바로 스펜서체다.

이었다.

사실 스펠링 수업을 듣고 있는 우리의 미래는 암울하기만 했다. 한 번은 그가 'charavari'라는 단어를 언급했는데, 스펠링을 아는 학생이 한 명도 없었다. 그러자 사전에서 찾아오는 것을 숙제로 내 주었다. 하지만 우리는 아무도 사전에서 'charavari'라는 단어를 찾지 못했는데, 그가 예상하던 것이었다. 우리는 처음 세 글자도 알아내지 못했다. 이 일로 우리가 얼마나 무지한지 다시금 느꼈다.

스윈버그 교수는 아침에 강의를 했다. 그의 목표 또한 우리를 하찮게 느끼도록 만들려는 것 같았다. 높다란 스툴(stool, 등받이 없는 의자)에 앉아 평생 늙어가야 하는 부기 담당자에게 스스로를 낮추도록 하는 것을 아마도 품성 교육으로 여기는 것 같았다. 나는 점점 그렇게 생각하게 되었다. 굴욕감을 안겨주는 그의 수업은 졸업할 무렵이 되자, 우리에게는 주급 4달러 50센트짜리 일자리밖에 없을 것이라는 점을 강조했다. 학생들을 독려하거나 깨달음을 주는 말은 한마디도 없었다. 잔뜩 거만한 자세로 학생들을 깔보고 조롱하기만 했다. 하지만 그의 말도 틀린 것은 아니었다. 스윈버그 졸업생에게 그 이상을 지불할 고용주는 거의 없었다.

졸업이 다가오면서 나의 주머니 사정도 바닥에 가까워졌다. 나는 학업을 중단하고 농장으로 일을 하러 갈 것인지에 대해 고민하고 있었다. 그러던 어느 날 수업시간에 그가 강의실에 엽서 한 장을 들고 와서 이렇게 말했다.

"주급 4달러 50센트짜리 일자리가 여러분을 기다리고 있다고 내가 말했었지? 오늘 구체적인 증거를 보여주마. 어떤 사업가가 우편요금을 절약하려고 편지가 아닌 엽서를 보냈는데, 우리 학교 졸업생 한 명을 주급 4달러 50센트에 채용하겠다며 지원자를 추천해 달라

　　　　　　　　　　못 파는 광고는 쓰레기다

고 하는구나. 그렇다고 모두가 나서면 안 돼. 원하는 사람만 강의가 끝난 후에 내 사무실로 오게. 이름과 주소를 가르쳐 줄 테니까."

늘 그랬듯이 우리들을 무시하는 말이었다. 좀 색다른 농담이라는 것 외에는 특별한 것이 없었다. 학생들은 모두 웃었지만 내 생각은 달랐다. 그가 강의를 마치고 나갈 때 나는 곧장 뒤따라갔다.

나는 그에게 엽서를 보낸 스터들리(E. G. Studley) 씨를 찾아갔다. 그는 펠트제화(Felt Boot Co, 일종의 모직 부츠를 만드는 회사)와 관련이 있었는데, 장부 관리를 하던 직원이 관리자로 승진한 터라 새로운 직원이 필요했다. 관리자가 허락하기만 하면 나는 당장이라도 취직할 수 있었다.

나는 관리자를 만나서 허락을 받아냈다. 알고 보니 장부 관리는 큰일이 아니었고, 바닥과 창문 청소가 나를 기다리고 있었다. 심부름도 내 몫이었다. 가장 중요한 조건은 회사에서 절대로 코트를 입지 말아야 한다는 것이었다. 관리자는 매우 민주적이었다. 자기에게 특별히 예의 차리는 것을 원하지 않았다. 나는 사무실에 있을 때나 시내에 심부름을 갈 때나 상의를 입지 않고 셔츠만 입어야 했다. 나에겐 셔츠 두 장이 있었으므로 별다른 문제가 아니었다.

그러나 주급 4달러 50센트로 생활이 가능할지 걱정이었다. 다행히 남자 하숙생을 찾는 어느 과부의 집에 저렴한 방을 얻었다. 방값은 주당 1달러였다. 식료품 가게 옆의 우중충한 식당에서는 주당 2달러 50센트에 하루 세 끼를 제공했다. 그러나 세탁 할 곳이 없다는 문제가 남아 있어 결국 일주일에 두 끼를 먹지 않는 조건으로 식대를 2달러 25센트만 내기로 했다.

하지만 한창 혈기가 넘칠 때라 식욕도 왕성했다. 그래서 식사를 두 번 거르는 것이 여간 힘든 것이 아니었다. 아침 식사를 굶어볼까 생각했지만, 눈만 뜨면 허기가 몰려왔다. 점심을 굶으니 오후 내내 일이 손에 잡히지 않았다. 그래서 결국 밤마다 식당 옆을 뛰어서 지나치고 눈을 딱 감고 주린 배로 잠자리에 드는 수밖에 없었다. 하지만 언제나 식당 앞에서 길을 건너야 했는데, 음식 냄새의 유혹이 하도 커서 다른 것들은 모두 잊어버릴 지경이었다.

이 이야기가 다소 불쌍하게 들릴지 모르겠다. 하지만 그때는 힘들지 않았다. 습지에서 나무를 베는 것에 비하면 큰 발전이었다. 철로 공사를 하는 인부들과 뒤엉켜서 건초더미 위에 자던 것에 비하면 침대에서 자는 것만으로 행복했다. 상황이 나아지고 있는 한, 어떤 것도 고생이 아니다. 하지만 예전보다 생활이 힘들어지면 사람은 견디기 힘들어 한다. 화려한 궁전에 살다가 좀 덜한 궁전으로 가더라도 그것은 견디기 힘들다.

펠트제화에는 그랜드래피즈의 유능한 비즈니스맨이 여럿 있었다. 사업 특성상 겨울에만 매출이 발생하므로 여름에는 내내 사업 준비 자금을 빌려 썼다. 그래서 어음을 많이 발행했는데, 거래처에 다니면서 어음을 건네거나 갱신을 받는 것도 내가 할 일이었다. 그러다가 비셀 카펫청소기(Bissell Carpet Sweeper Company)의 사장인 비셀(M. R. Bissell) 씨를 만나게 되었다.

그는 온화하고 정이 있는 사람이었다. 나는 그에게서 급여 상승의 기회를 엿 보았다. 하루는 점심을 먹으러 가는 그를 기다렸다가 만났다. 나는 주급 4달러 50센트로 생활하느라 어려운 점을 얘기했다. 과장할 필요는 없었다. 또한 내가 꿈꾸는 파이도 얘기했다. 저녁 메뉴로 파이가 나오는 식당에서 하루 세끼를 먹으려면 주당 3달러 50센트를 내야 했다. 당시 나의 가장 큰 꿈은 파이를 먹는 것이었다.

      못 파는 광고는 쓰레기다

그에게서 나는 인간이 얼마나 환경에 잘 적응하는지 알게 되었다. 가난이나 생존을 위한 투쟁 따위는 그에게 어필되지 않았다. 그는 가난이나 투쟁 등에 대해서 잘 알고 있었다. 또한 그런 것들은 젊은 이에게 약이 된다고 생각했다. 하지만 그 역시 파이를 좋아했다. 그래서 나를 집으로 초대해 파이를 대접했다. 그리고 주급이 6달러로 인상되도록 주선해 주어, 나는 매일 파이를 먹을 수 있게 되었다.

4장

광고업에 발을 들여놓다
How I Got My Start in Advertising

그날의 만남 이후, 비셀 씨와 만나는 횟수가 점차 늘어났다. 어느덧 우리 회사가 가장 바쁜 시기인 겨울이 되었다. 하루는 비셀 씨가 이렇게 말했다.

"듣자하니 자네 요즘 아주 열심히 일을 한다면서?"

"네, 열심히 해야 되죠. 몇 달 내내 거의 놀았잖아요."

그는 우리 회사 사정을 자세히 물었고, 내가 새벽 2시까지 일하고도 다음날 오전 8시에 출근한다는 것을 알게 되었다. 내가 알고 있는 위인들이 모두 그렇듯이 그도 엄청난 일벌레였다. 그는 항상 세 사람이 할 일을 혼자 해냈다. 그래서 나의 출퇴근 시간이 그의 흥미를 끌게 되었고, 결국은 내게 자기 회사에 와서 일하라고 강권하기 시작했다.

처음 일을 시작하는 단계에는 누구도 업무 성과를 보고 판단할 수는 없다. 경박한 사람들은 자신의 마음에 드는지 여부로 판단하지만,

광고의 아버지로 불리는 존 E. 파워스(왼쪽)와 그가 대부분의 광고를 만든 존 워너메이커 백화점(가운데). 신문광고를 이용하는 상술과 정찰판매제를 개척한 존 워너메이커(오른쪽)

그런 사람들은 오래 사귀거나 믿을 만하지 못하다. 진실한 사람들은 일을 사랑하는 마음을 보고 판단한다. 그것이 바로 자신의 성공의 바탕이 되기 때문이다. 따라서 누군가를 고용하는 것은 일 때문이므로 업무능력이 무엇보다 중요하다.

나는 2월부터 월급 40달러를 받고 '비셀 카펫청소기'에서 회계장부 보조(assistant bookkeeper)로 일하게 되었다. 11월경에는 월급이 75달러로 올랐다. '보조'를 떼고 회계 책임자가 되었지만, 이제 더 이상 승진할 자리가 없는 것 같았다.

나는 차근차근 따져보았다. 회계 담당자는 '비용(expense)'이다. 모든 기업은 비용을 줄여야 한다. 그러나 회계 분야에서는 내가 남들보다 더 뛰어날 수 없었다. 봉급을 많이 받는 사람은 주문을 받아오는 세일즈맨이나 공장에서 생산 원가를 낮춰주는 직원들이었다. 그들은 '이익(profits)'을 냈고, 회사 전체 수익의 일정한 몫을 챙길 수 있었다. 나는 기업 측면에서의 이익 창출과 비용의 차이를 알 수 있었고, 이제 '차변'에서 졸업해야겠다고 결심했다(홉킨스는 당시 회계 담당이었다는 것을 보여주기 위해 '회계 용어'를 사용하는 가벼운 재치를 보여주고 있다. '비용'이나 '이익', '차변' 등이 그렇다).

그 무렵, 우리 부서의 매니저 찰스 저드(Charles B. Judd) 씨가 회계부 사무실에 존 파워즈(John E. Powers)[21]가 쓴 팸플릿 한 부를 가져왔다. 파워즈는 당시 광고계의 최고참이어서 하는 일도 많았다.

광고는 당시 발아기(發芽期)였다. 그는 필라델피아에서 존 워너메이커(John Wanamaker, 백화점)[22]의 광고제작자로 일했었는데, 그곳에서 광고의 개념을 새롭게 정립했다. 그는 진실을 말했다. 하지만 거칠면서도 사람의 마음을 끄는 힘이 있었다. 워너메이커는 그에게 연봉으로 1만2,000달러를 지급했는데, 당시에는 감히 상상하기도 어려운 거액이었다. 그는 광고에 꿈을 가진 모든 사람들에게 모델이자 이상이 되었다. 파워즈가 정립한 원칙은 오늘날에도 광고의 기본 개념으로 통용된다.

파워즈는 워너메이커를 떠나 프리랜서로 독립했다. 비셀사의 동부 지역 매니저 토마스 W. 윌리엄즈(Thoms W. Williams) 씨는 파워즈

---

21 **존 파워즈**(John Emory Powers, 1837~1919) 미국의 영향력 있는 카피라이터이자, 세계 최초의 전업 카피라이터. 로드앤테일러(Lord & Taylor)와 워너메이커(Wanamaker's) 백화점에서 근무했으며, 이후 1886년 프리랜서 카피라이터로 독립했다. 근대 광고의 아버지라고도 불리며 1954년 '광고 명예의 전당(Advertising Hall of Fame)'에 올랐다. 대부분 광고물이 과장(誇張)으로 넘쳐나던 시절, 그는 팩트(facts)에 초점을 맞춘 쉬운 언어를 사용했다. 헤드라인은 단 몇 단어로 짧게 썼고, 광고물 안에 디자인이나 일러스트는 넣지 않았다. '광고에서 가장 중요한 것은 재미를 통해 소비자의 주목을 끄는 것이고, 그 다음 중요한 것은 진실에서 벗어나지 않는 것이다'는 말을 남겼다.

22 **존 워너메이커**(John Wanamaker, 1838~1922) 필라델피아 출신의 미국 기업가. '마케팅의 선구자'라고 불리며 일부에선 '현대광고의 아버지'라고도 한다. 1875년 'The Grand Depot'라는 필라델피아 최초의 백화점을 열었다. 신문광고를 이용하는 상술 및 정찰판매제를 개척하고, 1896년 뉴욕으로 진출하여 브로드웨이에 워너메이커백화점을 세웠다. '내가 광고에 쓴 돈 절반이 낭비된 것은 알겠는데, 문제는 어느 쪽 절반인지 모르겠다는 것이다'는 광고사에 길이 남을 유명한 말을 남겼다.

의 열렬한 팬이었다. 그를 통해 나는 파워즈와 그의 극적인 광고에 대해 알게 되었다.

피츠버그에서 있었던 일이라고 한다. 파산 직전의 의류회사가 그에게 도움을 청했다. 그는 기업의 문제를 즉시 파악한 후에 이렇게 말했다.

"돌파구는 단 하나뿐입니다. 진실을 알리세요. 파산 위기에 처해 있기 때문에 즉시 매출을 크게 늘리지 않으면 살아남을 방도가 없다고 밝히세요."

회사 측에서는 채권자들이 몰려들 것이라고 주장했다. 하지만 그도 만만치 않았다.

"그게 문제가 아니지요. 진실을 말하지 않는다면 저는 물러나겠습니다."

다음날, 이런 광고가 났다.

"우리 회사는 부도 직전입니다. 부채가 12만5,000달러나 되지만 이를 갚을 방도가 없습니다. 이걸 밝히면 채권자들이 벌떼처럼 몰려들겠지요. 하지만 여러분이 내일 당장 우리 제품을 구매해 주시면 빚을 갚을 수 있습니다. 그렇지 않으면 우리 회사는 다시 일어서지 못합니다. 이것이 저희가 이 위기를 극복하려는 가격입니다."

당시에는 진실을 말하는 광고가 희귀해 이런 공고(公告)식 광고(announcement)는 엄청난 반향을 일으켰다. 수천 명의 고객이 몰려들었고, 회사는 부도 위기를 모면했다.

또 한 번은 그가 창고에 쌓을 수 없을 정도로 많은 매킨토시(미국 뉴잉글랜드에서 주로 재배한 사과 품종의 하나) 광고를 맡아달라는 요청을 받은 적도 있었다. "이 제품의 문제가 뭡니까?"라고 그가 묻자 이런 대답이 돌아왔다.

"이것은 비밀입니다만, 사실 제품 자체가 한마디로 엉망입니다. 물론 광고에서 할 수 있는 말은 아니지요. 하지만 그건 사실입니다.

다음날 이런 광고가 게재되었다.

"저희가 보유한 제품은 한마디로 엉망입니다. 거의 쓸모가 없지만, 저희가 책정한 가격이라면 분명 쓸모가 있습니다. 와서 직접 보십시오. 가격만큼의 가치가 있다고 생각하시면, 그때 사십시오."

광고를 본 광고주는 화가 머리끝까지 나서 그를 찾아갔다.

"아니, 우리 제품이 엉망이라니 그게 대체 무슨 소리요? 이래가지고 하나라도 팔 수 있겠어요?" 그는 언성을 높였다.

"말씀해 주신 것이 바로 그것이었죠. 저는 사람들에게 진실을 말했을 뿐입니다."

광고주가 화를 다 삭이기도 전에 창고에 가득했던 재고가 모두 팔려나갔다.

비셀 카펫청소기의 팸플릿 카피를 제출한 것은 바로 그의 최고 전성기 시절이었다. 윌리엄즈 씨의 요청에 의한 것이었다. 카피는 마분지에 적혀 있었다. 그의 생각 중 하나는 형식이 본질을 가려서는 안 된다는 것이었다. 나는 아직도 첫 문장을 또렷하게 기억한다.

'제대로 된 카펫청소기 하나만 장만하면 세상에 남부러울 것이 없을 겁니다(A carpet sweeper, if you get the right one you might as well go without matches).'

하지만 그는 카펫청소기에 대해 아는 것이 하나도 없었다. 우리 회사의 거래 상황에 대해서도 전혀 알아보지 않았다. 우리 회사의 문제도 몰랐고, 주부들이 카펫청소기를 고를 때 무엇을 바라는지 단 한 순간도 연구하지 않았다.

나는 저드 씨에게 이렇게 말했다.

"이렇게 해서는 카펫청소기가 팔리지 않습니다. 팸플릿에 여성 고객들의 구매를 유도하는 말이 한마디도 없잖아요. 제가 직접 한 번 만들어 볼게요. 우리 회사의 상황을 충분히 반영해서 3일 후 이것과 경쟁할 만한 자료를 제출하겠습니다."

저드 씨는 웃었지만 동의해주었다. 나는 이틀 밤을 꼬박 새웠다. 셋째 날 나는 팸플릿을 하나 제출했고, 이것으로 그의 시안은 채택되지 않았다. 그가 광고제작비를 내라고 소송을 걸었지만, 내가 만든 팸플릿 덕분에 우리 회사가 승소했다.

당시 카펫청소기는 초기 단계였다. 사용자는 적었고 판매는 미미했다. 나는 새로운 팸플릿의 성공에 힘입어, 소비자의 수요를 늘려보겠다고 회사에 허락을 요청했다. 크리스마스가 다가오고 있었다. 밤에 거리를 걸으며 크리스마스 선물로 청소기를 권하면 어떨까라는 생각이 떠올랐다. 여태까지 그런 식의 접근은 없었다. 먼저 매장에서 제품을 돋보이게 할 진열대(Display Rack)를 만들고 거기에 '크리스마스 선물의 여왕'이라고 카드에 적어 붙였다. 그리고 딜러들에게 이것을 도입하라는 메일을 보낼 테니 허락해달라고 매니저에게 요청했다.

그러나 그는 나를 비웃었다. 다른 매니저와 마찬가지로 그 역시 세일즈맨 출신이었다.

"지금 당장 나가서 카펫청소기를 한 번 팔아보시지. 어디를 가더라도 먼지가 쌓인 채 팔리지 않은 것만 보게 될 거야. 대리점마다 내다버리려고 안달이지. 사람들에게 총을 들이대지 않는 한, 주문서에 사인 받기가 얼마나 힘든지 아나. 그런 사람들에게 편지로 팔아보겠다니 웃음밖에 안 나오는군!"

하지만 내가 쓴 팸플릿은 그의 마음을 움직였다. 그는 몇 천 부의 우편발송을 허락했다. 나는 딜러들에게 편지로 진열대와 카드에 대해 말했다. 크리스마스 동안 두 가지를 무료로 제공하지만 '선물(gift)'이 아니라 '보상(reward)'이라는 점을 못 박았다. 그때는 물론이고 그 이후로도 나는 구매를 직접 요청한 적은 없었다. 그것은 쓸모없는 짓이다. 나는 오직 서비스만 제시했다. 내가 제공한 진열대에 제품과 카드를 함께 전시한다는 동의서에 서명만 해달라고 했다. 이것이 딜러로 하여금 나에게 매달리게 만들었다.

나는 약 5,000통의 편지를 보냈다. 딜러들은 내게 1,000건의 주문을 보냈는데, 이는 우리 회사가 우편을 통해 받은 거의 최초의 주문이었다. 그것은 '비용' 계정에서 졸업하고, 돈벌이 분야로 가야겠다는 결심의 계기가 되었다.

그때까지도 내게는 용기가 없었다. 어떤 안전판도 하나 없이 내가 감히 사업의 세계로 뛰어들겠다는 생각은 하지 못했다. 그것 또한 어머니 때문이었다. 그래서 고작 결심한 것이 낮에는 이런 일을 계속하고, 밤에는 책을 읽으며 공부해야겠다는 것이었다. 그런 생활이 꽤 오랫동안 이어졌다. 새벽 2시까지 사무실에 있는 것이 다반사여서 자정이 되기 전에 퇴근하는 날이 거의 없었다.

나는 어릴 때 나무에 관심이 많았다. 주변에 있는 모든 나무의 샘플을 수집해서 다른 아이들과 교환을 하기도 했다. 그렇게 해서 귀한 나무의 샘플을 많이 구할 수 있었다. 이 조그만 취미가 다음 판촉 단계로 나를 이끌리라고는 미처 생각하지 못했다.

나는 아이디어를 하나 생각해 냈는데, 카펫청소기의 표면을 독특한 나무로 입혀 제공하는 것이었다. 이전의 크리스마스 아이디어가 조롱을 받았다면, 이번 아이디어는 동정심을 샀다. 나는 12가지 아름다운 나무를 입혀 제품을 생산하자고 요청했다.

12가지 나무로 만든 세트였다. 흰색 버즈아이(bird's-eye) 단풍나무에서 암갈색의 호두나무까지, 그리고 사이사이에 다른 색깔을 끼워 넣는 식이었다.

엄청난 반대가 뒤따랐다. 앞에서도 말했지만 회사의 중역들은 모두 세일즈맨 출신이었다. 그중 한 사람은 새로운 장치를 개발한 사람이었는데, 주위에서 인정받는 회사의 핵심이었다.

"왜 빗자루의 작용은 언급하지 않소? 특허 받은 덤핑 장치나 베어링, 그리고 내가 개발한 훌륭한 기능들은 어떻게 된 거요?"

"저는 여성 고객들을 염두에 두고 있습니다. 그들은 기술자가 아닙니다. 그들이 이해하고 수긍할 만한 것만 제시해야 한다고 생각합니다."

결국 임원들의 양보로 내 뜻을 관철시킬 수 있었다. 그들이 보기에 불가능한 것을 내가 해냈고, 편지만으로 청소기를 팔았으니 무조건 반대만 할 수 없는 입장이었다. 회사는 나를 위해 12가지 원목을 사용하여 총 25만 대의 카펫청소기를 생산하기로 했다.

공장에서 청소기를 생산하는 동안 나는 계획을 정리했다. 각 대리점에 보낼 편지를 이렇게 작성했다.

"비셀 카펫청소기는 이제 12가지 원목으로 생산됩니다. 세계에서 가장 우수한 원목만 엄선했습니다. 진열대를 무상으로 드립니다. 또한 12가지 원목을 설명하는 팸플릿을 함께 드립니다. 이것들은 앞으로 다시 제공되지 않습니다. 동봉한 동의서에 서명을 하는 조건으로 이 모든 것을 보내드립니다. 계약 조건은 카펫청소기가 팔릴 때까지 진열대 위에 우리 제품과 카드를 전시해야 하며, 3주 동안 매장에서 판매 되는 모든 제품에 저희 팸플릿을 함께 넣어주셔야 합니다.”

그것은 유인책이 아니라 , 특권을 주는 것이었다. 나는 세일즈맨이 아니라 은혜를 베푸는 사람이었다. 딜러들은 그런 식으로 반응했고, 3주 만에 생산량의 전부인 25만 대가 팔려나갔다.

여기서 잠깐 이야기를 멈춰보자. 그것은 광고에서의 나의 첫 걸음이었다. 그리고 나의 첫 번째 성공이었다. 비결은 사람을 ‘기쁘게 하는 것(pleasing people)’에 바탕을 둔 것이다. 내가 평생 해온 것과 마찬가지다. 그것은 딜러에게 뿐만 아니라 최종 소비자에게도 동일했다. 이런 방법으로 카펫청소기의 수요 자체를 늘려놓았다. 뿐만 아니라, 비셀 청소기에 실질적으로 독점과 같은 지위를 부여했고, 이는 오늘날까지 이어지고 있다.

아직도 이렇게 말하는 사람이 있을 것이다.

“나는 아직 그런 기회를 못 만났어. 내 분야는 저렇지 않아.”

물론 틀린 말은 아니다. 그러나 모든 가능성을 놓고 따져본다면 그들의 제품에도 천 가지의 장점이 있다. 어떤 분야의 어떤 누구라도 그 당시에 카펫청소기를 파는 것보다 더 어렵지는 않을 것이다. 어떤 제품이든 다 마찬가지다. 보통의 광고로는 불가능했다. 카펫청소기는 한 번 사면 십 년은 간다. 이익은 1달러 정도다. 여태까지 어느 누구도 그런 종류의 제품을 이익을 내면서 광고를 하지는 못했다.

어떤 젊은이도 나보다 기회가 더 작은 분야에 있지 않다. 은행이나 목재상, 타이어업체, 혹은 식료품점에 근무하는 누구라도 내가 가졌던 기회보다는 훨씬 많다. 유일한 차이는 관점이다. 나는 매장의 직원조차 비용의 일환이라고 생각했고, 비용은 항상 최소화 되어야

　　　　　　　　　　　　　　　못 파는 광고는 쓰레기다

한다고 믿었다. 나는 '비용'의 클래스를 졸업하고, '이익을 벌어들이는' 클래스로 들어가기 위해 투쟁하고 있던 셈이었다.

12가지 원목이 성공을 거두자 나는 신망을 얻게 되었다. 이후로 다른 독특한 아이디어를 찾아다녔다. 시카고에 갔을 때 풀맨 카(Pullman car, 열차의 침대차량)를 보았는데 버밀리온 나무(vermilion wood, 현악기 등을 만드는 데 쓰이는 붉은 색 고급나무)를 마감재로 쓴 것이었다. 아름다운 붉은 나무였다. 나는 풀맨 공장을 찾아가 알아보았다. 그들의 말은 이랬다.

나무는 인도가 원산지로 목재를 생산하는 지역은 영국정부의 관할 하에 있으며, 죄수들을 동원하여 나무를 벌채한 다음 코끼리로 갠지스 강까지 옮긴다는 것이었다. 또한 버밀리온 원목은 물에 뜨지 않기 때문에 양쪽 끝에 다른 통나무를 달아 강 하구로 띄워 보낸다고 했다.

이야기를 들으며 재미있는 아이디어가 떠올랐다. 정부 관할 숲과 죄수들, 코끼리와 갠지스 강. 집으로 오면서 광고를 비주얼화(visualize)해보았다. 그러나 다음날 아침 그랜드래피즈에서 눈을 떠 보니 갈데없는 현실이었다. 회사의 간부들은 정부 관할 숲이나 죄수, 그리고 라자(rajah, 인도의 왕)나 코끼리에 대해서는 아무 생각이 없었다. 그들은 그때 새로운 덤핑 장치(dumping device)를 개발한 상태였다.

그래서 나는 오랜 시간 목소리를 높였다. 일단 인도에서 원목을 한 차례만 수입해 달라고 요구했지만 비웃음만 샀다. 그들은 똑같은 소리만 했다. 카펫청소기 구매 고객들은 원목을 찾는 것이 아니라, 바닥이 깨끗해지고 덤핑 장치가 잔고장이 없으며 브러시가 단단한 제품을 원한다고 입을 모았다. 답답하기 짝이 없는 소리였다. 차라리 에스키모와 아인슈타인 이론을 논하는 것이 낫겠다는 생각이 들었다.

홉킨스가 만든 비셀 카펫청소기 광고. '청소의 계절, 이번 4~5월, 비셀의 최신 카펫 청소기가 새로운 버밀리온 나무로 돌아온다'는 카피와 인도를 상징하는 이미지로 구성되어 있다.

하지만 나의 성공 이력이 내 말에 무게를 실어주어 마침내 간부들을 설득해서 내가 원하는 대로 원목을 주문했다. 원목이 도착하기를 기다리면서 캠페인을 준비했다.

레터헤드(letter heads)를 버밀리온 색깔로 인쇄하고, 봉투도 버밀리온 바탕에 흰색 글자를 넣었다. 팸플릿은 200만 부 인쇄했다. 버밀리온 표지 앞에는 라자의 얼굴을 그려 넣었다. 팸플릿에는 스토리를 넣었는데, 여성들에게 호기심을 일으켜 원목을 직접 보러 오도록 유도하려는 것이었다. 호기심만큼 행동을 유발하는 것도 없다. 그림으로는 숲과 죄수들, 코끼리와 갠지스 강, 그리고 풀맨 열차 차량이 나온다. 10만 부의 편지가 인쇄되어 딜러들에게 보내질 것이었다.

몇 주 후 나무가 도착했는데, 막 베어낸 원목의 모습이었다. 그러나 몇 시간 뒤에 공장 감독자인 존슨(Johnson) 씨가 눈물을 글썽거리며 나를 찾았다.

"원목을 자르는데 톱이 산산조각 나고 말았습니다. 이 나무는 강철 같아요. 자를 수가 없습니다. 수입한 원목 전체를 못 쓰게 됐네요."

"존슨 씨, 너무 걱정하지 마세요. 누구나 풀어야 할 숙제는 있는 거지요. 지난번에 제가 카펫청소기를 편지로 팔아보겠다고 했을 때도 다들 코웃음을 쳤잖아요. 하지만 해냈거든요. 당신도 공장 감독자로서 이 문제를 해결할 수 있을 겁니다. 기운 내세요."

그는 동가리톱(cross-cut saw, 나무를 가로로 베는 톱)을 이용하여 어찌어찌 나무를 잘라냈다. 하지만 또 다른 문제를 들고 나타났다. 나무에 못이 들어가지 않아 청소기를 만들 수 없다는 것이었다.

"이봐요, 참 성가시게 구는군요. 그럼 차라리 당신이 내 책상에서 청소기들을 팔아보세요. 내가 가서 못을 박아드리지요. 구멍을 뚫어 보세요."

하지만 폭풍이 내게로 몰려오고 있었다. 공장은 거의 멈추다시피 했고 비용은 산더미처럼 불어났다. 그래서 한 발 물러나 12개 한 다스 중에 버밀리온은 3개만 넣고 나머지는 보통 나무로 하기로 했다.

곧 나는 편지를 보낼 준비를 했다. 청소기를 사라고 딜러에게 강요하는 것이 아니라, 제품을 살 특권을 주는 것이었다.

'한 다스를 한꺼번에 주문할 경우에만 버밀리온 청소기가 제공됩니다. 버밀리온은 딜러 마음대로 가격을 정해서 판매할 수 없습니다. 유일한 조건은 동봉한 동의서에 사인하는 것입니다. 다만, 청소기는 팔릴 때까지 카드와 함께 전시해야 하며, 3주 동안 팔리는 청소기에는 버밀리온 팸플릿을 동봉해야 합니다.'

이렇게 해서 나는 다시 한 번 딜러들을 우리에게 매달리는 입장으로 만들었다.

반응은 폭발적이었다. 회사가 6주 동안 벌어들인 돈은 그 이전 어느 해에 벌어들인 것보다 많았다. 회사에서는 카펫청소기를 취급하는 딜러를 대폭 늘려야 했다. 더불어 청소기에 관심을 보이는 여성들도 몇 배로 늘어났다.

그 후로 나는 장부 관리 업무를 그만두고 판매에만 전념했다. 나는 1센트짜리 편지로 세일즈맨 14명이 판 숫자보다 더 많은 카펫청소기를 팔았다. 새로운 기능이 추가되어 제품을 홍보할 소재가 늘어나자 영업사원들의 실적도 나아지기 시작했다. 이런 과정을 통해 비셀 카펫 스위퍼가 오늘날의 자리에 오른 것이다. 지금도 비셀 카펫 스위퍼는 95%의 점유율을 자랑하고 있다. 광고는 딜러에 의해 집행되는데, 카펫청소기의 수요가 계속 늘어남에 따라 회사는 그랜드래피즈에서 가장 돈이 많은 업체가 되었다.

내가 할 일은 일 년에 세 차례 판매 계획을 세우는 것이었다. 세 번 모두 마감처리와 원목 자재를 부각시켰다. 한 번은 베니어(veneer)에 색상을 입히는 기술자를 알게 되었다. 뒷면에 컬러 용액을 칠하면 베니어에 스며들어 앞쪽에 색이 나타나는데, 독특하면서도 보기에 좋았다. 나는 색을 입힌 나무에 이름을 붙여서 샘플을 곳곳에 보내주었다.

다시 한 번, 딜러들에게 청소기 한 다스를 주문할 때마다, 그중 3개를 금으로 도금한 제품으로 제공하겠다고 제안했다. 금 도금 제품은 시카고세계박람회(1892년 콜럼버스 신대륙 발견 400주년을 기념해 열린 박람회)에서 전시했던 것과 똑같은 것이었다. 이런 식으로 나는 세계박람회 전시품 수천 개를 전국의 매장에 깔 수 있었다.

하지만 2~3년이 지나자 아이디어가 고갈되는 느낌이 들었다. 카펫청소기의 마감재를 다양하게 바꾸는 데에는 한계가 있었다. 좀처

    못 파는 광고는 쓰레기다

럼 새로운 아이디어도 떠오르지 않았다. 내 머리도 한계에 도달했다고 느끼면서 더 넓은 분야를 찾아보기 시작했다.

바로 그 무렵, 시카고에 있던 '로드 앤 토마스(Lord & Thomas)'[23]가 처음으로 나에게 자리를 제안했다. 기획담당자(scheme man)인 칼 그레이그(Carl Greig)가 발행부수를 늘리기 위해 '인터 오션(Inter Ocean, 시카고에서 발행되는 일간지)'으로 자리를 옮긴다고 했다. 로드 앤 토마스는 내가 카펫청소기 판매 전략으로 선풍을 일으킨 과정을 지켜보다가 빈자리를 제안한 것이었다. 연봉도 비셀에서 받던 것보다 훨씬 많았다. 나는 이직을 결심하고 회사에 이를 통보했다. 그러자 이사회가 소집되었다. 이사회의 멤버들은 모두 예전에 나의 강력한 적군들이었다. 내가 제안하는 모든 계획에 필사적으로 반대했다. 청소하는 기계에 나무 얘기를 한다고 내 아이디어 조롱하기를 멈추지 않았던 사람들이었다. 그러나 그들은 만장일치로 투표하여 로드 앤 토마스와 동일한 연봉을 제시했다. 나는 이직할 필요가 없게 되었다.

하지만 당시에 내가 느끼기에도 일시적인 결정에 불과했다. 나는 더 넓은 세상에서 부르는 것을 느꼈고, 특히 시카고에서의 제안은 나의 야망을 자극했다. 얼마 후 나는 더 큰 제안을 받고 결국 회사를 그만두게 된다.

23　**로드 앤 토마스(Lord & Thomas)** 1873년 시카고에서 설립된 광고대행사다. 나중에 'FCB (Foote Cone & Belding)'로 이름을 바꾸었고, 2006년에 M&A를 통해 '드래프트 FCB(Draft FCB)'라는 이름의 거대한 대행사가 된다. 1910~1930년은 로드 앤 토마스의 번영기로 당시 세계 최대이며 가장 영향력 있는 대행사였다. 당시 사장은 '현대광고의 아버지'로도 불리는 앨버트 라스커(Albert Lasker)였다. 클리넥스(휴지), 코텍스(위생용품), 펩소던트(치약), 럭키 스트라이크(담배), 선키스트(오렌지) 등은 이 회사에서 취급한 브랜드다.

이제 내 인생에 있어 '비극의 시대'에 접근한다. 그랜드래피즈에서 나는 거의 한계에 다다른 것을 느꼈다. '로드 앤 토마스'의 제안은 세상을 보는 시각을 한층 넓혀 주었다. 어머니의 피를 물려받아서 그런지 커다란 야망이 내 안에서 꿈틀거리고 있었다. 더 높이 올라가려는 열망에 나는 사로잡혔다.

그러나 나는 이미 그랜드래피즈에 새로운 집을 마련하고 있었다. 친구들도 가까이 있었고, 명성도 얻었다. 더 넓은 세상으로 나가려면 가장 사랑하는 것들을 포기해야 한다는 것을 나는 알고 있었다.

일반적인 기준에 따라, 당시에 내가 꿈을 따르는 것이 옳았다고 지금도 생각한다. 야망이란 어디서든 박수 받는다. 하지만 이후로 나는 종종 그랜드래피즈로 돌아가 옛 동료들을 부러워했다. 그들은 편안하고 안정된 삶을 즐기고 있었다. 외부의 커다란 요구에 시달리지도 않았다. 성공과 돈은 적절한 수준으로 그들에게 흘러들었다. 하지

홉킨스가 야망을 펼치기 위해 비셀 카펫청소기를 떠나 옮겨 간 육류회사인 '스위프트'의 로고와 당시의 육류 가공 모습

만 돌이켜 보건대 풍랑이 심한 나의 인생이라고 그들과 다른 기쁨이 있는 것도 아니었다. 유명해졌지만 그다지 즐기지도 않았다. 돈도 꽤 많이 벌었지만, 신나게 써볼 일도 없었다. 나의 진정한 취향은 늘 조용한 길을 향한 것이었다.

이 글을 쓰는 곳은 그랜드래피즈 인근의 정원이다. 귀소본능이 나를 끌어 당겼다. 옛 친구들과 함께 어울리면 누가 더 현명한 길을 걸었는지 분간하기 어렵다.

시카고의 식품가공 회사인 스위프트(Swift & Company)[24]에서 광고 매니저를 구한다는 광고를 냈다. 조사를 해보았더니 자본금은 1,500만 달러였다. 광고비 예산을 알아보니 연간 30만 달러를 쓸 예정이

---

[24] **스위프트**(Swift & Company) 1885년 G. F. 스위프트(Gustavus Franklin Swift)에 의해 시카고에서 설립되었다. 본업이라 할 육류 가공업(meat packing) 외에도 낙농제품과 다른 식품 분야로 진출했고, 20세기 후반에는 보험업 및 석유업에도 손을 대었다. 창업자인 G. F. 스위프트가 1903년 죽었을 때 회사의 자산 가치는 1억 2,500만~1억 3,500만 달러, 직원은 2만1,000명 수준이었다. 그는 시카고 대학 등에 많은 돈을 기부한 것으로 알려져 있다. 1973년 지주회사를 설립한 이래 수많은 M&A에 휩싸였고, 지금은 브라질의 세계최대 육류가공 회사인 JBS사가 소유하고 있다.

스위프트의 창업주 G. F. 스위프트

라고 했다. 그 정도면 당시로는 미국에서 최대 규모에 속했다. 비셀 카펫 청소기와 비교하면 가능성이 열 배 이상이었다. 그래서 나는 시카고로 옮기더라도 그 일을 해야겠다고 결심했다. 내 역량에 대해서는 의심하지 않았다. 미시간의 이쪽 분야에서 나는 왕이나 마찬가지였고, 누구도 나를 노예처럼 이래라저래라 하리라고는 꿈에도 생각하지 않았다.

나는 시카고로 갔다. 가축농장(stockyards)[25]까지 찾아가 리치(I. H. Rich) 씨를 만나게 되었다. 인조버터(butterine) 생산 라인의 책임자이자 본사에 광고의 필요성을 강조한 사람이었다.

"안녕하십니까? 광고매니저를 구하신다면서요? 제게 맡겨주시면 어떨까요?"

그는 함박 미소를 지으며 이름과 주소를 물었다. 그가 받아 적는 종이를 보니 이미 다른 이름도 많이 적혀 있었다.

"여기 적힌 사람들은 누구인가요?"

---

25 **가축농장(stockyards)** 정식 명칭은 'The Union Stock Yard & Transit Co.'라고 한다. 시카고 시내에 위치한 육류 처리·가공 지역으로 1865년에 문을 열어 1971년 폐업했다. 미국의 5개 철도자본의 연합으로 처음 설립되었고, 넓이는 1.52km에 달해 한꺼번에 돼지 7만5,000두, 축우 2만1,000두, 양 2만2,000두를 수용할 수 있었다. 이 엄청난 농장 덕분에 시카고는 '세계를 위한 도축 도시'로 알려졌으며, 수십 년간 미국 육류가공 산업의 중심이 되었다. 이 농장 안에 혹은 주변에 수많은 육류가공회사(packers)가 있었으며, 스위프트도 그중 하나로 보인다. 홉킨스는 육류 가공업체들의 경쟁이 혹심해 "제대로 된 광고를 할 수 없을 정도"라고 6장에서 푸념하기도 했다.

유니언
가축농장
(1947년)

"당신처럼 우리 회사 광고매니저를 지원한 사람들이지요. 지금까지 105명이 찾아왔습니다. 당신이 106번째 지원자군요."

그 말을 듣고 화들짝 놀라지 않을 수 없었다.

'그 자리가 얼마나 많은 자격을 요하는 자리인데, 105명이나 지원했단 말인가.'

뻔뻔하기 짝이 없는 사람들이 많다는 생각이 들었다.

나는 그를 돌아보며 이렇게 말했다.

"제가 여기에 온 이유는 광고계에서 저의 현 위치를 확인하는 것입니다. 그래서 광고매니저 자리를 꼭 얻어야겠다는 마음은 없었습니다. 제 마음은 그랜드래피즈에 있고 저의 행복도 거기 있습니다. 하지만 이것은 일종의 도전이군요. 제가 이 자리에 꼭 맞는 사람이라는 걸 증명해야겠습니다."

리치 씨가 빙그레 웃으며 답했다.

"그러세요, 하느님이 함께 하시길. 저도 그렇게 믿게 되기를 기다리겠습니다."

이야기가 잠시 더 이어진 후 그는 나를 놓아주었다.

나는 시카고에서 유명한 광고대행사 사람들을 모두 알고 있었다. 나에게 비즈니스 부탁을 많이 하던 사람들이었다. 그날 오후에 사람들을 찾아다니며 이렇게 말했다.

"스위프트의 유니언 방목장 책임자인 리치 씨에게 오늘 편지를 보내 클로드 홉킨스에 대해 당신이 어떻게 생각하는지 전해 주십시오."

모두 그렇게 해 주겠다고 했다. 그들 중 몇몇은 나에 대한 찬사를 아끼지 않을 것이라고 짐작했다.

그날 밤, 나는 그랜드래피즈로 돌아왔다. 그 무렵에 마침 나는 상공회의소의 의뢰를 받아 그랜드래피즈의 역사를 쓰기로 되어 있었다. 사람들은 그 일로 기뻐하고 있었다. 책을 쓰면서 내로라하는 기업 관계자들을 모두 만날 수 있었다. 이튿날, 곧바로 기업 관계자들을 만나러 갔다. 먼저 금융 관계자를 방문했고 가구 제조업자, 도매상 등 다양한 분야의 비즈니스맨들을 만났다. 이 작업을 하느라고 며칠이나 걸렸다. 만나는 사람마다 "스위프트의 유니언 방목장 책임자인 리치 씨에게 편지를 보내 클로드 홉킨스가 광고전문가이자 작가로서 어떤 사람인지 이야기해주시겠습니까?"라고 부탁했다. 이로써 편지의 홍수가 시작되었다.

그리고는 그랜드래피즈 헤럴드신문사를 방문해서 이렇게 말했다.

"광고를 주제로 두 단(段) 분량의 칼럼을 매일 써드리겠습니다. 원고료는 받지 않겠습니다. 광고주들을 교육시키는 내용이죠. 제 요구사항은 기사에 제 서명과 사진을 함께 실어달라는 것뿐입니다."

신문사는 내 제안을 받아들였다. 그날부터 저녁마다 퇴근 후에 글을 쓴 다음 자전거를 타고 신문사에 가서 자정이 되기 전에 기사를 넘겼다. 내 기사가 실린 신문은 고스란히 리치 씨에게도 배송되었다. 광고에 대한 나의 경험과 지식을 증명하는 것이 목표였기에 신문이 나올 때마다 한 부도 빠뜨리지 않고 보냈다.

매일같이 융단폭격을 한 지 3주 후 나는 시카고로 와 달라는 전보를 받았다. 시카고로 갔지만 그 자리를 맡을 생각은 별로 없었다. 그랜드래피즈를 떠나면 외로워질 것이라는 점을 깨닫고 있기 때문이었다. 하지만 야망을 향한 열정과 광고매니저 자리를 두고 벌인 일련의 정복(征服)과정을 완성해야 했기에 갔다.

급여에 대해서는 상의하지 않았다. 그것은 너무 먼 일이었다. 그래서 거절할 꾀를 낸 것이 그들이 지불하려는 급여보다 훨씬 높은 액수를 요청하는 것이었다. 그러자 지금은 사장이 되어 있는 스위프트(L. F. Swift) 씨는 고려할 여지도 없다며 거절했다. 그는 나에 대한 편지나 신문 기사를 하나도 읽어보지 않은 상태였다. 내가 그에게 준 감명은 전혀 없었다. 그가 나에 대해 아는 것이라고는 방금 말한 연봉뿐이었다.

그때 리치 씨가 오후에 다시 이야기를 하자며 식사 자리에 데리고 갔다. 테이블에 마주 앉으니 그가 푸근한 아버지처럼 느껴졌다. 그는 내가 우물 안 개구리이며 앞으로도 그렇게 살아갈 것 같다고 했다. 스위프트는 나에게 광고 분야에서 비중 있는 자리를 제공하려던 참이었다. 광고해야 할 품목도 스무 가지나 되어 마음껏 날개를 펼칠 수도 있었다. 그는 이런 기회를 놓치면 평생 후회할 거라고 나를 타일렀고, 나는 설득에 항복했다. 식사 후 다시 돌아가, 제시한 급여를 받아들였고 3주 후에 출근하기로 했다.

다음날 아침 그랜드래피즈의 집으로 갔더니 가족들이 현관에 나와 있었다. 앞마당에는 그늘이 되어주는 나무가 있었고, 뒤뜰에는 꽃이 많았다. 나는 그 장면을 소와 돼지가 우글대는 더러운 우리로 가득한 시카고의 방목장과 대조시켜 보았다. 더구나 사무실에 가려면 반마일의 진흙길을 지나야 했다. 후회가 밀려들었다. 희생이 너무 큰 것 같았다. 약속만 하지 않았더라면, 조용한 일상으로 다시 돌아갈 수 있었을 텐데. 지금도 30년 전을 회상하면 그때로 다시 돌아갔으면 좋겠다는 생각이 든다.

3주 후에 나는 시카고로 갔다. 43번가에 방을 구했다. 그곳에 방목장으로 가는 차편이 있었기 때문이었다. 방은 작고 어둡고 지저분했다. 트렁크를 딛고 올라서야 침대에 몸을 누일 수 있었다. 나는 옷장 위에 그랜드래피즈의 집을 찍은 사진을 올려놓았다. 하지만 사진을 벽 쪽으로 돌려놓아야 잠을 청할 수 있었다.

다음날 아침, 나는 방목장으로 일을 하러 나갔다. 리치 씨가 자리에 없어, 스위프트 씨에게 인사를 했다. 그는 나를 기억하지 못했다.

"3주 전에 저를 광고매니저로 고용하셨지요."

"아, 그런가요? 완전히 잊고 있었어요. 당신이 정말로 여기 고용된 거라면 밖에 나가서 하워스(Haworth)와 얘기하세요."

벌써 반쯤은 낙담해 있는 외로운 청년을 맞이하는 이 장면을 상상해보라. 더구나 자신을 중요하다고 생각하는 자존감 가득한 청년이다. 작은 도시에서는 누구나 능력을 알아주었던 그런 청년이었다.

하지만 나는 더 큰 푸대접을 받았다. 당시 회사의 대표였던 G. F. 스위프트(G. F. Swift) 씨는 내가 고용될 때 유럽에 머물러 있었다. 하지만 그는 첫 번째 휴가임에도 불구하고 서둘러 귀국했다. 그리고는 나를 사무실로 불러서 하는 일이 뭐냐고 물었다. 내가 회사의 비용을 축낼 거라는 점을 알게 되자 나를 지독하게 싫어했고, 그 후로도

    못 파는 광고는 쓰레기다

바뀌지 않았다.

그는 나를 견디기 어렵게 만들기 시작했다. 그가 진행하던 사업은 인쇄 광고를 전혀 시도한 적이 없었다. 누군가에게 만족을 준적도 없고, 누구의 지원을 받은 적도 없었다. 순전히 우격다짐으로 사업을 이끌어 오고 있었다. 그는 마치 장군이 시인(詩人)을 경멸하듯 광고인에게도 그렇게 대했다.

그 때문에 하루하루가 고역이었다. 나는 사무실이 친구로 가득한 온화한 환경 출신의 사람이었다. 그런 곳에서 전쟁터로 끌려 온 것과 같았다. 사무실 안에서나 밖에서나 그곳의 모든 비즈니스 개념은 '갈등'이었다. 30년 전 통조림 업체에 비하면 오늘날 대기업에는 갈등이 하나도 없는 것이나 마찬가지다.

G. F. 스위프트 씨는 매우 독실한 종교인이었다. 나는 그가 자신이 옳다고 판단한 것만 행동으로 옮겼다고 확신한다. 하지만 그는 비즈니스가 전쟁과 같았던 당시에 독재자와 다름없었다. 누구도 25센트 동전을 주거나 달라고 하는 법이 없었다. 그런 태도가 바로 나중에 비즈니스에서 나쁜 평판을 얻게 되었다.

그는 '투사'였고 나는 '타깃'의 하나가 되었다. 나는 '바보 같은 지출'의 전형이었으며, 휴가차 잠깐 자리를 비운 사이에 슬그머니 입사해서는 뼈 빠지게 벌어놓은 돈을 야금야금 갉아먹는 존재였다. 나로서는 인과응보를 겪을 수밖에 없었다. 그가 입을 열면 많은 사람이 두려움에 떨었는데, 그중에서 내가 가장 많이 떨었다.

스위프트 씨의 광고에 대한 개념은 냉장차량에 로고를 그려 넣는 정도에 지나지 않았다. 냉장차량은 어디든 다녔다. 그들이 생각하는 좋은 광고는 '밝은' 글자들로 이루어졌는데, 나는 아무리 해도 '충분히 밝게' 만들 수 없었다.

그 다음에는 달력 제작을 두고 문제가 생겼다. 달력에 대한 그의 생각은 매우 확고했는데, 내 생각과 일치하는 부분이 하나도 없었다. 또한 그가 흡족할 만큼 아이디어를 실행할 수도 없었다.

하루는 그가 식당에 걸어놓을 걸개용으로 소고기 옆구리 살의 사진을 찍어오라는 지시를 내렸다. 나는 이번 일이 매우 중요한 테스트가 될 것임을 직감하고는 대여섯 명의 사진작가를 불렀다. 저장되어 있는 가장 좋은 허구리 살이 동원되었다. 다음날 아침 수십 장의 사진 중 마음에 드는 것을 직접 고르라고 했다.

그는 자리에서 벌떡 일어나 사진을 양팔에 가득 집어 들고 미친 소처럼 내 책상으로 달려들더니 몇 미터 앞에서 나를 향해 사진 뭉치를 집어던졌다. 그리고는 이렇게 말했다.

"당신 눈에는 이게 소고기 옆구리 살처럼 보인단 말이오? 선명한 선홍색은 도대체 어디 갔소? 누가 이렇게 시키면 소고기를 사다 먹겠소?"

내가 사진으로는 선명한 색상을 나타내기 어렵다고 대답하자 그는 이렇게 말했다.

"내가 여자애를 하나 아는데, 소고기의 선명한 색을 그릴 수 있소. 그 아이에게 작업을 맡기겠소."

그때부터 그 여자애는 우리 사무실에서 자리를 차지하게 됐는데, 내 자리보다 훨씬 좋았다.

당시 스위프트의 주요 광고 품목은 코토수(Cotosuet, 목화씨 기름을 섞은 쇠기름 쇼트닝 제품)였다. 페어뱅크(N. K. Fairbank Company)에서는 카틀린(Cottolene, 코토수와 유사한 제품으로 브랜드에서 '목화' 느낌이 남) 광고를 하

　　　　　　　　　　　　　　못 파는 광고는 쓰레기다

홉킨스가 담당했던 스위프트 코토수(왼쪽)와 페어뱅크의 카틀린

고 있었는데 성장세가 만만치 않았다. 당시 나의 가장 큰 문제는 페어뱅크와 싸우는 것이었다.

카틀린과 코토수는 둘 다 복합 라드(lard, 비계를 정제한 반고체의 기름)였다. 목화씨 기름과 쇠기름을 섞어서 만든 것이다. 이들은 라드나 버터의 값싼 대용품으로, 요리할 때 사용된다.

먼저 시장에 나온 카틀린은 처음부터 인기였고, 선발 제품의 이점까지 있었다. 하지만 내가 보기엔 금방 따라잡을 수 있을 것 같았다. 지금으로 말하자면 흰색 세안 비누를 가지고 아이보리 비누(Ivory Soap)와 싸우는 것과 마찬가지다.

우리는 보스턴에 사무실을 개설하고 뉴잉글랜드에 광고를 시작했다. 광고를 막 시작하려던 참에 L. F. 스위프트 씨가 사무실을 찾아와서 말했다.

"아버님이 광고에 들어가는 돈 때문에 신경을 많이 쓰십니다. 완전히 낭비라고 보시죠. 여태까지의 결과는 별로 좋지 않군요. 당신이 온 지 한 달 반이 지났는데 코토수 판매량은 아무런 변화가 없지 않소?"

나는 변명할 필요를 느끼지 못했다. 아직 광고를 본격적으로 시작하지도 않았다는 것을 그도 알고 있었다. 어쨌든 일을 서둘러서 구체적인 성과를 보여주어야겠다고 생각했다.

그날 저녁, 식사를 마치고 거리로 나갔다. 머릿속을 정리하고 싶었다. 그랜드래피즈에서 승승장구했던 내가 여기에서는 죽을 쑤고 있었다. 이유가 무엇일까? 그곳에서 내가 했던 것 중 스위프트에서 써먹을 수 있는 것은 없을까?

자정쯤 인디애나 대로에서 한 가지 아이디어가 떠올랐다. 그랜드래피즈에서 나는 센세이션을 일으켰고 매혹적인 아이디어를 내놓았다.

나는 사람들에게 '다른 브랜드 제품을 사지 말고 내가 광고하는 브랜드를 구매하세요'라고 말하지 않았다. 자연스럽게 사도록 자극(inducements)을 제공할 뿐이었다. 그런 방식을 왜 코토수에 적용하지 않는 걸까?

당시 로스차일드(Rothschild & Company, 지금은 없어진 백화점)가 새로운 매장을 마련하고 2주 후에 개업할 예정이었다. 나는 광고책임자인 찰스 존스(Charles Jones) 씨와 잘 아는 사이였기에 오프닝 때 센세이션을 일으킬 수 있는 아이디어를 제안하기로 마음먹었다.

다음날 나는 존스 씨를 만나러 갔다. 백화점 식품부는 5층이었는데, 길 쪽으로 커다란 창문이 나 있었다. 나는 창밖에 특별한 전시물을 만들자고 제안했다.

"나는 저기에 세상에서 가장 큰 케이크를 세워 놓을 겁니다. 신문에 케이크 광고도 아주 크게 낼 거구요. 오프닝 이벤트에 가장 큰 자랑거리를 만들 겁니다."

나의 아이디어는 버터 대신 코토수를 사용해 케이크를 만드는 것이었다. 버터보다 좋은 제품이니 라드보다는 훨씬 더 좋다는 주장을 하려는 것이었다.

 못 파는 광고는 쓰레기다

존즈 씨는 내 제안을 수락했다. 나는 곧바로 옆집에 있는 베이커리 콜사트(H. H. Kohlsaat & Co.)로 달려가서 대형 케이크를 주문했다. 나는 그들에게 케이크를 화려하게 장식하기 위해 특별한 함석 통이 꼭 필요하다며, 높이가 천장에 꼭 닿아야 한다고 당부했다(코토수 제품은 함석 통에 손잡이가 있는 '양동이' 모양).

개업일에 맞추어 신문에 반 페이지 크기의 광고를 게재했다. 지상 최대의 케이크를 선보인다는 내용이었다. 그날은 토요일이었는데, 저녁때 문을 열 예정이었다. 저녁식사 후에 케이크를 확인하러 가는데 교통체증이 너무 심했다. 차에서 내려 보니, 매장 주변이 인산인해를 이루고 있었다. 가까스로 군중을 뚫고 가게에 가 보니 출입문마다 사람이 너무 많이 몰려서 경찰이 출입을 통제하고 있었다.

그로부터 일주일 동안 무려 10만5,000여 명이 케이크를 보러 왔다. 엘리베이터는 한계가 있어서 사람들은 계단을 이용해 한참을 걸어 올라갔다. 나는 직원 몇 사람을 배치하여 케이크 시식 코너를 운영했다. 그리고 케이크의 무게를 가장 근접하게 맞힌 방문객에게 경품을 제공하는 행사를 열었다. 단, 코토수를 1개 이상 구매한 고객에게만 행사에 참여할 기회를 주었다. 이렇게 일주일이 지나자 코토수는 시카고 본사로부터 이익이 나는 상품으로 자리매김 되었다. 우리는 수천 명의 고객을 확보했다.

이후, 동부 지역으로 계획을 확대하기 위해 전담 팀을 구성했다. 케이크를 구울 제빵사와 케이크 장식을 담당할 사람, 시식 코너를 맡을 직원들과 내가 전부였다. 우리는 보스턴에 가서 콥(Cobb, Bates & Yerxa, 식료품점) 매장에 전시장을 꾸몄다. 그러나 반나절도 버티지 못하고 쫓겨났다. 사람이 너무 많이 몰려서 홍보나 영업을 하는 것

자체가 불가능했기 때문이다.

우리는 뉴욕 센트럴(New York Central, 철도 노선)을 따라 이동하면서 더 좋은 결과를 얻기 위해 새로운 방법을 시도했다. 유명한 제빵 기술자를 찾아가서 우리가 다른 지역에서 실시한 이벤트를 보도한 신문 기사를 보여주었다. 그리고 차량 한 대 분량의 코토수를 구매해 주면, 케이크를 만들게 하고 광고에 제빵사의 이름을 넣어주기로 했다. 때로는 차량 두 대 분량으로 조건을 바꾸기도 했다. 또한 각 지역에서 유명한 마트를 찾아가 케이크 이벤트가 지금까지 얼마나 큰 호응을 얻었는지 설명해 주고, 차량 한 대 분량의 코토수를 주문하면 케이크 이벤트를 열어주겠다고 제안했다.

가는 곳마다 이벤트가 성공적으로 끝나서 일찌감치 손익분기점을 넘겼다. 그 이후에는 아르바이트생 몇 명을 동원해 '저녁 뉴스! 빅 케이크 소식이요'라고 외치며 전단지를 뿌리게 했다. 그 결과 케이크를 전시한 매장은 사람들로 인산인해를 이루었다. 또한 모든 도시에서 우리는 수천 명의 일상 사용자(regular user)를 확보했다.

마침내 우리는 클리블랜드까지 왔다(미국 동부에서 철도 노선을 따라 시카고로 이동한다면 클리블랜드가 마지막 정류장인 셈). 공영 시장이 있는 곳이라 마트의 식료품 판매상에게 차량 한 대 분량의 코토수를 사도록 유도할 수 없었다. 그래서 시장 측과 협의하여 일주일 동안 악단을 빌리고, 신문지면을 무료로 쓸 수 있게 되었다.

결과적으로 클리블랜드 경찰관 절반이 동원되는 대성황이었다. 시장 전체에 밧줄로 이동 구역을 표시했다. 노점에서 과연 코토수를 팔 수 있을까 걱정스러웠지만 다행히 고객들의 반응이 매우 좋았다.

시카고로 돌아오자 스위프트 씨가 말했다.

"지금까지 내가 본 것 중에 가장 획기적인 광고 묘기였소. 당신은 우리 아버지와 내 마음을 돌려놓았군.”

이렇게 해서 나는 스위프트에서도 해냈다.

많은 사람들이 그것은 광고가 아니었다고 한다. 그들은 세련된 광고 문구를 동원한 지면 광고만이 제대로 된 광고라고 생각한다. 하지만 진부한 세련미는 오래 가지 못한다. 제품을 어떻게 팔아야 할지 배우려면 세일즈맨, 외판원, 노점상을 연구하라. 세상의 어떤 주장(argument)도 단 한 번의 극적인 실연(實演, demonstration)을 당할 수 없다.

멋진 언어가 이익을 남기며 물건을 팔 것이라는 생각에 나는 동의하지 않는다. 나는 그들의 주장을 여러 시간 들어보았다. 그것은 마치 정장이 가장 훌륭한 수영복이라는 것과 같다. 그런 호사가 수준으로는 남의 주머니에서 돈을 끄집어낼 기회가 없다. 상품을 파는 방법은 그것을 파는 것이다. 그렇게 하는 길은 샘플을 주는 것(to sample)과 실증(to demonstrate)을 보여주는 것이다. 실증이 매력적일수록 당신에게 점점 유리할 것이다.

광고계에서 성공하는 사람은 좋은 집안에서 자란 사람도 아니고, 얌전하거나 세련되기 위해 조심하는 사람도 아니다. 단순하고 평범한 사람들에게 열광(enthusiasm)을 불러일으킬 수 있는 사람이 성공한다. 그 차이는 찰리 채플린과 로버트 맨텔(Robert Mantell, 셰익스피어 풍의 정통파 연극배우), 또는 After the Ball(19세기 말에 크게 히트한 대중가요)과 월광곡의 차이나 마찬가지다. 따라서 ‘판매’를 하려면 제품을 구매할 수백만에게 맞춰줄 수 있어야 한다.

6장

영업기술을 발휘하다
Personal Salesmanship

코토수의 케이크 이벤트는 큰 성공을 거두었지만, 내가 만든 스위프트의 모든 광고가 설득력을 잃게 되는 시기가 닥쳤다. 경쟁제품인 카틀린이 가격을 인하한 것이다. 우리의 주요 거래처는 제빵업체였는데, 코토수가 카틀린과 다를 바 없다는 것을 아는 그들은 굳이 더 비싼 돈을 주고 코토수를 쓰려 하지 않았기 때문이다.

스위프트는 창립 이후 끊임없이 경쟁 구도 속에서 발전해왔으며, 어떤 가격에도 맞춰줄 수 있었다. 그래서 시장가격 이상의 제품은 자기들의 제품이라고 생각하지도 않았다.

나는 일찍이 코토수의 소매가를 카틀린보다 1파운드당 0.5센트 높게 고정시켰다. 수익을 내기 위한 최저 가격이었다. 소비자들에게는 그 가격에 팔 수 있었는데, 문제는 제빵업자들이 우리 회사의 주요 고객이라는 점이었다.

우리 회사에는 보스턴지사가 있었다. 지사를 운영하는 데 매달

2,000달러가 들었는데, 영업사원은 총 6명이었고, 책임자는 알드리치(Aldrich) 씨였다. 회사에서는 그곳의 세일즈 능력을 그리 미더워하지 않았다. 왜냐하면 식료품 거래처는 본사에서 광고를 통해 수요를 창출한 것이었고, 진짜 중요한 제빵업체를 대상으로 한 판매는 거의 제로였기 때문이다. 코토수의 가격이 경쟁제품보다 높다는 이유였다.

하루는 스위프트 씨가 사장실로 나를 불렀다.

"보스턴지사에서 편지가 왔소. 읽어보니 구구절절 옳은 말이야. 한마디로 말하자면 당신이 고정시킨 가격으로는 매출이 발생할 수가 없다고 하오."

"보스턴지사의 직원들이 잘못 생각한 겁니다. 진정한 판매정신(salesmanship)이란 가격과 상관없는 겁니다. 저는 소비자들에게 높은 가격으로 팔고 있습니다. 왜 제빵업체에는 못 파는 거죠?"

"그러니까 자네는 할 수 있다는 거지?"

나는 그렇다고 대답했다. 내가 제시한 원칙대로만 하면 소비자는 물론이고 제빵업체도 충분히 공략할 자신이 있었다.

"그렇다면 직접 보스턴에 갈 수 있겠소?"

"2주 후면 갈 수 있습니다. 지금은 벌여놓은 일이 많아서요."

"오늘 오후는 어떻소? 이건 긴급한 문제요. 보스턴지사의 손실이 늘어나고 있어요. 상황이 더 심각해지기 전에 누가 옳은 건지 알아야겠소."

"네, 오후에 출발하겠습니다."

책상에는 중요한 서류가 산더미처럼 쌓여 있었지만 비서에게 모두 넘겼다. 하지만 방금 내게 넘어온 전동차의 포스터 광고 교정지(교정지에는 '파이' 그림이 들어 있었다)는 따로 챙겼다.

보스턴에 도착해 알드리치 씨를 만났다. 그는 낙담해 있었고 시종일관 냉소적이었다. 그는 스위프트 사장에게 했던 말을 그대로 반복했다. 자기는 비즈니스 이론가인데, 누구도 코토수를 카틀린보다 높은 가격으로 팔수도 없고, 아직 그런 사람도 없다는 것이었다.

"누구한테 팔 수 없었는지 구체적으로 이름을 말해보세요."

"구체적으로 말할 것도 없습니다. 아무에게도 성공하지 못했으니까요."

"그래도 하나만 말해 보세요."

"좋아요. 첼시에 있는 팍스 파이(Fox Pie Company)로 합시다. 이 근방에서 가장 크죠."

"지금 같이 가봅시다."

도착해보니 팍스(Fox) 씨는 셔츠 차림으로 제빵실에 있었다. 우리는 잠시 기다렸다. 인사할 때 보니 무언가 불만인 표정이었다. 우리에게 자신이 원하는 것이 하나도 없다고 여겼는지, 가능한 빨리 돌려보내려는 눈치였다.

나는 그의 태도에 아랑곳하지 않고 동갑내기 친구처럼 친근하게 인사를 건넸다.

"저는 스위프트의 광고매니저입니다. 포스터에 대해 사장님께 상의드릴 것이 있어서 시카고에서 여기까지 왔습니다."

그런 다음 15미터 떨어진 곳에 포스터를 세워놓고 그의 의견을 물었다.

"이 포스터는 가장 이상적인 파이를 보여주려는 의도입니다. 우리 회사가 막대한 비용을 투자해서 만들었지요. 저 그림을 그린 화가에게 지불한 돈만 250달러입니다. 석판인쇄라고 하나요, 저것을 돌에 새겨야 합니다. 사장님이 보시는 저 색깔은 석판으로 12번에 걸쳐

     못 파는 광고는 쓰레기다

따로 인쇄해 만들어진 것입니다."

나는 지식을 총동원하여 제작 과정을 자세히 설명했다. 제빵과는 전혀 다른 분야라서 그런지 그는 꽤 흥미를 느끼는 것 같았다. 나는 포스터를 인쇄하기 전에 그의 승인을 얻고 싶다고 말했다. 파이전문가인 그의 생각을 반영하고 싶었다.

어느새 그는 제빵기술자에서 비평가로 변해 있었다. 우리는 파이 포스터를 놓고 진지한 토론을 시작했다. 내가 그림에서 어떤 흠집을 잡으면 그는 그것을 반박해냈다. 그가 조언자로서의 역할을 하는, 있을 수 없는 일이 벌어진 것이었다. 보통사람들이 그렇듯이 그 또한 새로운 상황을 즐기고 있었다.

마침내 그는 포스터의 파이가 최상의 상태를 잘 표현한 것이라고 결론을 내리게 되었다. 더 이상 손볼 데가 없다며 실제로 저런 파이를 만들 수 있다면 보스턴의 파이 시장을 독점할 수도 있겠다고 말했다.

나는 그 순간을 놓치지 않고 그에게 실제로 보스턴의 파이시장을 독점해 보라고 부추겼다.

"현재 보스턴에서 팍스 파이를 판매하는 매장이 몇 군데인가요?"

"1,000개 정도입니다."

"저 포스터를 모든 매장에 비치할 수 있도록 제공하겠습니다. 오늘 제게 시간을 내주신 것에 대해 보답할 기회를 주십시오. 저는 이 포스터로 코토수 광고를 해야 합니다. 팍스 파이의 쇼트닝은 스위프트의 코토수만 사용했다는 문구를 넣게 해주십시오. 그러면 코토수의 주문량에 따라 포스터를 마련해 드리겠습니다. 차 한 대 분량을 기준으로 250장의 포스터를 드리겠습니다."

그는 제안을 수락했고 1,000장의 포스터를 얻기 위해 차량 넉 대

분량의 코토수를 주문했다. 이후 로드아일랜드 주의 프로비던스로 이동해 알트먼(Altman's)이라는 제빵업체에도 동일한 제안을 했다. 뉴헤이븐, 하트포드, 스프링필드를 비롯하여 뉴잉글랜드의 대도시를 모두 순회했다. 대표적인 제빵업체에 코토수를 대량으로 판매하지 못한 경우는 한 번도 없었다. 제빵업자는 물론이고 나 역시 재미를 톡톡히 본 셈이었다.

보스턴에 돌아와 주문량을 집계해보니 영업사원 6명이 6주 동안 판매한 것보다 더 많았다. 그러나 알드리치 씨는 비웃었다.

"당신은 코토수를 판매한 것이 아니라, 파이 포스터를 판매하고 다닌 거잖아요. 그런 도구가 없다면 과연 코토수를 팔 수 있을까요? 주요 거래처인 맨스필드 제빵사(Mansfield Baking Company)에 포스터에 대한 독점권을 주셨더군요. 보통의 판매정신만 가지고 과연 주문을 얼마나 받을 수 있는지 보고 싶네요."

나는 당장 맨스필드 제빵사가 있는 스프링필드로 갔다. 도착해보니 토요일 늦은 오후였다. 회사를 찾아가니 테디 맨즈필드(Teddy Mansfield) 씨가 셔츠 차림으로 빵을 만들고 있었다. 나는 일 끝나기를 기다려 말을 건넸다.

"테디 씨, 저는 오늘 밤에 커머셜 클럽 파티에 초대받았습니다. 그런데 혼자 가려니 좀 외롭네요. 친구를 데려가고 싶은데 저와 함께 가실래요?"

그는 내키지 않는 표정이었다. 한 번도 그런 파티에 가본 적이 없으며 입고 갈 만한 옷도 없다고 했다. 나 역시 지금 입고 있는 옷차림으로 갈 것이라며 그를 달랬다. 그제야 마지못해 가겠다고 말했다.

그날 밤, 그는 무척이나 즐거운 시간을 보냈다. 난생 처음 스프링필드의 유명 인사를 모두 만난 것이었다. 뻣뻣했던 그의 태도는 헤어질 무렵이 되자 많이 누그러져 있었다.

숙소로 돌아오며 인사를 건넸다.

"월요일 아침에 다시 뵙지요. 당신에게 매우 흥미로운 것 하나를 보여드리겠습니다."

그러자 그는 난색을 감추지 못했다.

"안 오셨으면 좋겠습니다. 오늘 밤에 이렇게 좋은 기회를 주셨는데, 당신이 무슨 부탁을 하면 거절하지 못할 겁니다. 사실 지금 매장에 코토수가 잔뜩 쌓여 있거든요. 창고에 40통(tierce, 용량 단위로 1통은 약 130리터)이나 있어서 처치가 곤란합니다. 당신을 또 만나고 싶지만 코토수를 사라는 말씀은 아예 꺼내지도 마십시오."

월요일 아침에 다시 찾아가보니, 그는 여느 때처럼 셔츠 차림이었다.

"코토수 이야기는 하고 싶지 않네요. 대신 한 가지 제안을 할게요. 저는 스위프트의 광고매니저입니다. 다른 사람이 못하는 일도 저는 나름의 방법으로 해내지요. 당신은 스프링필드에서 잘 알려진 사람이지만 다른 지역에서는 아무도 모릅니다. 저 멀리 시카고까지 맨스필드의 파이를 대대적으로 광고할 방법이 있다면 어떻게 하시겠습니까?"

관심을 보이는 그에게 아이디어를 자세히 설명해 주었다. 차량 두 대 분량의 코토수를 주문하면 배송차량 양측에 '이 차에 실린 코토수는 스프링필드에 있는 맨즈필드 파이를 만드는 데 사용됩니다'라는 문구를 넣어주기로 했다.

"트럭의 양쪽에 이런 광고를 넣을 겁니다. 900마일(약 1,400킬로미터)을 달리는 동안 길가의 수많은 사람들이 광고를 보고 당신을 알게 될 겁니다.”

이 아이디어는 그에게 ‘먹혔다’. 이와 비슷한 아이디어는 그 이전에도 또 이후에도 수많은 광고주들에게 먹혀왔다. 어떤 사람들은 이것이 어리석은 짓이라고 했지만 ‘사람들에게 이름을 알리려는’ 온갖 아이디어에 비하면 전혀 어리석지 않다. 그는 당시의 전형적인 광고주였고, 자신의 명성이 널리 알려지기를 원했다.

일주일 만에 배송 차량이 도착했다. 그때 나는 그와 함께 있었는데, 그렇게 기뻐하는 사람은 처음이었다. 시카고에서 맨즈필드까지 900마일을 오는 동안 맨즈필드 파이가 대대적으로 광고되었다는 사실에 그는 함박웃음을 지었다.

이번에도 영업사원 6명이 6주 동안 판 것보다 많은 양을 1주일 만에 판 셈이었다. 가격에 대한 불만은 아예 나오지도 않았다.

스위프트 씨는 내게 전보를 보내 보스턴지사에 있는 영업사원들을 모조리 해고하라고 했지만, 나는 돌아가서 상세하게 보고할 때까지 기다려달라고 요청했다.

회사로 복귀해 스위프트 씨를 만나서 이렇게 말했다.

“저는 코토수를 팔았던 것이 아닙니다. 그 이야기는 꺼내지도 않았죠. 파이 포스터와 계획을 팔았을 뿐입니다. 코토수는 그냥 따라온 셈이죠.”

“그렇다면 다른 직원들에게도 자네의 비법을 전수해 줄 수 있겠나?”

“가르쳐서 전수할 만한 내용이 아닙니다.”

나는 지금도 똑같은 생각이다. 차이는 ‘판매’의 기본개념에 있다. 보통의 영업사원은 드러내놓고 ‘호의’를 요구한다. 즉 자기의 이익을 추구한다. 그는 ‘우리 물건을 사세요, 남의 물건 말고요’라고 말한다.

그는 이기적인 사람들에게 이기적인 소구를 하고 있다. 이런 접근은 당연히 저항을 받게 된다.

나는 상품이 아닌 '서비스'를 판다. 내가 했던 대화의 바탕에는 제빵업자가 사업이 더 잘되게 돕는 것이 깔려 있다. 나 자신의 이익은 상대를 기쁘게 하려는 노력에 살짝 덮여 있다.

나는 똑같은 원칙을 광고에도 늘 적용시켜 왔다. 나는 사람들에게 사라고 요구하지 않는다. 심지어 딜러를 찾아가라는 말도 별로 하지 않고, 가격은 거의 언급도 안 한다. 나의 모든 광고는 '서비스'를 제공한다. 그것은 무료 샘플이 되기도 하고 완제품이 되기도 한다. 얼핏 '이타적'으로 보인다. 하지만 그런 광고라야 사람들의 눈을 끌고 행동을 유발한다. 사람들은 자기를 도와줄 것을 찾고 있다. '이기적인' 소구라면 그런 것을 해낼 수 없다.

오늘날 똑같은 원칙이 가정방문 판매에 널리 적용되고 있다. 솔(brush) 판매원은 주부에게 솔을 선물로 준다. 접시 파는 사람은 접시를, 커피 판매자는 시음해 보시며 반 파운드 봉지를 건넨다. 이들은 언제나 환영 받는다. 주부들이 반색하며 관심을 보인다. 그리고는 자연스럽게 호의에 보답할 길을 찾게 되고 결국은 구매로 이어진다.

진공청소기 업체들은 일주일간 써보라고 무료체험의 기회를 준다. 시가(cigar) 생산자들은 요청만 하면 누구에게나 여러 박스를 주면서 이렇게 말한다.

"열 개비만 피워보세요. 원하시면 나머지는 반송하실 수 있습니다. 이 테스트에는 돈이 들지 않습니다."

제품을 보낼 때는 먼저 고객의 동의를 얻어야 한다. 거의 모든 제품은 반품이 가능하다. 광고를 하든 직접 판매를 하든, 좋은 판매정신(salesmanship)이란 '서비스를 소구하는 것'에 바탕을 두고 있다.

훌륭한 세일즈맨은 매력적인 소구를 하기 위해 연구한다. 어떤 이는 이렇게 말한다.

"일단 결제하십시오. 제품이 마음에 들지 않으면 환불해 드립니다."

다르게 말하는 이도 있다.

"돈은 보내지 마십시오. 제품을 먼저 보내드리니 써보신 후 돈을 내시거나 아니면 제품을 돌려보내 주십시오."

나는 우편으로 책을 많이 사는 편이다. 어떤 잡지는 거의 매 호 마음에 드는 책 광고가 게재되는데, '결제하세요'라는 말을 찾아볼 수 없다. 아마 그런 문구가 있었다면 나는 거의 사지 않았을 것이다. 수표책도 사무실에 있으므로 다음날이 오기도 전에 책 광고를 잊어버리기 쉽다. 그러나 광고에서 항상 책을 먼저 보내줄 테니 내용을 보고 결정하라고 한다. 그런 쿠폰은 결국 우송하게 된다. 즉시 쿠폰을 찢어 주머니에 넣었다가 다음날 아침 우체통에 넣는다.

내가 광고를 처음 시작하던 시절에는 이런 방식이 새로웠다. 나는 이것을 처음 적용한 사람 중의 하나다. 다양하게 그 방식을 활용한 것은 내가 처음이다. 나는 심지어 소매점 광고에서도 물건을 팔기 위해 애쓰지 않았다. 나는 늘 호의(favor)를 제공했다.

가정방문 외판에서는 반드시 이 원칙이 적용되어야 한다. 그렇지 않으면 판매가 힘들다. 통신판매 광고주도 마찬가지다. 결과가 말하기 때문이다. 하지만 결과를 모르는 보통 광고주들은 종종 이 원칙을 무시한다. 그냥 자기 이름만 외치는 광고주들이 너무 많다.

"저희 브랜드를 사세요. 정품인지 확인하세요."

그들이 바라는 것은 일종의 이기적인 이익이다. 그런 광고도 약간의 효과가 있을 수 있지만, 비이기적인 소구를 앞세운 광고에는 당할 수 없다.

하지만 내가 근무했던 스위프트 사는 어느 것도 내놓으려 하지 않았다. 나는 무료 샘플을 배포할 수 없었다. 우리가 광고하는 제품은 많았다. 울샴푸, 가루 세제, 소시지, 햄, 베이컨, 버터 대용 식품 등을 광고하며 꽤 좋은 결과를 얻기도 했다. 하지만 나는 깨닫게 되었다. 회사의 이런 제약(制約) 하에서는 진짜 '대박'은 터뜨릴 수 없고, 진정한 성공은 불가능하다는 것을.

여러 해가 지났으나 나의 생각은 점점 굳어질 뿐이었다. 회사에는 이익을 내며 광고할 수 있는 수많은 제품이 있었다. 하지만 식품 가공업체(packing house, 육류 등을 포장하여 출하하는 업체. 역사적으로 보아, 냉장·냉동·캔 등 포장방법의 발달로 식품의 대량생산과 대량소비가 이루어지게 된다)가 광고에서 큰 성공을 거둔 예는 없다. 예외라면 쿠더하이(Cudahy)의 더치 클렌저(Dutch Cleanser, 가정용 세척제) 정도다.

성공하지 못하는 데는 이유가 있다. 그들은 '이기심' 때문에 광고의 기회를 날려 버렸다. 사업이라는 것은 전쟁이고, 판매는 강제로 하는 것이고, 경쟁이란 가격을 낮추는 것이라는 생각 속에서 그들은 커왔다. 이후 그런 생각이 점차 바뀌었지만, 훌륭한 광고주가 될 만큼 바뀌지는 못했다. 식품 가공분야에서 좋은 광고가 나오지 못한 것은 그런 기회를 다 차버렸기 때문이다.

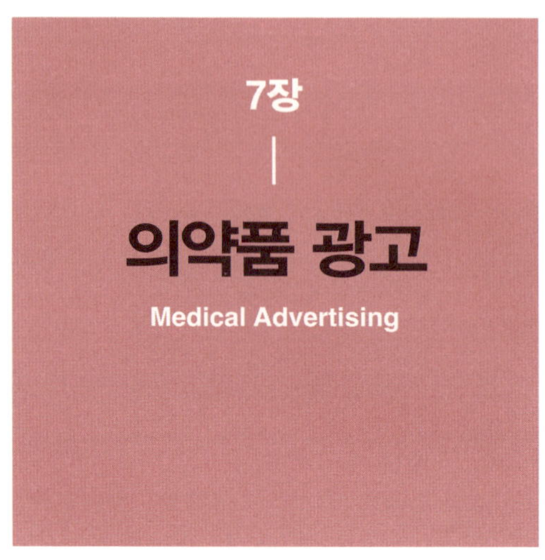

이제부터 이야기하려고 하는 의약품 광고는 이제는 내가 인정하지 않는 그런 분야다. 30년 전에 제약광고는(medicine advertising) 카피라이터에게 최대의 기회를 제공했다. 그것은 자기 실력을 테스트하는 가장 중요한 관문이었기 때문이다. 당시 약품은 수요가 창출되기 전까지는 쓸모없는 상품이었다. 한 병에 1센트에 불과해도 약국의 진열대에 오르지를 못했다. 모든 것은 광고에 달려 있었다.

당시 제약광고에서 카피라이터가 치렀던 테스트는 혹독하기가 요즘 통신판매 광고와 마찬가지였다. 품목의 수익과 손실 여부에 따라 실력이 금방 드러났다. 제품을 팔면서 수익을 얻었느냐 손실을 냈느냐, 둘 중에 하나였다. 영업사원이나 대리점, 혹은 직원들도 그를 도와줄 수 없었다. 밀가루, 오트밀, 비누 같은 제품이라면 판매하는 길이 여러 가지다. 대리점에 잔뜩 밀어낼 수도 있고, 온갖 유인책을 활

  못 파는 광고는 쓰레기다

용할 수도 있다. 단, 그런 경우에는 광고가 어떤 역할을 했는지 정확하게 측정하기 어렵다. 하지만 제약 분야에서는 그렇지 않았다. 광고가 판매 여부를 전적으로 좌우했다.

이런 이유 때문에 그 시절의 가장 위대한 광고인들은 제약 분야에서 훈련 받았다. 그들은 모두 혹독한 과정을 성공적으로 마쳤다. 그리고 깨닫게 되었다. 제약광고는 광고인을 제대로 담금질 시킨다는 것을. 테스트는 무능한 사람을 걸러냈다. 그리고 살아남은 사람들에게는 새로운 미래와 명성이 주어졌다.[26] 이는 다른 어느 분야에서도 없던 일이다. 오직 오늘날의 일부 통신판매 광고만이 그렇게 사람을 불 위에 올려놓고 시험하고 있다.

당시 제약 광고는 광고계 전반을 압도했다. 최고급 잡지들도 제약광고를 게재할 정도였다. '합법성'에 의문을 가지는 사람은 아무도 없었다.[27] 과거의 제약광고를 돌아보며 우리가 기억해야 할 것은 경험과 교육이 어떻게 우리의 생각과 세상의 원칙을 변화시키는가 하는 점이다.

과거의 어떤 폐해(弊害)도 모두 나름대로의 논리적인 방어막이 있다. 당시 제약회사에도 고결한 정신을 가진 사람이 있어, 저렴한 가격에 좋은 치료제를 제공하는 것이 인류에게 봉사하는 것이라고 생각했다. 의료 서비스를 받지 못하는 저소득층에 대해 배려하라는 것이었다. 그들의 주장에도 일리가 있다. 나는 지금도 그들이 해를 끼치기보다는 선(善)을 행했다고 믿고 있다. 주로 '정신적인' 안도감을

---

26 '국내 카피라이터 1호'라 불리는 김태형(金泰亨) 선생이 오랜 기간 제약회사에서 수련기간을 거친 것도 순전히 우연만은 아닌 것 같다.

27 광고인이라면 누구나 알고 있듯이, '제약광고'에는 제약이 많다. 자율심의·방송심의의 그물이 촘촘하기 때문이다. 하지만 광고 초기에는 '심의'가 없던 시절도 있었다.

주는 것이었지만.

하지만 의료과학이 발달하면서 대부분 의사들이 약을 멀리하기 시작했다. 일반인들도 아프면 진찰을 받아야 하는 것을 알게 되었다. 약으로 증상을 일시적으로 가라앉히는 것보다 원인을 제대로 찾아내는 것이 더 중요하고, 환자가 자가진단으로 약을 복용하는 것은 현명한 판단이 아니라는 것을 깨닫게 되었다.

나는 벌써 여러 해 전에 그런 결론에 도달했다. 그래서 17년 이상, 간단한 상비약을 제외하고는 의약품 광고를 하지 않았다. 나는 앞으로 어떤 환경에서도 제약광고는 하지 않을 것이다. 이 글을 쓰는 지금도 나는 90만 달러 예산의 제약광고 프로젝트를 거절하고 있다. 공익에 반하는 제품을 광고하는 것에 나는 누구 못지않게 강력히 반대한다.

그러므로 지금부터 내가 하는 이야기는 아주 오래 전 일이라는 점을 기억해두면 좋겠다. 그것은 당시의 원칙과 관례를 따른 것이었다. 나는 이 회사 사람들처럼 고결한 정신을 가진 사람은 만나본 적이 없었다. 또한 내가 다루는 광고는 어느 시대 어떤 조건에도 다 적용되는 것이다. 공익을 위해 무엇이 광고되어야 하는가는 전혀 다른 문제다.

스위프트에서 일할 때 나는 특허의약품(patent medicine, 실제 '특허'와는 전혀 무관한 제품. 2장에서 나온 '뱀 오일' 같은 수준의 약을 일컫는다. 따라서 판매에 광고가 중요한 역할을 하는 것은 어쩌면 당연하다 하겠다) 광고에 대한 글을 쓴 적이 있다. 이것이 위스콘신 주의 라신(Racine)에 있는 슈프 박사(Dr. Shoop)의 눈길을 끈 모양이었다. 슈프 박사는 대리점을 통해서 약품을 판매할 뿐 약국과는 거래를 하지 않았다. 하지만 대리점업자의 사업이 기울자, 새로운 판매망을 물색하던 중 나에게 만나자고 연락을 해 왔다.

그 무렵 나는 스위프트의 엄격한 광고 규제로 매우 낙담해 있었다. 당시 나는 의약품이 광고인에게 최대의 기회라는 것을 알고 있었다. 그래서 곧바로 라신으로 가서 슈프 박사와 면담을 했고, 그의 제안을 수락했다.

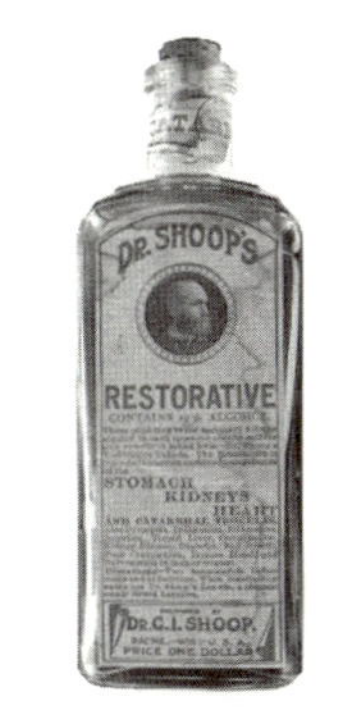

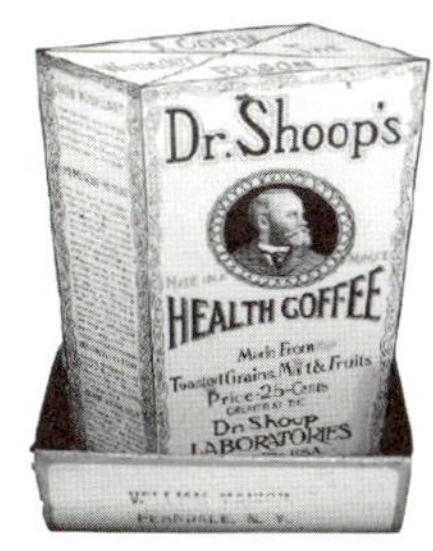

닥터 슈프스
특허약품 회사의 제품

나는 닥터 슈프스 특허약품 회사의 제품이 대리점에만 공급된 것을 알게 되었다. 약국에는 전혀 공급되지 않았다. 웬만한 대리점은 살아남을 수 없을 정도로 유통망이 변화하고 있었다. 내가 할 일은 제품에 대한 수요를 창출해서 약국에 공급하는 것이었다. 백만 명 중의 한 명도 이런 테스트에서 살아남기란 쉽지 않았지만, 나에겐 다행히 소매 판매(retail selling)의 경험이 있었다. 슈프 박사와 나는 머리를 맞대고 며칠 밤을 새우며 타개책을 논의했다. 직접 관련되지는 않지만 내가 했던 여러 광고 사례를 말해주었다. 마침내 우리는 한 가지 아이디어를 냈는데, 약사를 내세워 보증하게 하는 것이었다.

사람들은 약을 사는 것이 아니라 약의 효능을 산다. 1,000마일이나 떨어져 있는 광고주가 광고를 통해 약효를 보증한다 하더라도 보증인은 생소한 사람이다. 나는 사람들이 그동안 믿고 따랐던 동네 약사가 보증하는 아이디어를 내놓았다.

나는 우선 이 방법을 기침약에 적용해보았다. 엄청난 성공이었다.

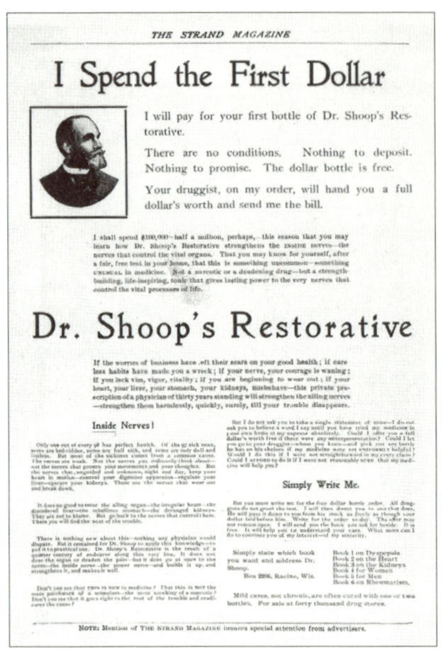

홉킨스가 1904년에 만든 닥터 슈프스 특허약품 회사의 '강장제' 광고. 이름을 알려주면 가까운 약국에서 약을 받아갈 수 있도록 해줄 것이며, 약이 효능이 있으면 5달러 50센트를 지불해야 하지만 효능이 없다면 약사가 요금을 슈프 박사에게 청구할 것이라는 내용으로 구성되어 있다.

'여기 기침약이 있습니다. 아무 부담 없이 살 수 있죠. 저희 말대로 효과가 있다면 정가의 몇 배나 가치가 있는 셈입니다. 만일 효과가 없다면 전혀 돈을 받지 않겠습니다.'

당시 이런 광고에 대적할 기침약은 나와 있지 않았다.

나중에는 다른 제품에도 똑같은 방식을 적용해 보았다. 강장제, 류머티즘 치료제 등이었다. 거의 마술과 같은 효과가 있었다. 남들은 그냥 '주장'을 하는 데 비해 우리는 '확신'을 주는 것이었다. 우리는 시장을 거의 독점하게 되었다.

우리가 해주는 보증은 6병에 5달러 하는 제품에 담겨 있었다. 한꺼번에 그렇게 많이 사는 사람은 드물었다. 하지만 약효를 '보장'한다는 내용은 1병을 구입하는 사람들의 믿음도 얻어냈다. 경쟁사들은 꼼짝도 할 수 없었다.

당시 우리는 매우 조심스러웠다. 신문광고를 할 '모험'은 생각도 못하고, 인구 1,500명이 넘는 도시에는 집집마다 안내책자를 배포했다. 그보다 인구가 적은 마을에는 우편물을 보내기 위한 주소를 확보했다. 당시는 지방 우편 제도가 확립되지 않은 시절이었다. 하지만 내게는 미국과 캐나다의 우체국 86,000개에서 확보한 세대주 자료가 있었다.

지금은 상황이 많이 달라져서 그때 우리가 사용하던 방법은 거의 쓸모가 없다. 우리는 나중에야 신문이 가장 값싼 매체라는 것을 알게 되었다. 하지만 그 이전까지 몇 년간 매일 약 40만 부의 안내책자를 우편으로 배포했다.

나중에야 우편배포를 중단하고 신문광고에 뛰어들었다. 3분의 1의 비용으로도 같은 결과가 나왔다. 우리는 신문광고에 연간 40만 달러를 쓰게 되었다. 그 결과는 나를 약품광고(proprietary advertising, 앞서 언급한 '특허약품'과 비슷한 의미)의 리더로 만들어주었다.

여기서 강조하고 싶은 것은 나의 제안은 늘 '이타적'이었다는 점이다. 나는 항상 '서비스'를 제공했다. 누구라도 부담감 없이 내가 제안하는 것을 시도해볼 수 있었다. 결과는 둘 중의 하나다. 내가 약속한 것 이상의 효과가 있거나, 그렇지 않다면 무료라는 것이다. 당시 의약품 광고에서 이런 방식에 맞설 수 있는 광고는 하나도 없었다.

광고나 상품 판매를 할 때, 항상 이 점을 염두에 두어야 한다. 우리는 어떤 식으로든 경쟁에서 이겨야 한다. 품질·서비스·거래조건 등에서 경쟁우위의 장점을 내놓든지, 그것이 아니라면 남들이 주장하지 못하는 사실을 주장함으로써 '그럴 듯한 이점(seeming advantage)'을 만들어내야 한다. 이름이나 브랜드만 외치는 것으로는 충분치 않다. '경쟁사의 물건은 사지 말고 우리 것을 사라'고 강요하는 것은 사람들의 역린(逆鱗)을 건드리는 셈이다. 우리는 경쟁사를 알아야 하고, 그들이 무엇을 제공·제안하는지 알아야 하고, 사람들이 무엇을 원하는지 알아야 한다. 자사의 장점이 충분히 강력하다는 것을 확신하기 전까지는 광고라는 전쟁에 나서지 말아야 한다. 돈 쓰기에 조심스러워하는 사람들을 속이려고 해서는 안 된다. 광고를 해서 사람들 눈을 끌더라도 그것을 유지할지 방법이 수립되지 않았다면, 아직 광고를 하지 마라. 돈을 아끼는 사람들의 지식과 정보력을 과소평가하지 마라.

나는 슈프 박사와 함께 일하느라 6년 반을 라신에서 보냈다. 근무시간은 아침 7시에 시작되었다. 오랜 시간 근무하면 유리하다는 것을 알기 때문이었다. 더구나 우리는 가장 혹독한 광고 분야에서 경쟁하고 있었다. 하지만 나의 근무시간은 사무실에서 끝나지 않았다. 집에도 타자기가 있었다. 나에게는 여러 제약품들이 단지 하나의 품목으로밖에 생각되지 않았다. 그것이 아무리 광고 능력을 테스트하는 고난도의 관문이라도 마찬가지였다. 그래서 나는 집에서도 깨어 있는 시간에는 일을 했다.

슈프 박사의 광고를 맡고 있던 대행사는 J. L. 스택[28](J. L. Stack

28　**J. L. 스택 광고대행사**(J. L. Stack Advertising Agency) 닥터 슈프스 특허약품 회사(Dr. Shoop's Patent Medicine Company)의 판매 전략과 광고기획은 광고책임자인 홉킨스가 총괄했으며, 이벤트 및 매체관리 등 실무진행은 스택 광고대행사가 담당했다. 이후 프리랜서 카피라이터로 독립한 홉킨스는 스택 광고대행사와 함께 슐리츠맥주를 비롯한 다양한 제품의 광고를 진행했다. 홉킨스가 활동하던 시기에는 광고전문가인 카피라이터들이 광고주(제조사)와 직접 파트너십을 체결하고, 매출의 일정액을 받으면서 판매와 광고를 총괄했다. 이들을 필요에 따라 광고대행사나 광고유통사 소속으로 활동했는데, 자신이 담당하는 광고주의 매출 실적에 비례하여 수수료를 받았다.

Advertising Agency, 스택은 일찍이 '로드 앤 토마스'에 근무하다가 독립했다. 결국 홉킨스와 회사 선후배가 되는 셈)이라는 곳이었다. 나는 그들과 상의하여 대행사의 모든 광고를 만들기로 했다. 라신은 제조업의 중심 도시였다. 그래서 나는 근무시간 이후에 새로운 광고 사업을 벌이게 되었다. 이를 통해 인연이 된 광고주들에게서 나는 또 많은 것을 배우게 된다.

대행사의 광고주 중에 몽고메리 워드(Montgomery, Ward & Co., 통신 판매 및 백화점 소매업이 주종인 회사로 2000년 파산했으나 2004년 이후 온라인 판매를 하고 있다)라는 회사가 있었다. 나는 광고를 총괄하며 카피도 썼다. 수많은 '판촉 계획'들이 새로 시작되었다.

나의 변치 않는 주장 중의 하나는 사람들을 대중으로 생각지 말라는 것이다. 예를 들어 어떤 여성이 재봉틀에 대해 문의하는 편지를 보내왔다고 하자. 그녀의 마음에는 온통 재봉틀뿐이다. 그럴 때 일반적인 대응방식은 카탈로그를 보내주는 것이다. 어떤 문의가 와도 마찬가지다. 나는 이들도 매장에 직접 찾아온 고객과 동일하게 대해야 한다고 주장했다. 그래서 특별한 카탈로그를 만들어 모든 재봉틀의 종류와 가격을 보여주었다. 또한 문의를 해온 사람 모두에게 인근에서 우리 재봉틀을 구입한 사람들의 명단을 보내주었다. 직접 가서 제품도 보고 사용 후기도 들어보도록 권했다.

여기서 나는 또 하나 소중한 광고의 원칙을 배웠다. 넓은 지역을 대상으로 캠페인을 펼치다보면 자칫 사람들을 대중으로 여기기 쉽다는 것이다. 마치 씨를 흩뿌려놓고 어디선가는 뿌리를 내리겠지 하고 바라는 것과 마찬가지다. 이런 방법은 낭비가 심해 수익을 거두기 어렵다. 우리는 개개인에게로 내려와야 한다(We must get down to individuals).

광고도 실제 소비자를 만나고 있는 것처럼 대해야 한다. 그들의

Perfection of 50 Years

Back of each glass of Schlitz Beer there is an experience of fifty years.

In 1848, in a hut, Joseph Schlitz began brewing. Not beer like Schlitz beer of today; but it was honest. It was the best beer an American had ever brewed.

This great brewery today has new methods. A half century has taught us perfection. But our principles are 50 years old; our aims are unaltered. Schlitz beer is still brewed, without regard to expense, according to the best that we know.

We send experts to Bohemia to select for us the best hops in the world.

An owner of the business selects the barley, and buys only the best that grows.

A partner in our concern supervises every stage of the brewing.

Cleanliness is not carried to greater extremes in any kitchen than here.

Purity is made imperative. All beer is cooled in plate glass rooms, in filtered air. Then the beer is filtered. Then it is sterilized, after being bottled and sealed.

We age beer for months in refrigerating rooms before it goes out. Otherwise Schlitz beer would cause biliousness, as common beer does.

Ask for beer, and you get the beer that best suits your dealer. He may care more for his profit than your health.

Ask for Schlitz, and you get the best beer that the world ever knew.

Ask for the brewery bottling.

J. L. STACK

홉킨스가 만든 슐리츠맥주 광고. '50년의 전통—한 잔의 슐리츠맥주 뒤에는 50년의 경험이 있습니다'라는 카피로 구성되어 있다.

욕구에 집중하라. 어떤 분명한 욕구를 가지고 당신 앞에 그가 서 있다고 생각하라. 당신 사업의 규모가 아무리 크더라도, 최소의 '단위'로 내려가라. 작은 단위가 모여 규모가 되기 때문이다.

슐리츠맥주(Schlitz Beer)[29]는 내가 J. L. 스택 광고대행사에서 펼친 또 하나의 캠페인이었다. 슐리츠는 그때 5위였다. 당시 모든 맥주 메이커들은 '순수(Pure)'를 외치고 있었다. 광고에 '순수'를 크게 넣었으며, 나중에는 광고지면을 양면으로 늘려

---

29 슐리츠맥주 광고(Schlitz Beer) 홉킨스는 광고사(廣告史)에서 하드셀(hard sell) 소구의 일종인 선제적 리즌 와이(pre-emptive reason why) 기법을 창안한 인물로 평가를 받고 있다. 리즌 와이(reason why)가 제품의 효용성과 경쟁우위를 강조해 소비자들이 제품을 구입해야 하는 이유를 제시하는 것에 머문데 반해 선제적 리즌 와이(pre-emptive reason why)는 일반적이거나 경쟁 제품에서도 보편적으로 존재하고 있는 특성을 먼저 강조해 자사 제품만의 독창적인 장점으로 이미지를 각인시키는 전략이다. 홉킨스는 슐리츠맥주 광고에서 통유리 양조실과 1,200번의 실험을 거쳐서 만드는 이스트, 그리고 증기로 병을 세척한다는 사실을 강조했는데, 이는 당시 모든 맥주회사의 제조공정에 해당되었다. 하지만 홉킨스는 소비자에게 어필할 수 있는 제조공정을 광고에 활용해 슐리츠맥주만이 보유하고 있는 독점적 기술로 각인시켰다. 한편, 홉킨스는 '우리는 어떤 식으로든 경쟁에서 이겨야 한다. 품질·서비스·거래조건 등에서 경쟁우위의 장점을 내놓든지, 그것이 아니라면 남들이 주장하지 못하는 사실을 주장함으로써 '그럴 듯한 이점(seeming advantage)'을 만들어내야 한다. 이름이나 브랜드만 외치는 것으로는 충분치 않다'고 주장했다.

글자를 더 크게 써넣기도 했다. 그런 주장이 사람들에게 주는 느낌은 '물이 오리에게 주는 느낌'과 비슷했다.

나는 양조(釀造)에 대해 배워보려고 관련 학교에 다녀보기도 했지만 별 도움이 되지 않았다. 그 후 직접 슐리츠맥주의 양조장으로 갔다. 통유리 방에서 맥주가 배관 위로 똑똑 떨어지고 있었다. 직원들에게 이유를 물어보니 필터 처리한 공기를 공급해야 순수한 맥주를 제조할 수 있다고 대답했다.

나는 흰색 나무 펄프가 채워진 커다란 필터도 확인하는 한편 필터가 맥주를 거르는 과정과 펌프와 배관을 하루 2회 청소하는 것에 대한 자세한 설명도 들었다. 모든 맥주병은 기계로 4번 소독했다. 또한 양조장에는 1,200미터까지 내려가서 지하수를 뽑는 자분정(自噴井, 지하수가 지표이상으로 분출하는 우물)도 있었다. 양조장이 미시간 호 인근에 있다는 점을 감안하면 놀라운 일이었다. 소비자에게 판매되기 전에 6개월에 걸쳐 맥주를 숙성시키는 커다란 통도 있었다.

나는 연구실로 가서 맥주 생산에 쓰이는 이스트를 확인했다. 가장 좋은 향을 얻기 위해 1,200번의 실험을 거쳐서 만들어낸 이스트였다. 슐리츠맥주는 이곳에서 개발한 이스트만 사용했다.

나는 놀란 표정을 감추지 못한 채 사무실로 돌아왔다.

"소비자에게 이런 점을 알리지 그러세요. 왜 그냥 순수하다는 이야기만 소리 높여 외치는 겁니까? 순수한 이유를 말하면 어떻습니까?"

"글쎄요. 우리가 하는 방식이나 경쟁사가 방식이나 완전히 똑같습니다. 그렇게 하지 않으면 맥주 맛이 안 나거든요."

"하지만 다른 회사에서는 이런 이야기를 한 적이 없죠. 여기 양조장에 직접 와본 사람은 깜짝 놀랄 겁니다. 광고에서도 마찬가지일

텐데요."

　나는 광고에서 '순수함' 속에 있는 통유리 방과 다른 모든 요소들을 상세히 묘사했다. **내가 한 이야기는 모든 맥주 메이커에 모두 해당되지만, 아직 아무도 하지 않은 이야기였다.** 나는 '순수'에 의미를 부여했다(I gave purity a meaning). 슐리츠맥주의 판매량은 5위에서 껑충 뛰어 불과 몇 달 만에 1, 2위를 다투게 되었다. 그 캠페인은 오늘까지 나의 가장 큰 업적으로 남아 있다. 또한 다른 수많은 캠페인의 바탕이 되기도 했다. 그 후로도 나는 여러 번 '단순한' 사실을 말하는 광고를 만들어왔다. 관련 분야의 모든 제조업자에게는 너무도 평범하여 말로 꺼내기도 어려운 사실이었다. 하지만 이런 점은 나의 광고에 영구불변의 영예를 안겨주었다.

　이런 상황은 다른 분야에서도 똑같이 발생한다. **제조하는 사람은 자기 제품에 너무 가까이 있다. 따라서 자신의 방식을 평범한 것으로 생각한다.** 바깥세상의 사람들이 깜짝 놀라리라는 것을 생각지 못한다. 또한 자기에게 평범해 보이는 것이 커다란 차별성을 부여하리라는 것도 깨닫지 못한다.

　대부분의 광고가 겪는 어려움은 이런 것이다. 제품 자체가 독특하지 않다. 커다란 이점이 있는 것도 아니다. 비슷한 제품이 얼마든지 나올 수 있다. 이럴 때는 남들을 뛰어넘기 위해 당신이 취하는 노력을 광고에서 표현해보라. 남들이 보기에 평범한 요소와 특징을 찾아 말해보라. 당신의 제품이 뛰어난 전형(典型)이 될 것이다. 설령 경쟁사가 뒤늦게 같은 주장을 내놓더라도 당신의 광고를 도와줄 뿐이다. **광고를 하는 제품은 대부분 모방이 가능한 것들이다. 시장을 석권하는 제품이라도 배타적인 이점을 가진 것은 거의 없다. 그들은 단순히 설득력 있는 사실을 맨 처음으로 말한 것뿐이다.**

홉킨스가 만든 벨 시티 인큐베이터 광고

커티스출판사(Curtis Publishing Company, 잡지 '레이디스 홈 저널'과 '새터데이 이브닝 포스트' 등을 발간한 20세기 초 최대 출판사의 하나)의 대표인 사이러스 커티스(Cyrus W. Curtis) 씨는 슐리츠맥주 캠페인에 대해 한 가지 흥미로운 이야기를 들려주었다. 그는 맥주를 입에 대본 적이 없으며, 〈레이디스 홈 저널(Ladies' Home Journal, 가정주부용 월간지)〉의 기사에 맥주나 와인이라는 단어를 금기시하던 사람이었다. 그런데 하루는 기차에서 저녁식사를 하며 〈라이프(Life)〉를 뒤적이다가 슐리츠맥주 광고를 보고 너무 감명을 받아 한 병을 주문했다. 이상적인 환경에서 순수하게 만들어진 제품을 직접 맛보고 싶었다는 것이다.

라신에 사는 내 친구 짐 로한(Jim Rohan)은 점원으로 일하는데 월급이 매우 적었다. 여교사와 사귀고 있었지만 돈이 없어 결혼을 못하고 있었다. 하지만 그는 양계장 부화기(incubators)에 관한 아이디어를 가지고 있었다. 아이디어를 제대로 개발만 하면 결혼자금이 되겠다고 그는 생각했다.

나는 아이디어를 마케팅을 통해 살려보겠다고 말하고, 실제로 그렇게 했다. 부화기 카탈로그와 광고 등을 읽어보았더니 모두 비슷했다. 제조자들은 모두 자신들의 제품을 선택하라고 세일즈맨에게 아양을 부리고 있었다. 상황을 분석한 후 나는 독특한 공략법이 없을까 궁리했다.

우선 양계장 운영자 한 사람을 찾아가서, 그의 이름으로 책을 한권 출간하자고 제안했다. 그는 남들이 뭐라고 하든 크게 신경을 쓰지 않는 사람이었다. 그래서 나는 그를 주인공으로 하는 책을 썼다. 책자에 그의 이름을 넣었지만 '라신 부화기'를 사라는 말은 쓰지 않았다. 나는 단순히 주인공의 경험담만 썼다. 그가 온갖 부화기를 경험해보았으며, 장단점을 속속들이 안다는 것을 표현했다. 그는 실제로 양계로 돈을 꽤 벌었는데, 이러저러한 방식이 그가 사용한 방법이라는 내용이었다. 또한 그의 방식을 따라오는 사람들에게는 격려와 도움을 아끼지 않겠지만, 다른 엉터리 방식을 따르는 사람에게는 동정심도 없다는 이야기 등이었다.

이 방식은 큰 성공을 거두었다. 부화기 시장에는 대여섯 개의 카탈로그가 있었는데, 모두 비슷하고 내가 만든 것만 달랐다. 판매보다 봉사를 소중히 생각하는 소박하고도 실용을 중시하는 사람이 있다는 식이었다. 그래서 수익성을 생각하는 실질적인 사람은 자연스럽게 양계전문가를 따르게 되었다.

하지만 라신 부화기가 고가(高價)라는 점이 문제였다. 많은 사람들이 당장 살 것처럼 하다가도 값싼 경쟁제품을 보고는 망설였다. 그래서 나는 로한에게 또 하나의 회사를 설립하라고 권유했다. 이름을 벨 시티 부화기(Bell City Incubator Co)로 하여, 훨씬 저렴한 제품을 생산하는 한편 별도의 장려책을 제공하라는 것이었다.

우리는 열흘 동안 라신으로 오는 문의내용을 추적했다. 그러고 가격저항에 부닥치면, 벨 시티 쪽으로 돌렸다. 이렇게 하여 부화기 구매자를 이중으로 확보할 수 있었다. 그렇지 않았다면, 숱한 노력에도 불구하고 수익은 얻지 못했을 것이다. 내가 알기로 당시 경쟁업체 중 살아남은 회사는 없다.

우리는 여러 가지 다른 제품도 만들어서 광고했다. 하나는 라신 욕실수납장(bath cabinet)이었고, 또 하나는 라신 냉장고였다. 이런 것들은 내게 매우 소중한 경험이 되었다. 이들 제품에 '불확실성'과 '반복구매'가 없다는 특징이 있었기 때문이었다.

라신제화(Racine Shoe Company)는 뛰어난 신발 제조업체였다. 시카고와 밀워키 사이 가죽공단의 중심부에 위치해 있었다(시카고와 밀워키는 모두 미시간 호 서부연안의 도시로 약 150킬로미터 거리다. '라신'은 그 사이에 위치한 소도시).

당시 도매가는 한 켤레에 평균 2달러 15센트였다. 나는 '라신클럽(Racine Club)'이라는 것을 만들었다. 클럽에서는 오직 회원들에게만 라신 슈즈(Racine Shoes)를 저렴한 가격에 공급했다. 회원들에게는 3달러의 가격으로 배송해 주고, 6가지 중 하나를 고르는 선택권을 부여했다. 신발 원가가 2달러 15센트였고 배송비가 35센트였으므로 내가 기대할 수 있는 평균 수익은 켤레 당 50센트였다. 그러나 회원 가입비가 25센트였다. 회원으로 가입하지 않으면, 구매 자체가 불가능했다. 광고비는 회원가입비로 충당했다.

나는 주문받은 신발을 보낼 때 카탈로그 등과 12장의 회원권을 같이 보냈다. 12장의 회원권을 파는 사람은 구두를 25센트에 사는 셈이었다. 즉, 회원이 되면 3달러에 신발을 살 수 있고, 25센트 상당의 쿠폰 12장을 받는 것이었다.

회원이 3달러로 살 수 있는 신발은 매장에서 3달러 50센트에서 5

달러에 판매되는 것이었다. 하지만 이런 혜택은 회원에게만 한정되어, 회원이 아닌 사람에겐 주어지지 않았다. 모든 구매고객은 자신이 원할 경우 회원권 증서를 25센트에 팔 수 있었다. 그럴 경우 자기 신발의 구입가는 25센트가 되는 셈이었다. 광고를 통해 모집된 회원들은 영업사원 노릇을 톡톡히 해냈다. 결과적으로 조그만 광고 덕분에 엄청난 결실을 이루게 되었다. 그래서 라신 제화사의 생산용량을 초과해 주문이 한참 밀리기도 했다.

옥에 티도 있었다. 신발이 항상 잘 맞는 것은 아니어서, 나는 '맞는 신발'을 보증했다. 반품이 내가 받을 수익의 대부분을 거두어갔다. 하지만 나는 판매의 새로운 측면을 배우게 되었다. 판매에 있어, 고객이 미래의 혜택(future returns)에 대해 어떻게 영향력을 끼치는지 제대로 알게 되었다.

그런 와중에도 나는 미국 전역을 대상으로 소매업 광고를 계속하고 있었다. 또한 지역을 대상으로는 모든 종류의 판매를 경험했다. 큰 성과(large returns)를 가져온 캠페인이 나올 때마다 정보를 다른 딜러들에게 알려주었다. 이것이 내가 야간 근무를 할 수밖에 없는 이유였다. 잠자는 것은 생각지도 않았다. 머릿속에는 어떻게 하면 더 많은 고객을 유도할까라는 생각뿐이었고, 그만큼 수많은 길을 찾아냈다. 내가 그때 발견한 것들은 지금의 성공에 이르는 든든한 기초가 되었다.

  못 파는 광고는 쓰레기다

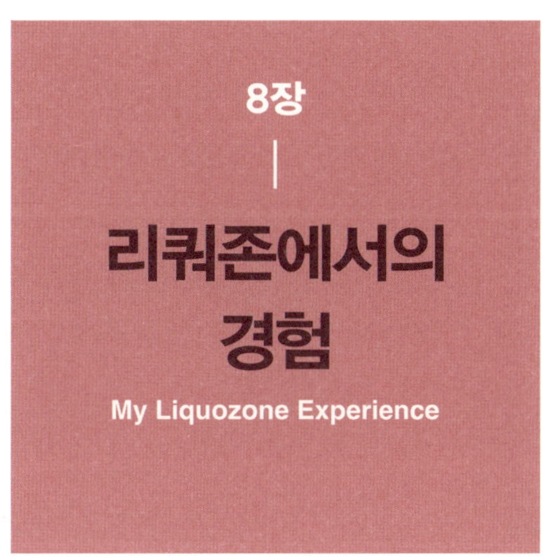

라신에서 일하는 동안 나는 제약광고 분야에서 값진 경험을 많이 쌓았으며, 광고계에서 좋은 평판도 얻었다. 나의 접근방법은 새로웠다. 당시 제약광고는 거의 증언식(testimonials) 광고가 보편적이었지만, 나는 그 방법을 한 번도 사용하지 않았다. 또한 터무니없는 주장도 많았다. 거기에 비해 나의 광고는 이런 식이었다.

"이 기침약을 시험해보세요. 효능을 살펴보세요. 아편이 들어 있지 않아 전혀 해가 없습니다. 약이 든다면 기침이 멈출 겁니다. 만일 듣지 않는다면 제품은 무료입니다. 당신이 다니는 약국의 약사가 보증서에 서명했습니다."

이 소구는 압도적이었다. 저항하기 어려운(resistless) 어필이었다. 이후로 나의 연구는 이러한 소구를 만들어내는 것에 집중되었다. 논리적으로 거부하기 어려운 제안을 한다면, 수락을 받아내는 것이 거의 확실한 일이다. 또한 그 제안이 아무리 관대하고 허술하게 보이더라

리쿼존 제품

도 속이려는 의도가 털끝만큼도 보이지 않는다. 정당하고 거리낌 없는 제안이기 때문이다. 벽을 쌓아 자신을 보호하려 하면 상대방은 당신을 함정에 빠뜨린다. 하지만 '나는 당신을 믿습니다'라고 말하면 상대방도 신뢰에 보답한다. 광고를 통해 내가 깨우친 것은 사람들은 대체로 정직하다는 것이다.

시카고에 올리버 타자기로 약간의 돈을 번 남자가 있었다. 하지만 타자기는 그가 흥미를 느끼는 분야가 아니었다. 그는 광고에 타고난 소질이 있었으며, 오랫동안 다른 제품을 찾고 있었다.

그가 캐나다의 몬트리올에 공장을 지을 무렵, 많은 사람들이 찾아와서 토론토에서 생산되는 '파울리 액화 오존(Powley's Liquified Ozone)'이라는 살균제를 언급했다. 캐나다에서는 이미 상당수의 기업이 구매해서 사용하고 있는 제품이었다. 한 번도 광고를 하지 않았는데, 사용해 본 사람들의 입소문이 퍼지면서 큰 호응을 얻었다.

그는 직접 토론토로 가서 제품을 조사해 보았다. 기체로부터 만들어진 살균제라서 실내에서 사용해도 무해했다. 그는 병원과 가톨릭 단체 등을 돌면서 제품을 사용한 사람을 수백 명이나 만나 보았다. 그리고 점점 열광하게 되었다.

그는 10만 달러에 권리를 넘겨받아 상품명을 '리쿼존(Liquozone)'[30]으로 바꾸고 광고를 통해 판매를 시작했다. 그는 유능한 광고인을 찾아내 1년 계약을 맺었다. 다음 해에는 다른 광고인을 택했다. 4년 동안 확신이 가는 네 명에게 광고를 맡겼으나 결과는 완전히 실패였다. 사업에 투자했던 돈은 모두 사라져버리고 회사는 빚더미에 올라앉았다. 대차대조표 상의 순자산은 겨우 4만5,000달러였다. 이런 사실은 의약관련 제품(proprietary product, 7장에 나오는 '특허 의약품'의 다른 이름. 요즘으로 치면 '건강식품'에 해당)을 제대로 광고할 수 있는 사람이 얼마나 드문지를 보여준다.

하지만 그는 포기하거나 주저앉지 않았다. 제품에 대한 확신이 있었기에 어디선가 누군가 나타나 제품을 살려낼 것이라고 굳게 믿었다. '1년만 더 해보자. 이번에는 제대로 된 광고인을 찾을 수 있을 거야'라며 스스로를 다독였다.

4년째 되던 해의 12월 31일, 그는 시카고에 있는 유명한 대행사를 빠짐없이 돌아다니며 광고를 맡아줄 최고의 실력자를 지목해 달라고 했다. 당시 그 분야에서는 내가 독보적인 존재였으므로 모두들 나를 추천했던 것 같다.

그는 마지막으로 스택(J. L. Stack, J. L. 스택대행사의 대표) 씨를 찾아가 똑같은 요청을 했다. 그날 나는 스택의 송년모임 초대를 수락하는

---

30 **리쿼존**(Liquozone) 홉킨스는 리쿼존을 만든 회사나 사장의 이름을 밝히지 않고 있다. 이유가 궁금하지 않을 수 없다. 자료에 따르면 회사 이름은 리쿼드 오존(Liquid Ozone Company)이었고, 대표는 더글러스 스미스(Douglas Smith)였다. 홉킨스는 1902년 2월 리쿼존으로 옮긴 후 5년간 근무했으며, 결국 신경쇠약으로 쓰러졌다. 하지만 주변에서 보는 눈은 다르다. 25%의 주식을 소유한 대주주로서의 괴로움이 있었다는 것이다. 1905년 10월 7일, 〈콜리어(Collier's)〉라는 잡지사의 새뮤얼 애덤즈(Samuel Adams) 기자가 '엄청난 사기(The Great American Fraud)'라는 기사를 터뜨린다. 온갖 '특허약품(patent medicine, 이름만 '특허'인 제품)'의 비리를 폭로하는 내용으로 몇 가지 공적(公敵)을 지목했다. 알코올 자극물, 아편이 들어있는 진정제, 두통약, 그리고 비교적 해(害)가 적지만 엉터리 광고를 하는 리쿼존. 결과는 짐작할 만하다. 그리고 홉킨스의 심경도 미루어 짐작이 된다. 광고인의 책임은 과연 어디까지일까? 아무튼 홉킨스는 이렇게 외친다. "공익에 반하는 제품을 광고하는 것에 나는 누구 못지않게 강력히 반대한다."

전보를 보냈는데, 마침 두 사람이 이야기를 나누고 있을 때 도착한 모양이었다. 스택 씨는 전보를 보여주고 이렇게 말했다.

"바로 이 전보를 보낸 사람이 적임자입니다. 다른 사람들도 그렇게 말했겠지요. 하지만 그는 우리 광고주의 회사에서 일하고 있습니다. 저는 그에게 해가 되는 일을 할 수 없습니다. 홉킨스는 내 친구입니다. 전혀 가망이 안 보이는 당신의 제안을 고려해보라고 충고할 수는 없습니다."

"지금 말씀하신 친구가 홉킨스라면 자기 일은 잘 알아서 하겠지요. 오늘 밤 저도 송년모임에 가서 그를 만나고 싶습니다."

그것이 '리쿼존'과의 첫 만남이었다. 그는 매력적인 사람이었다. 그의 설득을 당해내기 어려웠다. 그래서 내 뜻과는 달리, 시카고에 하루 더 묵고, 다음날 다시 만나기로 했다(당시 홉킨스는 라신에 살고 있었고, 라신과 시카고는 모두 미시간 호 서부연안 도시로 거리는 120킬로미터 정도).

다음날은 정월 초하루였다. 그날만큼은 집에서 쉬고 싶었다. 우리가 만난 리쿼존 사무실은 음침했다. 마루와 책상은 거친 소나무였고 녹슨 난로에서는 장작이 타고 있었다. 사무실 분위기처럼 회사도 파산 직전이었다. 이런 회사 때문에 새해 첫날에 시카고에 붙들려 있는 것이 짜증스러웠다. 그러니 그와의 대화가 즐겁지도 않았고 기운 날 일도 없었다.

하지만 그는 4년 내내 실패를 거듭했는데도 웃으면서 다시 시작할 수 있는 사람이었다. 나의 태도에도 전혀 아랑곳하지 않았다. 며칠 후, 그는 라신으로 나를 찾아왔다. 토론토로 3일간 출장을 떠나는데 같이 가자는 것이었다. 나는 그저 휴가를 떠난다는 가벼운 마음으로 기꺼이 따라나섰다.

토론토에 도착하자 차량과 가이드를 내가 선택할 수 있도록 해 주

      못 파는 광고는 쓰레기다

었다. 사흘간 나는 리쿼존을 사용한 기관을 방문하고 사람들을 만났다. 나로서 생전 처음 듣는 이야기들이 넘쳐났다. 사흘이 끝나고 나는 이렇게 말했다.

"이곳에 온 후로 제가 사장님을 도와드릴 수 없는 훨씬 더 큰 이유가 생겼습니다. 저는 이 제품을 세상에 알릴 만큼 훌륭한 사람이 못 됩니다. 저로서는 제대로 해낼 수 없습니다. 죄송하지만 저는 안 되겠습니다."

그러나 그는 쉽게 물러날 사람이 아니었다. 며칠 후, 그는 라신으로 또 찾아왔고, 우리는 밤새워 이야기를 나누었다. 새벽 4시가 되어 그의 끈질긴 독촉에 기운이 빠졌고, 한편으로 그의 책임감에 감동을 받아 결국 '빈약한' 제안을 수락했다.

나는 월급을 받지 않기로 했다. 회사에 지불할 돈이 없었기 때문이다. 대신 주식의 25%를 갖기로 했다. 이제 나는 아름다운 사무실을 떠나 시카고 킨지 가의 소나무 책상으로 옮겨야 했다. 친구들을 떠나 낯선 사람들 사이에 있어야 했다. 호텔의 거처를 떠나 월세 45달러의 집으로 옮겨야 했고[31] 아내는 따로 일을 해야 했다. 저축을 까먹지 않으려면 전차비를 아껴 사무실까지 걸어가야 했다. 나는 라신에서 처음 증기자동차를 구입하여 여가를 즐겼는데, 이제는 그것도 포기해야 했다.

친구들이 환송파티를 열어 주었는데, 모든 대화는 나의 어리석음에 집중되었다. 시카고까지 배웅해준 친구는 가는 동안 내내 나의

---

31 자료에 따르면, 홉킨스는 고향을 떠나서는 늘 호텔에서 살았다고 하는데, 당시에는 흔한 일이었던 것 같다.

우둔함을 공박했다. 가장 가까운 친구 하나는 내게 절교를 선언했다. 친구 간에는 올바른 판단이 첫째 덕목이라는 것이었다.

나도 분명히 알고 있다. 더 어두운 하늘 아래로 모험사업에 뛰어드는 사람은 거의 없다는 것을. 하지만 내가 여기서 말하고 싶은 것은 내 인생의 위대한 성취는 모두 그런 반대를 무릅쓰고 이루어졌다는 것이다. 한 단계 더 발전하려는 움직임, 혹은 더 큰 행복과 만족으로 가는 길은 늘 친구들이 반대했다. 아마 그들이 이기적이어서 내가 자신들과 함께 머물기를 원했던 것일까.

나는 다른 위험상황도 많이 만났었다. 돈이나 사업보다 중요한 것이었다. 그럴 때마다 매번 혼자 힘으로 해결해야 했다. 언제나 결정은 나의 몫이었고 주변에는 한사코 만류하는 사람들뿐이었다. 내 평생의 훌륭한 결정은 모두 친구들의 조롱과 반대를 받아야 했다. 행복, 돈, 만족감을 기준으로 할 때, 내가 이룩한 가장 커다란 승리는 거의 모든 사람의 경멸 속에서 이루어졌다.

나는 이런 식으로 추론했다. 보통사람은 성공적이지 않다. 우리 주위에 자기 목표를 달성한 사람은 별로 없다. 진정 행복하거나 만족하는 사람도 거의 없다. 그렇다면 인생의 중대사를 결정할 때 다수의 의견을 따를 필요가 있을까?

성공은 충분할 만큼 그리고 행복은 넉넉할 만큼 나에게 왔다. 그러한 만족감은 절대적이다. 내가 만일 친구들의 충고를 따랐더라면 이런 축복의 어느 것도 나에게 내리지 않았을 것이다.

그래서 나는 조언을 하지 않는다. 우리는 다들 살아야 할 삶이 있고, 이루어야 할 것이 있다. 우리에겐 남들의 욕망과 능력을 측정할 방법이 없다. 마음이 여린 사람들은 주변의 부정적인 말 한마디 때문에 인생행로를 완전히 바꿔버리기도 한다. 그런 말을 한 사람은

    못 파는 광고는 쓰레기다

그에 합당한 책임을 져야 한다. 나는 그런 의무를 자초하지 않는다. 광고는 우리의 판단이 얼마나 틀리기 쉬운지 깨닫게 한다. 심지어 우리가 가장 잘 아는 제품이라도 마찬가지다. 우리가 조언을 해서 성공할 확률은 절반이 되지 못한다.

나는 앞서 말한 그런 상황에서 리쿼존에 합류했다. 나는 절망적인 게임을 하고 있었다. 4년간 네 명이 완전히 실패한, 불확실한 모험에 나는 내 모든 것을 걸고 있었다. 나는 밤마다 링컨 파크를 거닐면서 좋은 아이디어를 짜내려고 애를 썼다. 예전의 나의 원칙을 돌아보았다.

남들보다 더 좋은 것을 서비스하라. 남들보다 더 많은 것을 제공하라. 그렇게만 하면 승리는 확실하다.

하루는 사무실에 가서 이렇게 말했다.

"제게 아주 좋은 아이디어가 있습니다. 먼저 50센트짜리 우리 제품 하나를 무료로 사주겠다고 합니다. 그리고 이를 수락한 모든 사람에게 6달러 제품을 환불 보증으로 파는 거죠. 처음 한 병 가격만 우리가 부담하는 겁니다. 테스트에서 사람들이 따라와만 준다면, 나머지에 대한 리스크는 감당할 수 있을 겁니다."

동업자는 펄쩍 뛰었다.

"지금 우리는 파산 상태에요. 당신 말대로 했다가는 상황이 더 나빠질 겁니다."

하지만 나는 그의 허락을 받아 일리노이의 소도시 12곳에서 테스트를 실시했다. 우리는 50센트짜리 제품을 하나 무료로 주겠다고 했다. 제품에 대해 문의하는 소비자에게 가까운 약국에서 제품을 받을 수 있도록 주문서를 보내주고 '결제는 우리가 해드리겠습니다'라고 말했다.

그리고 문의한 사람들에게 6달러 패키지를 5달러에 살 수 있는 보증서를 보내주었다. 약사가 보증서에 서명하기도 했다. 6병의 효능이 만족스럽지 않으면 돈은 그대로 돌려받는 것이었다.

이런 제안이 얼마나 사람을 꼼짝 못하게 만드는지 생각해보라. 50센트 한 병 무료. 그리고 보증이 되어 있는 5달러 제품 세트. 그 것만이 아니다 '그냥 약국에 가서 만족하지 않는다고 얘기만 하세요. 이유를 묻지 않고 그대로 환불해 드립니다'는 약속.

내가 하는 제안은 합리적인 사람은 거부할 수 없는 것이었다. 대부분의 사람들은 합리적이므로, 제품이 필요할 경우 제안을 수락하리라는 것을 나는 알고 있었다. 나의 제안은 난공불락이었다.

우리는 테스트를 통해 무료제품의 문의를 처리하는데 18센트가 드는 것을 알게 되었다. 30일 후에는 문의자 1명에 대해 90센트의 판매가 이루어졌음도 알게 되었다. 판매에 대한 수익은 광고비 청구서의 기한이 되기도 전에 훨씬 넘어섰다. 또한 우리의 보증 정책으로 인한 환불 요청은 전체 판매의 2%도 되지 않았다.

나는 이 결과를 인용하여 광고에 나온 약사들에게서 증언을 확보했다. 그리고는 한 도시에 하나씩 가장 큰 약국에 자료를 보냈다. 다른 제품을 팔면서 획득한 자료도 함께 열거했다. 모든 편지에는 계약서를 동봉했다. 자료에는 앞으로 행해질 광고 계획이 상세히 나와 있었고, 앞으로 모든 무료제품의 신청과 문의는 한 곳의 매장에 위탁될 것이라고 약속했다. 조건은 주문량, 즉 광고비를 감당할 만큼의 액수였다. 그들은 보지도 못한 제품이었지만, 주문해야 하는 것은 분명했다. 그렇게 하여 우리는 주요 약국에서 10만 달러 이상의 주문을 확보했다. 모두가 편지로만 이루어진 것이었다.

우리는 주문서를 모아서 광고대행사를 찾아갔다.

"지금은 돈이 한푼도 없습니다. 지금 빚지고 있는 것도 1만6,000

달러나 되지만, 여기 10만 달러어치 유명 약국의 주문서가 있습니다. 광고비 대신 맡기겠습니다. 이것이 우리가 빚을 갚을 수 있는 유일하고 확실한 길입니다.”

대행사에서도 다른 대안이 없었기 때문에 제안을 수락했다. 우리가 어떻게 일을 벌이는지 알고 있거나 '입증된 광고(proved advertising)'의 개념이 있는 사람은 거의 없었다. 실제로 광고가 나가자, 이전에 테스트한 도시들과 마찬가지로 각지에서 반응이 쏟아져 들어왔다.

이듬해에는 무료 샘플 요청이 150만 건을 기록했다. 1건당 처리 비용은 테스트 때와 마찬가지로 18센트였다. 샘플 요청 1건당 평균 판매량은 91센트를 기록하여 테스트 결과보다 다소 높았다.

내가 리쿼존으로 자리를 옮긴 것은 2월이었다. 그때는 임대료를 내고 나면, 돈이 하나도 없었다. 그런데 7월 1일부터 시작하는 첫 번째 회계연도에 순이익 180만 달러를 기록했다. 이듬해에는 유럽으로 사업을 확장했다. 런던에 지사를 개설하고 직원 306명을 채용했다. 프랑스에 공장을 짓고 파리에 가장 멋진 사무실을 열었다. 2년 만에 17개 언어로 광고를 내보내고, 전 세계 거의 모든 나라에 리쿼존을 판매하게 되었다.

살균제품은 불확실성이 높은 시장이다. 신제품이 나오면 기존 제품은 밀려난다. 우리는 이런 사실을 인식하고 빠르게 움직였다. 3년간 우리가 사람들에게 '사 주었던' 50센트 병은 500만 개에 달한다. 우리는 부지런히 일했고, 그 덕에 리쿼존 사업은 아직도 존재하고 여전히 이익을 내고 있다. .

이번 광고의 성공 비결은 무엇일까? 첫째는 안정을 내던지고 불확실성으로 걸어 들어간 용기다. 둘째는 쿠폰을 보낸 모든 사람에게 50센트 병을 '사준' 것이다. 셋째는 효능을 보증한 것이다. 우리는 제품에 대한 믿음이 있었고, 사람들에 대한 믿음도 있었다. 우리가 사업을 펼치는 내내 전문가들은 무모하다고 했다. 혐오스럽다며 관계를 끊는 사람도 있었다.

판매와 광고에서 성공을 거두는 다른 방법이 있다는 것을 내가 모르지는 않는다. 그러나 결과는 늦고 불확실하다. 당신에게 모든 것을 맡겨달라고 상대에게 말해보라, 싸우게 될 것이다. 상대에게 모든 것을 맡겨보라, 일이 쉬워질 것이다.

나는 항상 상대방의 선택에 맡긴다. 거래에 있어 상대가 칼자루를 쥐었다는 것을 확신하게 될 때까지, 나는 제안을 분석하는 작업을 그치지 않는다. 그런 과정을 거쳐 나는 사람들이 쉽게 무시할 수 없는 좋은 아이디어를 떠올리게 된다.

그런 식의 거래로 잃은 것도 많았다. 하지만 '안전한' 거래를 하려다가 잃는 것에 비하면 10분의 1도 안 된다. 오늘날 앞서가는 사업가의 대부분은 똑같은 결론에 도달해 있다.

좋은 매장에서 산 물건들은 반품이 된다. 우편주문 상품도 마찬가지다. 고객 동의하에 물건을 보내는 광고주도 많다. '열흘만 써보세요.', '이 책들 좀 살펴보세요.', '무료로 시가(cigar)를 피워보세요.' 이러한 전 지구적인 흐름에 역행하여, '안전'만을 고집하는 사람은 자기 손발을 꽁꽁 묶는 것과 마찬가지다. 그뿐만이 아니다. 판매비용도 두 배, 세 배로 껑충 뛸 것이다.

9장

17년을 함께할 광고대행사에 첫발을 들여놓다

The Start of My Seventeen Years with an Advertising Agency

리쿼존과 함께 나는 5년을 보냈다. 정력적으로 일한 시기였다. 국내와 국외, 곳곳의 사무실을 찾아다녔다. 가는 나라마다 새로운 문제가 있었다.

한번은 파리에 머물면서 유명한 의사를 만나게 되었다. 그는 내가 신경쇠약이라고 말했다.

"이러다 큰일을 당하겠네요. 당장 집에 돌아가서 푹 쉬어요."

"저는 집이라고 할 만한 곳이 없습니다. 호텔에서 생활하거든요. 그냥 여기서 쉬겠습니다." 하지만 의사는 나에게 집으로 돌아가라고 계속 권했다. 그때 미시간 주, 스프링 레이크의 과수원에서 밭일을 하던 어린 시절이 생각났다. 그때, 함께 일했던 로버트 페리스(Robert Ferris)가 호텔을 지었다는 오래된 소식이 기억났다. 그에게 전보를 보내 묵을 수 있는지 물어보았다.

뉴욕에서 그의 답장을 받았다. 호텔은 이미 헐렸지만, 생활에 필

현대 광고의 창시자로 평가받는 앨버트 라스커는 '광고는 인쇄된 판매술(printed salemanship)'이라고 역설했다. 광고대행사인 로드 앤 토마스의 CEO로 카피라이터인 존 케네디와 홉킨스를 스카우트해 광고계의 변화를 이끌었다.

요한 모든 것을 갖춘 아담한 전원주택이 있다는 것이었다.

"자네는 그냥 트렁크 하나만 들고 오면 돼."

나는 주택을 임대하는 비용을 수표로 보내고, 트렁크를 챙겨 출발했다. 3개월간 느긋하게 햇볕을 즐기며 잠을 자고 놀면서 우유도 챙겨마셨다. 시카고로 돌아올 때에는 나를 이렇게 망가뜨린 회사와 일을 모두 정리하고 조용히 살겠다는 생각뿐이었다. 몇몇 친구를 불러내 점심 식사를 하며 이제 비즈니스와는 굿바이라고 선언했다. 날아갈 것처럼 기분이 좋았다. 바쁘게 살기는 하겠지만, 앞으로는 유명해지기 위해 글을 쓰지 돈 벌려고 쓰지는 않을 생각이었다. 두 번째 코스 요리를 먹고 있는데, 어떤 젊은이가 와서 이렇게 말했다.

"로드 앤 토마스(Lord & Thomas)의 앨버트 라스커(Albert. D. Lasker)[32] 씨가 오후에 좀 뵙자고 하십니다."

나는 그것이 무슨 말인지 알아들었다. 새로운 '노예생활'을 시작하라는 뜻이었다. 갑자기 신경이 곤두서 정신이 흐트러지고 몸이 아픈 것 같았다. 그 말의 의미는 밤낮으로 일해서 남들이 더 많은 돈을

못 파는 광고는 쓰레기다

버는 방법을 제시하라는 것이었다.

나는 테이블로 돌아와 친구들에게 이렇게 말했다.

"라스커 씨가 이럴 수는 없어. 이제 나는 역할을 다 끝냈어. 그분을 존경하니까 일단 만나러 가겠어. 하지만 광고라는 소용돌이에 다시 발을 들여놓지 않을 거야."

나는 약속대로 그를 만나러 갔다. 라스커 씨는 내게 밴 캠프 식품 회사(Van Camp Packing Company, 1882년 설립된 회사로 1909년 업계 1위가 되었다. packing은 도축·정육·포장 및 통조림제조 등을 가리킨다)의 계약서를 내밀었다. 40만 달러짜리 계약이었다. 그런데 창업자인 밴 캠프 씨가 만족할 만한 카피를 제출해야 한다는 조건이 들어 있었다.

라스커 씨가 입을 열었다.

"쓸 만한 카피를 얻으려고 전국을 돌아다녔습니다. 이것은 뉴욕에서, 저것은 필라델피아에서 구한 카피죠. 좋은 카피를 얻으려고 수천 불을 썼습니다. 하지만 결과를 좀 보세요. 보다시피 이런 카피를 제

---

32 **앨버트 라스커**(Albert. D. Lasker, 1880~1952) 현대 광고의 창시자로 평가받는 인물로 '광고는 인쇄된 판매술(printed salemanship)'이라고 역설했다. 광고대행사인 로드 앤 토마스(Lord & Thomas)의 CEO로 카피라이터인 존 케네디(John E. Kenedy)와 홉킨스를 스카우트해 광고계의 변화를 이끌었다. 이들에 의해 카피라이팅이 광고대행사의 주요 기능으로 자리매김 되었다. 〈갈브스톤 모닝뉴스〉의 통신원으로 직장생활을 시작한 그는 아버지의 강권으로 로드 앤드 토마스에 입사했다. 광고 경험이 없었던 그는 곁눈질로 일을 배워, 기차나 썰매를 타고 중서부를 누비며 영업활동을 펼쳤다. 정력적인 활동으로 불과 2년 만인 20살에 로드 앤드 토마스를 사들였는데, 엄청난 부와 부동산을 소유했던 아버지의 도움을 받았다. 그는 광고뿐만 아니라 정치적으로도 탁월한 재능이 있었으며, 프로야구 시카고 컵스의 구단주를 역임하기도 했다. 그가 남긴 유산은 이루 헤아릴 수 없이 많지만, 광고 본연의 목적을 역설하고 실천했다는 점에서 광고계의 거장으로 평가 받을 만하다. 또한 라디오와 TV 등 새로운 매체 활용의 귀재로 평가받고 있다. 한편 뛰어난 용인술(庸人術)로 인재를 키웠는데, 한 때 주요 광고대행사 9개사의 대표가 그에게서 일을 배운 부하직원이었다.

출할 수는 없지요. 선생이 도와주셔야겠습니다. 이번 캠페인을 시작할 수 있도록 세 가지 광고를 만들어 주세요. 그리고 부인께 시내에 가서 마음에 드는 자동차 하나 골라보라고 하십시오. 비용은 제가 부담하겠습니다.”

내가 알기로는 지금까지 라스커 씨의 말을 거절한 사람은 단 한 명도 없었다. 그는 세상을 쥐락펴락하는 사람이었다. 국가 원수들도 그를 친구로 두려고 할 만큼 자신이 원하는 것은 반드시 손에 쥐고 야마는 사람이었다.

결국 나도 다른 사람들처럼, 그의 설득력에 항복했다. 나는 그날 밤 인디애나폴리스(밴 캠프의 공장이 있는 도시. 일리노이 옆 인디애나 주에 위치하고 있다)로 향했다.

다음날부터 사람들을 동원하여 포크 앤 빈(pork and beans, 돼지고기와 강낭콩에 토마토를 넣어 푹 끓인, 미국의 대표적인 가정요리)[33]의 시장상황을 조사하기 시작했다. 94%의 주부들이 포크 앤 빈을 직접 조리하고 있었고, 단 6%만이 통조림 콩을 받아들이고 있었다. 그럼에도 광고주들은 하나같이 ‘우리 브랜드를 구매하세요’라는 말만 외치는 형편

---

33 **포크 앤 빈**(pork and bean) 광고 슐리츠맥주 광고에 이어 선제적 리즌 와이(pre-emptive reason why) 기법이 돋보이는 밴 캠프 패킹의 포크 앤 빈 광고 역시 홉킨스의 대표적 성공작이다. 특히 콩 요리의 습관을 바꾸었다는 점에서 광고사에 길이 남을 업적이다. 홉킨스가 활동하던 20세기 초반은 광고 경쟁이 본격화되던 시기였다. 그래서 홉킨스는 철저한 시장조사를 통해 소비자들의 니즈(needs)를 파악하는 한편 선제적 리즌 와이를 통해 공격적인 광고 캠페인을 전개했다. 이런 이유로 광고로 세상을 바꾸었다는 평가를 받고 있는 데이비드 오길비(David Ogilvy)는 홉킨스를 광고의 성인(聖人)으로 추앙했다. 또한 로저 리브스(Rosser Reeves)는 홉킨스가 주창한 선제적 리즌 와이 기법을 계승해 1950년대를 풍미한 USP(Unique Selling Proposition) 전략을 완성했다.

   못 파는 광고는 쓰레기다

이었다.

나는 집에서 조리하는 것에 반대하는 캠페인을 시작했다. 물론 공장에서 조리한 샘플도 제공했다. 집에서 콩을 조리하려면 16시간이나 걸린다는 점을 지적했다. 집에서 요리한 콩은 소화가 잘 되지 않는 이유도 설명했다. 또한 집에서 조리한 콩을 사진으로 보여주며, 딱딱한 콩은 위에 흐늘흐늘한 콩은 아래에 배치했다. 더불어 우리가 콩을 어떻게 고르는지와 사용하는 단물(軟水, 칼슘이온이나 마그네슘이온을 적게 포함하고 있는 물), 그리고 화씨 245도(섭씨 118도)에서 몇 시간이나 쪄내는 증기오븐에 대해서도 설명했다. 그리고는 비교해 보라고 무료 샘플을 제공했다. 결과는 엄청난 성공이었다.

그 얼마 후, 경쟁사들이 우리를 따라하는 바람에 브랜드 교체(substitution)를 겪게 되었다. 그러나 경쟁사들의 방식은 그냥 자기네 브랜드를 외치는 것이었다. 말하자면 '남들에게 주는 돈, 저희에게 주세요'라는 식이었다. 하지만 그런 소구에 귀 기울이는 사람은 없었다.

나는 '경쟁사 물건도 써보세요(Try Our Rivals, Too)'라는 헤드라인으로 대응했다. 경쟁사 브랜드를 사서 밴 캠프 제품과 비교해보라고 주장했다. 이 소구가 다른 모든 주장을 압도했다. 이렇게 당당하게 비교를 권할 정도라면 믿고 구매해도 되겠다고 사람들이 결론을 내린 것이다.

이것은 또 하나의 중요한 포인트다. 무조건 자신에게 유리한 점만 내세우면 사람들은 끝까지 저항한다. 그러나 이기적인 태도를 버리고 소비자의 입장을 고려해 주면 사람들은 자연스럽게 모여들 것이다. 광고에서 범하기 쉬운 가장 큰 실수 두 가지를 꼽으라면 뽐내는 태도와 이기적인 마음이다. 성공한 사람은 거의 본능적으로 자신이 이룩한 것을 말하고 싶어 한다. 그것이 저녁식사 자리라면 상대방이 자리를 박차고 나가지 않을 테니 괜찮다. 그러나 광고에서는 안 된다. 웬만한 비용을 지불하지 않고는 '이기적인' 이야기는 제대로 전달할 수도 없다. 하지만 사람들에게 주는 '서비스'를 이야기한다면 모두 다 경청할 것이다. 이것은 중요한 이야기다. 내가 믿기로는 광고에 쓰이는 돈의 10분의 9는 실속도 없는 이기적인 목적 때문에 낭비되고 있다.

지금도 주위를 둘러보면 대다수의 광고가 '우리 브랜드를 사주세요'라는 간청에 바탕을 두고 있다. 이런 호소는 누구의 마음도 얻지 못한다. 시대가 바뀌어도 마찬가지일 것이다. 식료품상도 "옆 가게 말고 우리 가게에서만 사세요."라고 말하지 않는다. 아무리 무지해도 그보다는 현명하여 무언가 이점을 제공할 것이다. 하지만 수많은 광고주들은 소비자의 외면을 받는 광고에 돈을 쏟아 붓고 있다.

'저희가 원조입니다'나 '진품을 확인하세요'와 같은 것도 앞서 말한 간청의 변형이다. '남들에게 주는 돈을 저희에게 주세요'라는 호소는 어떻게 말해도 효과가 없다. 사람은 누구나 자기에게 유리한 것을 생각하고 챙기느라 남의 이익을 고려하지 못한다. 광고를 하던 판매를 하든 베풀려는 마음이 없으면 결코 설 자리를 얻지 못한다. 당신이나 나나 자기 돈을 내면서 이권을 양보하지 않을 것이다. 그렇다면 남들은 다를 것이라고 기대하지 말라.

매우 널리 퍼져 있는 결점의 증거로서, 앞서 말한 카피의 예를 사용해도 괜찮을지 모르는데(라스커가 '퇴짜' 놓은 카피에 대한 언급), 몇몇 유능한 광고인들이 훌륭한 주장을 내놓았다. 하지만 아무도 시장상황은 모르고 있었다. 그들이 만일 집집마다 다니며 주부들을 만나보았다면 다른 결론에 도달했을 것이다. 하지만 그것은 힘든 일이다. 그

   못 파는 광고는 쓰레기다

들은 시장 상황에 대해 자기들만큼이나 모르는 광고주를 대했다. 그들은 좀 재미있는 카피로 광고주에게 감명을 주려는 생각뿐이었다. 하지만 그런 생각은 라스커에게는 통하지 않았다. 그는 실용적인 인물이다. 그는 제품을 파는 카피가 아니라면 다른 어떤 것도 소용이 없다는 것을 알고 있었다. 그래서 그는 자기 최선을 다해 물건을 팔 수 있는 사람을 찾으려 한 것이다.[34]

'호의'가 소용없다는 점을 여기서 잠깐 강조하고 넘어가야겠다. 소비자 시장에 대해 당신보다 훨씬 모르는 광고주를 기쁘게 하면 잠시 기회가 생길지 모른다. 하지만 그것은 모든 것을 잃는 것이다. **결국 사람들은 수익을 위해 비즈니스를 하는 것이다.** 자신의 아이디어를 발전시키기 위해 하는 것이 아니다. 아이디어는 수익이 나타나지 않는 순간 바람처럼 사라진다.

나는 친구를 광고주로 두지 않는다. 나는 평생 동안 광고주에게 공감을 가진 적이 없다. 물론 그들의 지위(position)에 대해서는 존중한다. 그들은 목표한 바를 이루기를 갈망한다. 이점에서 나와 같다. 하지만 그들은 판매자의 입장이고, 나는 소비자의 입장이다. 이러한 생각의 차이는 마치 북극과 남극처럼 멀리 떨어져 있다.

밴 캠프의 포크 앤 빈은 독특한 주장을 제공했다. 제품 자체는 경쟁사와 똑같았다. 공장에서 6개의 브랜드를 시식해보았을 때, 거기에 있던 사람 누구도 밴 캠프 제품을 구별해내지 못했다.

---

34 광고주의 취향에 맞게 광고를 만들 것인가, 아니면 올바른 광고를 할 것인가. 지금도 수많은 광고인이 겪는 갈등의 하나다.

하지만 우리는 경쟁사에서 누구도 하지 않은 이야기를 했다. 우리는 콩이 특수 토양에서 재배된다는 것을 말했는데, 흰 강낭콩(navy beans)은 본래 그런 토양에서 자라야 한다. 우리는 리빙스턴 스톤 토마토(토마토의 품종 중 하나)를 익은 다음에 딴다는 것을 말했는데, 다른 회사들도 같은 품종을 사용한다. 우리는 콩의 용기(lot)를 어떻게 일일이 분석하는지를 말했는데, 이것도 통조림 업계에서는 다 해야 하는 것이다. 우리는 화씨 245도에서 몇 시간이나 쪄내는 증기오븐에 대해서도 말했는데, 이것도 일반적인 업계 관행이다. 우리는 콩 껍질을 딱딱하게 만드는 석회 성분을 제거하기 위해 단물로 콩을 삶는다는 것도 말했는데, 경쟁사들도 그렇게 하고 있다. 우리는 사진으로 콩을 보여주었는데 딱딱하지 않고 푸슬푸슬 잘 익은 모습이었다. 그리고 위에는 딱딱하고 밑에는 흐물흐물한 가정에서 삶은 콩과 비교해 보여주었다. 가정용 오븐으로 삶으면 왜 언제 발효가 일어나서 소화하기 어렵게 되는지를 말했다. 그리고 맛이 새나갈 수 없도록 밀봉된 용기에서 어떻게 삶는지를 말했다. 우리는 경쟁업체 누구도 말할 수 있는 그런 이야기를 했다. 다만 그들은 그런 이야기가 너무 진부하다고 생각했을 뿐이다.

그 후에 나는 남성들이 점심 때 시내의 식당에서 종종 포크 앤 빈을 주문한다는 점에 주목하게 되었다. 그런 요리는 통조림으로 만드는 것이었다. 사람들도 나처럼 집에서 만든 것보다 통조림 쪽을 좋아하는 것이 분명했다. 그래서 직원을 보내 레스토랑과 간이식당에 밴 캠프 제품을 공급했다. 우리 제품을 사용하는 음식점은 금방 수천 군데로 늘어났다. 우리는 광고에서 이런 사실을 밝히고, 얼마나 많은 남성들이 매일 밴 캠프의 제품을 먹으러 가는지 추정해 보여주었다. 이는 여성들이 다시 생각해보는 계기가 되었다.

홉킨스가 만든 포크 앤 빈(Pork and Beans) 광고. '빛으로 나오너라! 콩을 집에서보다 더욱 더 맛있고, 소화가 잘 되게 만드는 방법들이 있습니다. 당신의 일을 덜어주는 방법들 말입니다.—부인, 우리는 라이벌이 아닙니다. 꼭 공장에서만 만들어야 하는 음식들이 있습니다. 주부가 가진 시설로는 불가능하기 때문이죠. 크래커와 콩이 바로 그런 음식들입니다'라는 카피로 구성되어 있다.

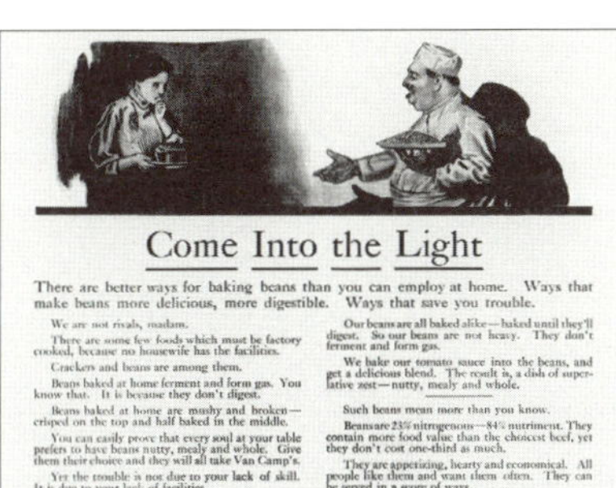

주부들은 이제 집에서의 콩 요리를 그만둘 준비가 되어 있었지만, 이를 실행하기까지는 간단치 않았다. 우리는 주부들을 찾아가 콩을 삶은 결과의 차이를 그림으로 보여주기도 했고, 남성들이 밖에서 얼마나 많이 포크 앤 빈을 사 먹는지도 말했다.[35]

그 점에 대해서는 우리 쪽에 유리한 것이 있었다. 우리는 주부가 집에서 삶는 것보다는 훨씬 더 잘할 수 있었다. 다른 경쟁업체보다 더 나은가 하는 것과는 다른 문제다. 그래서 우리는 이 점을 공략했다. 주부들에게 '밴 캠프'만이 유일한 출구로 보이도록 만들었다. 그렇게 우리는 거대한 수요를 만들었다. 그뿐만 아니라 밴 캠프 브랜드가 경쟁사보다 높은 가격을 유지할 수 있게 되었다.

35 '세상의 흐름을 바꾸려 하지 말고, 다만 반 발짝만 앞서 가라.' 선배들이 광고 지망생에게 주는 충고다. '세상의 흐름'을 바꾼다는 것은 거의 불가능이라는 것을 모든 광고인이 알고 있다. '콩 요리'의 습관을 바꾼 홉킨스가 우러러보이는 이유다.

밴 캠프는 연유(수분을 증발시켜 농축한 우유)도 생산하게 되었다. 처음에는 한 곳의 공장에서만 생산하다가 차츰 늘려서 7~8개 공장을 가동하게 되었다. 회사에서는 연유도 광고해주기를 바랐으나, 우리는 하지 말라고 조언했다. 연유는 표준제품(standard product)이다. 정부의 요구에 맞게 일정한 기준으로 만들어져야 한다. 자연제품이나 표준제품은 누가 특별히 어떤 장점을 만들거나 그것을 주장할 수 없다. 할 수 있는 것은 고작 '우리 달걀 사세요, 힐사이드 농장에서 온 것이랍니다'라고 말하는 정도다. 버터나 라드(반 고체의 돼지기름)도 마찬가지다. 이런 식으로 소비자와 자신들의 브랜드를 엮어보려는 광고에 수백만 달러가 낭비되고 있다. 밀가루나 오트밀 등 수없이 많은 제품이 이에 해당되는데, '저희 브랜드 사세요. 남들에게 주는 돈을 제게 주세요. 강력히 주장합니다'라는 것뿐이다. 이러한 것은 인기 있는 소구가 아니다.

나는 연유의 시장상황을 분석해보았다. 광고와 상관없이 특정 브랜드가 특정 시장을 지배하고 있었다. 다른 회사의 온갖 노력에도 꿋꿋하게 수년째 수성해내는 회사도 있었다. 친숙한 브랜드 때문인 것 같았다. 주부들은 자연히 익숙한 브랜드에 손이 간다.

그래서 밴 캠프 연유가 친근하게 느껴지게 할 계획을 하나 고안했다. 한 페이지 광고에 쿠폰을 넣어 10센트짜리 연유 캔을 가까운 매장에서 받게 하는 것이었다. 식료품상에는 소매가를 지불했다. 우리는 사전 광고를 통해 쿠폰 광고가 곧 나올 것이라는 점을 3주 동안 알렸다. 그러면서 밴 캠프 연유에 대해 이야기를 했다. 우리는 광고를 모든 식료품상에게 보내, 고객들이 쿠폰을 가져올 것이라고 알렸다. 매장으로서는 재고를 확보해두어야 했다. 쿠폰 한 장은 10센트 판매를 의미했고, 재고가 없으면 고객들은 다른 매장으로 발길을 돌릴 것이 분명했기 때문이었다.

결과적으로 거의 모든 지역에 단숨에 물건을 깔 수 있었다. 우리는 다른 몇 개 도시에서 자그마한 규모로 이 계획을 계속 성공시켰다. 그리고 대망의 뉴욕 시로 들어갔다. 그곳 시장은 경쟁 브랜드가 쥐고 있었다. 밴 캠프의 점유율은 처음에는 미약했으나 3주 후에는 주로 편지를 통해 97%의 보급률을 기록했다. 모든 식료품상이 쿠폰 수요에 대비한 재고확보의 필요성을 알게 되었기 때문이었다.

한편으로는 광고를 통해 쿠폰 광고가 곧 나올 것이라고 예고했다. 밴 캠프 연유에서 무엇을 기대하면 좋은지 주부들에게 설명했다. 그리고 병 우유에서 연유로 바꿔보라고 설득했다.

일요일 광고에 드디어 쿠폰을 삽입했다. 뉴욕 대도시권(Greater New York)에만 한정한 것이었다. 그 결과 146만 개의 쿠폰이 제시되었고 우리는 이를 되사느라고(redeem) 식료품상에게 14만6,000달러를 지불했다. 하지만 단 하루만에 146만 가구가 우리의 광고를 본 후 밴 캠프 연유를 시음하게 되었다.

전체 비용은 광고비를 포함해 17만5,000달러였다. 대부분 쿠폰 재구매 비용이었다. 그로부터 아홉 달이 안 돼 수익과 함께 모든 비용이 회수되었다. 우리는 뉴욕 시장을 제대로 장악했고, 밴 캠프는 이후로 매년 엄청난 매출을 기록하고 있다.

쿠폰광고와 가정을 방문해 무료로 샘플을 나누어 주는 것을 비교해 보자. 후자는 소비자가 요청하지도 원하지도 않은 것을 억지로 안겨주는 것이다. 이는 제품의 이미지에도 전혀 도움이 되지 않는다. 무료로 나누어줄 때 자칫하면 제품을 싸구려처럼 보이게 만들 우려가 있기 때문이다. 매장에서는 제품을 확보하지 않는다. 매장에서 팔아야 할 제품을 무료로 소비자들에게 안겨주는 것도 매장 운영자의 입장에서는 달갑지 않을 것이다.

우리의 방식으로 하면 다르다. 식료품상은 재고를 확보해야 한다. 샘플을 받으려는 주부는 '수고(effort)'를 해야 한다. 우리 광고를 제대로 읽지 않고는 샘플을 몰랐을 것이다. 주부가 쿠폰을 제시했다는 것은 광고가 제품에 대한 욕구를 불러일으켰다는 뜻이다. 식료품상은 판매를 통해 수익을 올렸으므로 만족이다. 주부는 샘플을 사용해보고 매장에 밴 캠프 제품이 확보돼 있다는 것을 알게 된다. 이런 식으로 우리는 시장을 넓혀나갔고 정복해갔다. 보통의 샘플 배포로는 이런 효과를 얻을 수 없다. 이런 것이 행사만 벌이는 것과 실제로 당신이 원하는 것을 얻는 것의 차이다.

연유 제조업체 중에 전국 규모로 공급을 해낼 수 있는 회사는 거의 없다. 우선 충분한 우유를 생산할 수가 없다. 그래서 우유 같은 제품에 상존하는 문제는 늘어나는 생산량을 소화해낼 지역(local) 시장을 개발하는 것이다.

마침내 경쟁사들도 샘플을 사용하기 시작했다. 우리는 새로운 방법을 찾아야 했다. 그때는 이미 수백만 가구가 연유로 바꾼 후였다. 연간 판매량은 2,400만 상자에 달했다. 남은 과제는 소비자에게 친숙한 브랜드로 자리를 굳히는 것이었다.

우리는 새로 공략할 도시를 정하고 비밀 선물(secret gift)을 제공하기로 했다. 밴 캠프 캔의 포장 라벨 여섯 개를 모아서 보내온 주부에게 경품을 보내는 것이었다. 매장의 진열장에 포장한 경품을 쌓아두었다. 경품이 무엇인지는 밝히지 않았다. 누구나 라벨 여섯 개만 모아오면 경품을 받을 수 있었다.

호기심은 인간 본성을 강하게 자극하는 요인이다. 특히 여성에게 그렇다. 경품이 무엇인지 미리 알려주면 어떤 사람은 원한다고 하겠지만 더 많은 사람이 흥미를 느끼지 못할 것이다. 그러나 비밀의 선물이라면 누구나 원하게 된다.

경품 행사를 할 때 유의할 점이 있다. 선물이 실망스러우면 안 된다. 기대하도록 유도된 것보다 더 좋은 무엇이어야 한다. 선물 제공은 다소 교활한(insiduous) 방법으로 다루어져야 한다.

경품행사 결과 수많은 여성이 밴 캠프 연유 여섯 캔을 사게 되었다. 그들은 제값을 다 지불했다, 하지만 구매를 즐겁게 만드는 선물을 받을 수 있었다. 선물 가격은 우리의 수익을 넘는 것이었다. 하지만 우유는 매일 먹는 식품이다. 새로운 사용자 한 명을 확보하는 데는 엄청난 비용이 든다. 여섯 캔이 밴 캠프를 친숙한 브랜드로 만들어주었다. 사용자는 밴 캠프와 관련된 이야기를 모두 읽었다. 주부들은 우리 제품을 높게 평가하고, 필요할 때는 밴 캠프를 찾게 된다. 우리는 이렇게 큰 시장에 침투했고 장악하게 되었다.

독자들은 이것이 샘플을 주는(sampling) 것이므로 멋진 광고가 아니라 계략이며 판촉(merchandising)이라고 말할지도 모르겠다. 나는 멋진 광고나 정통 광고라는 말에 별로 찬성하지 않는다. 우리는 '결과'를 얻기 위해 비즈니스를 한다. 아무리 화려한 광고라도 결과를 얻지 못하면 아무 쓸모가 없다. 매년 수억 달러가 그런 것에 낭비되고 있다.

나는 팔아야 할 것을 팔기를 원한다. 그리고 수익을 내며 팔고 싶다. 나는 비용과 결과에 대한 숫자를 원한다. 우리는 아주 잠시 동안 예술가나 천재인 척 할 수 있다. 하지만 광고주는 이런 눈속임에 넘어가지 않는다. 내가 알고 있는 사람 중에 그런 접근을 하는 사람들은 모두 실패했다. 하지만 진짜의 결과론자(result getter)는 결코 매력을 잃는 법이 없다.

우리는 가끔 비본질적인 것(non essentials)에 초점을 맞춘 아이디어를 가진 사람을 만난다. 그들은 광고주나 상사에게 자기 솜씨를 뽐내고 싶어 한다. 진짜 중요한 아이디어를 모두 포기한다면, 그들의 입맛은 쉽게 맞춰줄 수 있다. 왜냐면 그들에겐 광고가 하나의 미로(迷路)이기 때문이다. 하지만 그렇게 하면 당신은 실패하게 된다. 비즈니스의 궁극적 목표는 수익이다. 다른 쪽에 영합하면 당신은 곧 불신임 받고 있다는 것을 깨닫게 될 것이다.

나는 지금까지, 기업을 강조해 달라는 것(요즘말로 하자면 '좁은 의미'의 기업광고)이나 개인의 자존심을 만족시켜 달라는 것을 거절했기 때문에 많은 광고주를 잃었다. 하지만 나는 세상엔 늘 수익을 추구하는 사람이 훨씬 더 많다는 것을 알게 되었다. 사람들은 돈을 버는 새로운 방법을 갈망하고 있다. 그런 길을 발견하라. 어떻게 추진할지를 찾아내라. 그러면 당신은 남들보다 열 배의 성취를 이룰 수 있다. 광고는 문필(文筆) 작업이 아니다. '어머, 멋있네요'라는 말치레를 드는 것이 아니라, 실질적인 판매(practical selling)를 달성해야 한다. 아마추어 글쟁이가 아닌 실질적인 판매에 매진해야 한다.

나는 1899년 처음으로 자동차 광고를 썼다. 밀워키에서 생산된 스팀 자동차 광고였다. 그 차의 팸플릿은 '왕들의 스포츠'라고 제목을 붙였다. 내가 처음 산 자동차는 라신에서의 첫 번째 모터 자동차(motor car)였다. 차를 끌고 시내에 나간 첫 날 300달러가 들었다. 지나가던 마차의 말이 놀랐고, 또 다른 사고도 있어 손해를 물어 줘야 했기 때문이다.

나는 운전기사이자 정비공이었다. 시동을 거는 데만 30분이 걸렸다. 그렇게 해서 기차 시간에 맞춰야 했다. 그보다 심한 것도 많았다. 차를 계속 굴러가게 하는 것에 비하면 시동은 문제도 아니었다. 오죽하면 중간에 문제가 안 생기고 10마일을 가게 되면 신기록이라고 자랑을 했다. 밀워키까지 25마일을 주파했을 때 자동차는 바로 정비소로 들어가야 했다. 그때는 정비소에 들어가면 그날 찾아오기도 힘들었다.

10마일을 주행하면 어김없이 차를 세우고 물을 보충하고 보일러 게이지를 확인했다. 자동차가 움직이면 보일러 펌프가 작동했다. 하지만 보일러에 물을 제대로 공급하기에는 차의 속도가 너무 느렸다. 운전석은 보일러 바로 위에 있었다. 밤에 진흙투성이의 도로를 달리다가 보일러의 수위계가 내려가는 것을 보던 날의 기억이 난다. 어느 시점이 되면 보일러가 폭발할 것을 알았지만 집까지 걸어갈 수 없어 그대로 차를 몰았다. 지금 생각하면 더 즐거운 일이 많았다. 캄캄한 밤 보일러 위에 앉아서 폭발할 것을 기다리던 기억. 앞으로 가야 할 멀고 먼 진흙 길을 생각하던 추억.

하지만 그런 경험이 나를 자동차광으로 만들어주었다. 아무튼 나는 수많은 자동차 광고로 성공을 거두었다. 내 손을 거친 자동차는 20종이 넘을 것이다.

내가 로드 앤 토마스에서 일을 하던 초기 시절, 휴 차머즈(Hugh Chalmers)가 토마스 디트로이트(Thomas-Detroit)라는 자동차 회사를 매입하고 나에게 광고 문제를 상의하러 왔다. 차머즈 씨는 대단한 사람이었다. 내셔널 캐시 레지스터(NCR National Cash Register Company)[36]에서도 일했는데, 한때 미국에서 최고의 연봉을 받는 세일즈 매니저라는 소문도 있었다. 나는 그에게서 판매에 대해 많이 배웠는데, 그와는 항상 의견이 잘 맞았던 것을 지금도 감사하게 생각한다.

---

36 **내셔널 캐시 레지스터**(National Cash Register Company) 1894년 설립된 전자통신-소프트웨어 기업으로, 세계 최초로 금전등록기를 개발했다. 현재 유통, 금융, 여행, 헬스케어, 푸드 서비스, 엔터테인먼트, 게임, 공공산업 분야에 전문화된 IT 솔루션과 컨설팅 서비스를 제공하고 있으며, 세계 전역에 2만300여 명의 직원과 2,000여 개에 달하는 특허도 보유하고 있다.

당시 자동차 광고의 문제는 오늘날의 문제와는 다르다. 시장 상황은 마치 만화경처럼 늘 바뀌게 마련이다. 소비자가 감응하는 심금(chord)을 제대로 울리려면 언제라도 정보수집에 뒤떨어져서는 안 된다.

나는 차머스자동차(Chalmers Company) 광고에 수석 엔지니어인 하워드 커핀(Howard E. Coffin)을 내세우기로 했다. 이 글을 읽는 당신도 아마 알 것이다. 내가

홉킨스가 모델로 기용했던 차머스자동차의 수석 엔지니어 하워드 E. 커핀.

기회만 있으면 광고 캠페인에 사람을 내세운다는 것을. 이런 방식은 항상 효과가 있었다. 사람들은 업적을 이룬 인물을 좋아한다. 영혼이 없는 '기업'보다는 '사람'을 좋아하는 것이다. 광고 캠페인에서 전문가를 내세우는 것은 그가 독특한 능력이 있고 탁월하다는 뜻이다. 대중이 잘 모르는 사람일 수도 있다. 하지만 광고로 익숙해지면 사람들은 그를 존중하게 된다. 그는 곧 유명해지고, 그의 이름은 큰 가치를 지닌 배타적인 특징이 된다. 커핀은 내가 처음 광고에 내세웠을 때 무명 인사였다. 광고가 그에게 탁월한 지위를 부여해 훗날 미국항공청의 책임자가 되었다.

비슷한 이유로, 일상적인 제품의 이름보다는 개인의 이름이 더 낫다. 등록상표보다도 훨씬 더 낫다. 그렇게 하면 광고주가 자기 '작품'을 자랑스러워하는 느낌이 난다(이런 예는 곧 '레오자동차'에서 소개된다). 기업보다는 사람을 유명하게 만드는 것이 훨씬 더 쉽다. 연극이나 영화는 물론이고, 작가에게 이름이 얼마나 중요한 역할을 하는지 생각해보라. 그런 이름은 의도적으로 지어지기도 한다. 판매 분야에서

도 얼마든지 그럴 수 있다.

당시에는 캐딜락과 차머즈자동차의 가격이 1,500달러 전후로 엇비슷했다. 캐딜락은 오랫동안 쌓아 온 명성이 있었으며, 외관 디자인도 훨씬 좋았다. 하지만 커핀을 광고에 내세우자 차머즈자동차는 차별화 포인트가 생겼고 결국 대성공을 거두었다.

회사가 커지면서 우리는 다른 상황에 직면하게 되었다. 자동차 생산업체의 수익이 지나치게 높다는 여론이 커졌다. 그래서 '우리 회사의 수익은 9%입니다'라는 헤드라인으로 대응했다. 그리고 눈에 보이지 않는 여러 부품의 실제 가격을 나열했다. 모두 합쳐 700달러가 넘었다. 차체와 실내 장식 등 눈에 띄는 부분은 전적으로 배제한 것이었다.

또 하나의 포인트가 여기 있다. 광고에서는 구체적인 숫자가 유리하다는 것이다. 진부한 문구, 일반적인 이야기는 사람들에게 감동을 주지 못한다. '세계에서 최고', '장기적으로 보면 가장 쌉니다', '가장 경제적인' 이런 말은 확신을 주지 못한다. 으레 하는 소리려니 하고 생각한다. 심의가 가장 엄격하다는 잡지에서도 이런 광고를 받아준다. 거짓이 아니라, 단순한 과장으로 생각한다. 이런 방식은 무성의한 인상을 주고 광고에 대한 불신을 조장하기 때문에 득보다 실이 많다.

하지만 실제 숫자나 사실을 내세워 구체적이고 명확한 주장을 하면, 우리는 측정된 분량의 표현을 하게 된다. 우리가 하는 말은 진실 아니면 거짓, 둘 중의 하나가 되는데, 큰 회사에서 설마 거짓말은 안 하겠지라고 사람들은 생각한다. 공신력 있는 신문과 잡지에서 거짓말 할 수 없다는 것도 알고 있다. 그러므로 우리의 주장에 믿음을 얻게 된다. 명확하고 구체적인 주장의 이점은 다음 기회에 또 이야기

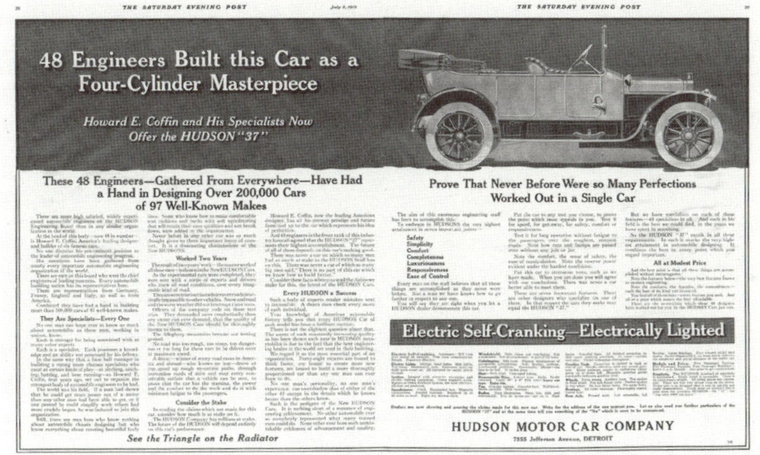

홉킨스가 만든 허드슨자동차 광고. '48명의 엔지니어들이 4-실린더의 걸작을 만들다. 하워드 E. 커핀 등 전문가들이 'Hudson 37'을 소개합니다. 세계 각국에서 찾아온 48명의 엔지니어들은 97개의 유명 자동차 회사들을 위해 200,000가지가 넘는 차를 디자인했습니다'라는 카피로 구성되어 있다.

하겠다.

허드슨컴퍼니(Hudson Company)는 차머즈자동차의 자회사로 출발했다. 차머즈 회장은 허드슨컴퍼니에도 관심을 보였는데, 차머즈의 판매 인력 과잉으로 인해 설립된 것이었다. 커핀은 허드슨컴퍼니로 자리를 옮겼고, 나는 광고에 또 한 번 그를 내세웠다. 그리고 한 술 더 떴다. 48명으로 이루어진 '엔지니어위원회'를 사진으로 보여주고 각자의 이름을 밝혔다. 이렇게 하여 우리는 허드슨을 엔지니어링의 상징처럼 광고했다. 그 시대의 상황에 맞춘 것이었다. 당시 자동차는 완벽하지 않아 자주 말썽을 일으켰다. 그래서 대부분의 자동차 구매자는 어떤 요소보다 기술력을 우선적으로 검토했다. 우리는 매우 '눈에 띄는 방식'으로 허드슨을 그 위치에 올려놓을 수 있었다.

그 광고가 나가면서 허드슨컴퍼니는 입지를 굳게 다졌다. 그리고 지금까지 잘 나가고 있다. 주된 이유는 창업 초기에 우리가 해낸 기초공사에 있다고 하겠다. 나는 7년간 허드슨컴퍼니의 광고를 담당했으며, 그 후에는 나와 유사한 광고 전략을 구사하는 후배에게 자리를 물려주었다.

오버랜드자동차(Overland Motors)의 이야기는 마치 한 편의 소설과 같다. 존 윌리스(John N. Willys)[37] 씨는 뉴욕 주 엘미라에서 엘미라 암스(Elmira Arms Co.)라는 자전거 매장을 운영했다. 그러다가 자동차 시대가 열리자 인디애나폴스에서 생산되는 오버랜드자동차의 대리점을 확보했다.

오버랜드자동차는 당시로선 드물었던 만족스러운 차 중의 하나였다. 입소문을 통해 평판이 높아지자, 엘미라 지역의 수요는 공급량을 훨씬 넘어섰다.

그는 예약고객들에게 선금을 받아서 인디애나폴리스의 본사로 보냈다. 하지만 자동차는 오지 않았다. 답답해진 그는 직접 인디애나폴리스로 달려갔다. 도착하니 일요일 아침이었다(엘미라에서 인디애나폴리스까지는 1,000킬로미터. 당시로서는 하루 만에 주파하기 어려운 거리).

호텔에서 오버랜드자동차의 주주들을 만났는데, 그들은 임금이

37　**윌리스-오버랜드 모터스(Willys-Overland Motors)** 1908년에 미국 뉴욕 출신의 사업가 존 윌리스(John N. Willys)가 오버랜드자동차를 인수하여 설립했다. 1912년부터 1918년 사이 미국에서 포드자동차 다음의 생산업체로서 전성기를 누렸다. 제2차 세계대전 때 미군이 군용 사륜구동 자동차의 개발을 추진하자, 윌리스 지프 MB를 생산하여 전쟁에서 성능을 입증하였다. 1953년, 경영상의 어려움으로 카이저 프레이저사에 매각되었고, 1963에는 회사의 명칭마저 카이저-지프 회사로 바뀌어 윌리스라는 이름이 사라졌다.

체불되어 전날 밤 파산하고 말았다는 청천벽력 같은 소식을 전했다.
부채는 4만5,000달러 정도였다. 그는 선금을 돌려받을 수 없자 자동
차라도 확보하는 길이 없을까 생각했다.

"파산했다면 앞으로 비즈니스가 어렵다고 봐야겠군요."

"그렇습니다. 공장 문을 닫게 될 겁니다."

"제가 공장을 인수할 수 있을까요? 부채까지도 전부 넘기시라는
말씀입니다."

그들은 그의 제안을 받아들였다. 파산의 직접 원인이 된 체불 임
금은 450달러였다. 우선 그 돈부터 마련해야 했다. 일단 호텔 직원에
게 돈을 조금 빌렸으며, 수중에 있던 약간의 자금도 보탰다. 다음날
아침, 그는 공장 직원들을 불러 모은 다음 체불된 임금을 모두 지불
하고 이렇게 말했다.

"우리 함께 힘을 모아서 자동차 생산을 계속합시다. 가능한 빨리
필요한 부품을 모두 찾아보세요. 돈을 벌어야지요."

직원들은 차 한 대를 곧바로 완성했다. 윌리스는 펜실베이니아
주, 알렌타운에 사는 친구에게 차를 보내면서 이런 편지를 동봉했다.

'앨버트에게! 자네에게 오버랜드자동차 한 대와 일람불어음
(sight draft, 제시받자마자 대금을 지급해야 하는 어음) 한 장을 보냈다네. 그
어음은 이미 내가 현금화해서 써버렸으니 자네가 어음을 꼭 받아줘
야 해."

친구는 윌리스의 부탁을 들어주었다. 윌리스는 이런 식으로 차를
몇 대 더 만들어서 친구들에게 보냈다. 다섯 명 중에서 네 명은 그의
부탁에 응해주었고, 자동차를 사겠다는 사람들도 많이 나타났다. 그
럴수록 자동차 생산을 위한 자금 문제는 더욱 심각해졌다.

그는 채권자들을 직접 찾아가 특유의 활짝 웃음을 지으며 이렇게

말했다.

"우리를 문 닫게 하시면 아무것도 얻는 게 없을 겁니다. 왜냐하면 공장에 아무것도 없거든요. 한 번만 기회를 주십시오. 제가 어떻게든 노력해서 단 한 푼도 잊지 않고 모두 갚겠습니다."

채권자들은 그의 제안을 받아들였다. 별다른 방법이 없기 때문이었다.

그는 아주 조금이지만 약간의 자금을 확보하여 생산을 계속했다. 금방 공장이 좁아지기 시작했다. 공장을 새로 지을 시간이 없었다. 그래서 천막을 쳤다. 천막 공장에서 그는 한 시즌(자동차업계의 한 시즌은 1년을 의미)만에 36만5,000달러를 벌었다. 수치에 대해서는 정확한지 모르겠다. 나는 지금 기억에 의존해 말하고 있기 때문이다. 하지만 모두 맞는 이야기고 전체 줄거리는 틀림없다.

그는 고향인 엘미라에 공장을 세우기로 마음먹었다. 어느 날 저녁, 기차를 탈 준비를 하며 면도를 하고 있는데, 톨레도의 에이전트에게서 연락이 왔다. 톨레도에 있는 어느 공장이 파산을 해서 문을 닫는다는 것이었다.

"월리스 씨가 한 번 와서 보시는 게 좋겠습니다. 내부 시설이 놀랄 만큼 좋습니다. 내놓은 가격에 비하면 철강재나 부품 재고가 충분하고 넉넉합니다."

그는 엘미라로 가는 길에 톨레도에 잠깐 들리기로 했다. 다음날, 공장 내부를 돌아본 뒤에 뉴욕으로 가서 매입 절차를 밟았다. 그러고는 하룻밤을 묵은 뒤에 곧바로 유럽 출장길에 올랐다. 출장을 마치고 돌아와 보니 직원들이 공장에 있던 철강재를 외부에 팔았는데, 그 하나의 가격만으로도 이미 공장의 원래 매입가를 능가하는 엄청난 금액이었다.

이듬해에 나는 오버랜드자동차 광고를 맡게 되었다. 그 회사의 첫 번째 광고였다. 나는 가장 호소력 있는 특징을 찾아내기 위해 회사 상황을 검토했다. 하지만 오버랜드자동차를 인수하게 되는 소설 같은 이야기보다 더 어필하는 어떤 것도 찾을 수 없었다. 그래서 첫 번째 광고의 제목은 '오버랜드의 놀라운 이야기(The Wonderful Overland Story)'가 되

오버랜드자동차의 CEO
존 윌리스

었다. 고객의 주문을 맞추기 위해 윌리스가 어떤 일을 떠맡았는지, 또 그런 수요는 얼마나 계속 늘어났는지, 오죽하면 임시로 천막을 치고 거기서 생산라인을 가동할 정도였는지, 그런 내용을 광고에서 다 말했다.

이 또한 광고의 기본 원칙을 부각시킨다. 사람들은 무리를 쫓는 양(羊)과 같다. 가치를 제대로 판단하지 못한다. 당신이나 나나 다 마찬가지다. 우리는 대개 주변사람들의 영향이나 취향에 따라 사물을 판단한다. 우리는 대중에 '묻혀' 간다. 내가 광고에서 발견한 가장 효과적인 것은 대중의 흐름(trend of the crowd)이었다.

이 점은 간과해서는 안 될 요소다. 사람들은 다른 사람의 스타일이나 선호(選好)를 따른다. 웬만한 일은 스스로 결정을 내리지 않는다. '사실'을 모르기 때문이다. 하지만 대중이 어느 쪽으로 가는지를 보게 되면 자연스레 그쪽으로 향하게 된다.

나는 광고를 통해 얼마나 많은 군중이 오버랜드자동차를 향해 가는지 보여주었다. 얼마나 많은 수요가 파산한 업체를 구했는지, 또한 어떻게 '천막 도시'가 생겨났는지도 말했다. 이 광고는 사람들을 생

홉킨스가 만든 오버랜드자동차 광고. '오버랜드의 놀라운 이야기! 가히 최고의 비즈니스 이야기로 알려집니다. 오버랜드의 총괄자 존 N. 윌리스가 2년 안에 자동차계의 선두주자로 우뚝 서는, 오버랜드가 연간 30달러 수입에서 2,400만 달러로 일어선 이야기이지요'라는 카피와 4종의 자동차 모델 이미지, 상세한 카탈로그를 요청하는 주문서로 구성되어 있다.

각하게 했다. 그리고 그들은 흐름을 쫓았다. 오늘날 보는 바와 같이 오버랜드는 세계에서 가장 잘 팔리는 자동차의 하나가 되었다.

레오자동차(Reo Motors)도 한때 어려움에 처한 적이 있었다. 그해 시즌의 결과는 보잘것없었고 판매도 거의 중단되다시피 했다. 다음 시즌의 전망도 모호했다. 이러한 위기에 대처하기 위해 내가 투입되었다. 늘 그래왔듯이 위기에 대처하는 것이야말로 내가 광고에서 해야 할 주된 업무였다. 사업이 순조로울 때는 어떤 회사도 나를 찾지 않았다. 사업이 순항 모드에 돌입하면 거의 모든 광고주가 나와의 거래를 중단한다.

거기에는 부분적으로 나의 잘못도 있다. 왜냐하면 나는 '위기'를 좋아하기 때문이다. 나는 배의 선장이 아닌 도선사(導船士)가 되고 싶다. 광고라는 배가 확실한 진로를 잡아 단조로워지면 나는 흥미를 잃어버린다. 그렇게 되면 나는 언제라도 발을 빼고 다른 배를 안내할 준비가 되어 있다.

광고가 하나의 방향을 잡아 꾸준히 나아간다면, 광고주는 점차 단조롭다는 생각을 하게 된다. 광고주는 일반 독자들도 자사의 모든 광고를 읽는다고 생각한다. 마치 자기가 그렇듯이. 그래서 시간이 지남에 따라 광고주는 변화를 원하게 된다.

나는 이런 관점에 절대 동의할 수 없다. 올바른 방향이라고 생각되는 소구점을 찾았다면 나는 항상 그 길을 끝까지 가려고 노력하는 편이다. 물론 다른 길로 가도 성공할 수 있고, 심지어 더 큰 성공을 거둘 수도 있다. 하지만 확률이 높지 않다. 어떤 분야에서 큰 성공을 거둘 수 있는 길은 그리 많지 않은 법이다.

어떤 방법이 수익성을 보장한다는 증거가 나타나면 나는 이를 고수하는 편이다. 그보다 더 나은 방법을 발견하더라도 구체적인 테스트를 통해서 효과를 입증하지 않는 한 항로를 변경하는 일은 없다. 수천 명에게 판매할 수 있는 최상의 방법을 찾았다면, 아마 그것이 또 다른 수천 명에게도 팔 수 있는 최상의 방법일 것이다.

나는 어떤 광고든 하나의 완성된 스토리를 말해야 한다고 생각한다. 그러므로 가치 있다고 생각되는 모든 사실과 주장을 모두 포함시켜야 한다. 대부분의 사람들은 뉴스 기사를 읽듯이 광고를 스토리를 한 번만 읽는 것으로 짐작된다. 두 번 읽을 이유는 없다. 따라서 처음 읽을 때 그들의 마음을 사로잡을 수 있는 사실 관계를 모두 전달해야 한다.

모든 광고를 다 찾아 읽는 사람에게는, 완전한 내용의 광고가 여러 번 반복되면 지겨워지게 된다. 이는 광고를 만드는 사람에게도

전설적인 자동차 엔지니어이자
레오자동차 CEO였던 R. E. 올즈

마찬가지다. 광고를 만드는 사람이나 읽는 사람이나 결국은 변화를 갈망하게 된다.

나는 레오자동차를 둘러싼 상황을 조사한 후 분석 작업에 들어갔다. 레오자동차는 초창기의 모터자동차 기술자인 R. E. 올즈(R. E. Olds) 씨가 만든 자동차였다(올즈의 이름은 아직까지 GE자동차의 '올즈모빌' 브랜드에 남아 있다). 나는 레오자동차와 관련된 모든 사실, 현재 당면한 문제점, 위기에 영향을 준 경쟁업체도 모두 조사했다. 그 결과 어려운 시장 상황은 효과적인 대책을 요구하고 있었다.

며칠 후, 나는 올즈 씨를 찾아가서 세 가지 조건을 들어준다면 광고를 맡겠다고 말했다. 첫 번째 조건은 신형 모델의 이름을 '레오 5세(Reo the Fifth)'라고 지으라는 것이었다. 이는 독특한 이름을 부여하여 완전히 다른 신차라는 점을 강조하려는 의도였다.

두 번째 조건은 올즈의 서명을 광고에 사용하는 것이었다. 그것은 그의 명성을 광고에 십분 활용하려는 의도였다. 광고는 내가 만들고, 서명만 하면 된다고 하자 그는 동의했다.

마지막으로 그에게 신형 모델이 나오면 '나의 마지막 자동차(My Farewell Car)'라는 이름을 붙여달라고 했다. 그렇게 하면 심혈을 기울인 최종 모델이라는 이미지를 만들 수 있었다. 그러자 그가 "하지만 나는 지금 은퇴할 생각이 없는데"라고 말했다. 나는 실제로 은퇴하 홉킨스가 만든 '레오 5세' 자동차 광고. '나의 마지막 차! 나에게 레오 5세는 완벽에 가깝다. 내 25년의 경험을 이 차에 쏟았다. 나의 한계를 느끼며 이 차를 '내 마지막 차'라고 불렀다'는 카피는 레오자동차의 CEO이자 당대 최고의 엔지니어인 R. E. 올즈를 모델로 하고 있다.

느냐는 중요하지 않다는 말로 그를 안심시켰다.

사라 베르나르(Sarah Bernhardt, 1920년까지 활동한 프랑스 여배우)도 일곱 번이나 고별 공연을 하지 않았던가? '고별'이란 말은 생각하기 나름이다.

우리는 광고를 세상에 내놓았다. '나의 마지막 자동차'라는 제목에 '디자이너 R. E. 올즈'라는 서명이 들어간 광고. 이 광고는 바로 그를 표현하기 위해 만들어진 것이었다. 풍부한 경험을 가진 엄격한 정직성의 남자. 차를 아는 남자. 최고가 아닌 물건을 만드는 것에 수치심을 느끼는 남자. 이를 위해 비용쯤은 생각하지 않는 남자. 자신의 명성과 평판을 돈이나 수익보다 훨씬 더 위에 올려놓고 있는 남자.

캠페인은 시작부터 선풍적인 인기였다. '레오 5세'는 즉시 그해의

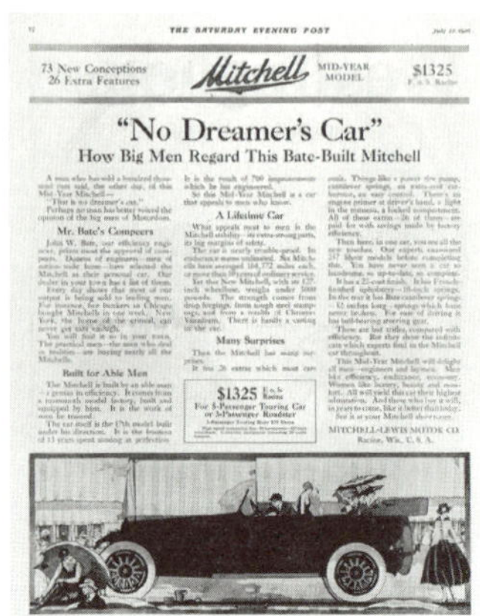

효율성의 전문가 '존 W. 베이트'를 주인공을 한 미셸자동차 광고

'눈에 띄는 차'가 되었다. 레오 자동차의 새로운 시대가 시작되었고, 그 시대는 레오가 업계에서 가장 탄탄하고 성공적인 회사가 될 때까지 계속되었다.

내가 만든 가장 성공적인 자동차 광고는, 다른 이유로 인해 비극적인 결말을 맞았다. 그것은 바로 미첼(Mitchell Motors) 광고였다. 내가 처음으로 연락을 받았을 때 미첼은 큰 위기에 봉착해 있었다.

언제나 그랬듯이 나는 업계의 시장상황은 물론이고, 경쟁사의 동향과 아이디어에 대해 엄청난 양의 조사를 실시했다. 나는 최상의 키워드는 '효율'이라고 결론을 내렸다. 당시 모든 분야에서 남성들의 화두는 단연 '효율'이었다.

미첼 자동차에는 유능한 '효율 전문가'가 있었다. 그들은 매우 효율적인 공장을 운영하고 있었다. 그래서 나는 광고 제목을 '효율성의 전문가 존 W. 베이트(John W. Bate)'로 정하고, 그의 사람됨과 방식을 보여주었다.

홉킨스가 1924년에 만든 스튜드베이커자동차 광고. '뛰어난 차체 솜씨(최고의 디자인)-70년을 넘게 최고의 차량을 보장한다'는 카피로 구성되어 있다.

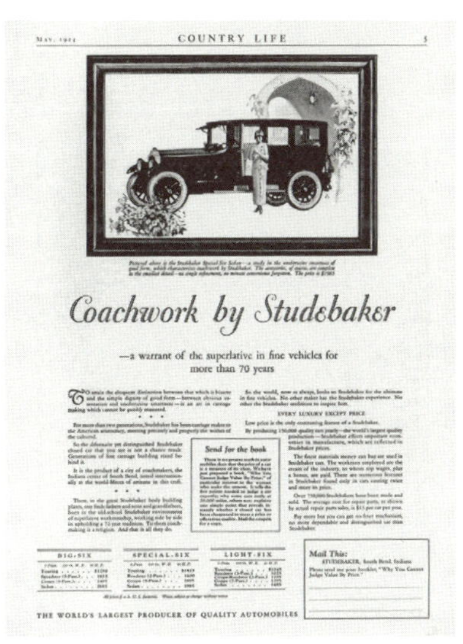

이 캠페인 또한 선풍적인 인기였다. 그렇게 문의가 많이 오는 자동차 광고는 처음이었다. 매출은 엄청난 속도로 오르기 시작했다. 소구점을 제대로 잡은 것 같았다. 자동차 구매자가 원하는 것은 다른 어떤 것도 아닌 '효율'을 통한 절약이었다. 회사는 곧 대성공의 가도에 올랐고, 대규모로 자본구성도 재편되었다. 하지만 자동차가 엉망이었다. 엔지니어들이 세부적인 손질을 아낀 탓이었다. 수백 대가 리콜 되었고, 팔린 만큼 미첼의 이름을 더럽혔다. 판매가 클수록 몰락은 더 비참했다. 광고의 성공 자체가 파멸을 이끈 셈이었다. 우리는 팔아야 할 제품에 대한 음계를 너무 높이 잡아 연주한 것이었다. 나쁜 평판이 너무 광범위하게 퍼져 회복은 도저히 불가능했다. 이것은 나에게 또 하나의 교훈을 주었다.

1924년에는 스튜드베이커자동차(Studebaker car)의 광고를 의뢰받았다(홉킨스가 로드 앤 토마스를 그만둘 무렵). 자동차 광고에서 손을 뗀지 여러 해가 지난 터라 다시 공부할 사항이 많았다. 시장상황을 공부하는 것은 항상 필수 불가결이다.

자동차 시장을 다시 파악하는 데 여러 주가 걸렸다. 스튜드베이커는 자동차 브랜드로 입지가 확고한 기업이었다. 매출이 기하급수적으로 증가하여 자산과 수익이 매우 높았으며, 주식시장에서도 인기몰이를 하고 있었다. 이런 사실은 시세 동향을 살피는 사람들에게 늘 고무적이었고, 회사가 지금까지 탄탄대로를 걸어온 비결이라고 나는 결론을 내렸다. 그래서 나는 거기에 바탕을 둔 광고를 하기로 했다.

드디어 사람들에게 아주 친숙한 광고가 완성되었다. 나는 먼저 광고에 스튜드베이커의 막대한 판매량을 언급했다. 기업이 보유한 자산과 최신식 생산 설비도 언급했다. 대량생산이 어떻게 원가를 낮추는지 실제 숫자를 통해 보여주었다. 특정한 장비를 선정해 경쟁사와의 원가를 대조해서 보여주었다. 또한 연간 생산량이 15만 대에 육박하기 때문에 우리 회사가 아니면 결코 시도할 수 없는 기능도 보여주었다. 이런 방식은 자동차 광고에서 새로운 시도였다. 오늘날까지 이 방식은 자동차 광고에서 압도적으로 많이 쓰이고 있다.

이번 장에서의 교훈은 모든 판매에 적용된다. 우리는 구매자가 생각하는 것과 구매자가 원하는 것을 반드시 알아야 한다.

많은 사람들이 광고는 카피로 완성된다고 생각해 문구나 표현 방식을 중시한다. 그러나 이는 잘못된 생각이다. 화려한 광고 카피는 오히려 소비자의 마음을 얻을 확률만 낮출 뿐이다. 그것은 팔려는 의도를 암암리에 드러낸다. 하지만 팔려고 하는 모든 노력은 그만큼의 저항을 부른다.

광고를 가리켜 세 마디로 'salesmanship in print'라고 하는데. 이는 'salesmanship in person'과 동일한 의미다(광고든 대면이든 '판매정신'은 마찬가지라는 뜻). 스타일이라는 것은 약점이 된다. 주제로부터 관심을 빼앗아가는 것은 어느 것도 광고 효과를 낮춘다.

"정말 아름다운 광고군요. 사진도 인상적이고 전달 방식도 세련미가 넘치네요"라고 말하지만, 바로 이런 것들이 광고의 진짜 영향력을 깎아먹는다. 그것은 순수한 마음의 결핍을 나타내는데, 팔려고 하는 노력을 암시하기 때문이다. 누군가 아주 명백하게 우리의 돈을 가져가려고 할 때 우리는 경계의 방어막을 쳐든다.

판매를 하는 유일한 길은, 엄청난 서비스를 제공하는 것처럼 보여 지는 것에 있다. 투박한 방식이라도 좋다. 성공의 대부분은 투박한 방식으로 이루어졌다. 그런 방식은 인간적인 방법으로 사람의 심금을 울린다. 즉, 사람들이 원하는 서비스를 주는 것처럼 보인다. 그것이 바로 '멋들어진 광고'가 실제로는 실패하는 이유다. 사람들은 그런 것을 경계한다. 또한 투박하게 보이는 광고가 성공하는 이유도 바로 그거다. 그런 광고는 스스로를 잊고 일에 몰두하는 '슈퍼 세일즈맨'에 의해 이루어진다.

타이어 광고를 새로 개척하는 것 역시 나의 몫이었다. 타이어 광고는 자전거 시절 이래로 조금씩 나타났는데, 이름을 알리는 것 말고는 이렇다 할 내용이 없었다. 굿이어(Goodyear Company)는 수년간 우리 대행사의 광고주였다. 광고비는 연간 4만 달러 이하. 당시엔 누구도 타이어가 대중화 되리라는 것을 예상하지 못했다.

하루는 매체사로부터 제대로 존중을 받으려면 취급고(거래금액)를 늘려야겠다는 생각이 떠올랐다. 이는 우리 대행사의 제1 원칙이 되었고, 이를 지켜옴으로써 우리 회사는 최대 규모의 대행사 중의 하나로 성장했다.

광고대행사에 돌아오는 커미션은 매체사(publishers)에서 부담하지만 대행사가 바뀌었다고 커미션이 나오는 것도 아니고, 오직 광고 물량을 늘려야 커미션이 나온다. 따라서 부지런히 광고 물량을 늘려야 했다. 물량을 늘리는 한 가지 방법은 새로운 광고주를 물색하는

 못 파는 광고는 쓰레기다

것이다. 또 다른 한 가지는 현재의 광고주들에게서 광고 물량을 늘리는 것이다.

나는 다른 대행사의 일을 빼앗거나 넘겨받은 경우는 거의 없었다. 성공 기회가 있음에도 광고 전략에 문제가 있어 망치고 있는 경우를 제외하고는, 그런 적이 전혀 없다. 나의 주요 거래처는 모두 내가 처음부터 공을 들여 키워낸 것이다. 처음에는 적은 예산으로 시작했지만, 점차 예산을 키워가면서 커미션을 받았다. 이런 발전을 통해 나는 진정한 만족감을 느낀다.

오랜 설득 끝에 굿이어는 광고예산을 늘리기로 결정했다. 첫 시즌 (자동차와 마찬가지로 1년으로 짐작된다)에 우리에게 지불한 돈은 20만 달러였다. 그것도 그들에게는 엄청난 금액이었다.

당시 굿이어는 '직선(straight side) 타이어'라는 제품으로 업계를 선도하고 있었다. 나는 이름은 들어보았지만 무엇인지 몰랐다. 그 광고가 종종 내 책상위에 올라와 있었다. 나는 타이어와 광고에 관심이 있어 읽어보았지만, 여전히 직선이라는 말이 무슨 뜻인지 이해하기 어려웠다.

회사 측에 물어보았더니, 구식 클린처(clincher) 타이어와의 차이를 보여주었다. 그렇게 만든 이유를 물어보니, 직선 타이어는 '테 잘림 (rim cut)'이 없다는 것이었다. 또한 공기 주입량을 10%나 늘릴 수 있다고 했다.

"그런 '결과'를 광고에 부각시키는 것이 어떨까요? 사람들이 바라는 것은 결과지, 어떻게 개발되었는지가 아니거든요."

이것은 새로운 아이디어였다. 하지만 그들은 제조업자라서 공법(工法) 같은 것에만 관심이 있었다. 생산과정의 세세한 부분에 관심이 있기 때문에 광고에서도 자연스럽게 그와 관련한 기술부분만 이야기를 하는 것이었다.

여기에 제조업자가 광고를 만들면 안 되는 이유가 있다. 요즘은 그렇게 하는 업체가 거의 없는데, 문제는 광고주는 공장과 너무 가깝다는 것이다. 자기 자신의 관심에 몰입해 고객의 관심에는 눈을 감게 된다. 그런 광고주는 소비자를 제대로 알기 어렵다.

그런 광고주는 자신이 자랑스럽게 생각하는 것들, 이를테면 제조 방식이나 공정, 공장의 규모, 사업 연혁 등을 내세운다. 하지만 광고인은 생산자가 아닌 소비자를 연구하고 그들이 원하는 것을 말해야 한다.

나는 타이어의 이름을 아예 '노-림-컷(No Rim Cut, 테가 잘리지 않는다는 뜻)'이라고 정했다. 그리고 모든 광고에 '노-림-컷, 사이즈 10% 확대'라는 헤드라인을 넣었다. 결과는 즉각적이며 획기적이었다. 매출은 몇 배로 뛰었고 굿이어는 단숨에 업계 1위로 올라섰다.

또 하나의 결과는 다른 모든 경쟁업체들이 이러한 타이어의 생산을 시작했다는 것이다. 2~3년이 지나자 굿이어만의 장점은 다 사라지고 말았다. 그래서 우리는 '노-림-컷'이라는 이름을 서서히 줄이고 대신 '굿이어'라는 브랜드를 강조하기 시작했다.

그 무렵 훨씬 더 중요한 일이 있었다. 수요 자체가 엄청나게 늘어난 것이었다. 우리는 그림과 카피를 통해 그것을 강조했고 결국 모든 자동차들이 굿이어타이어를 찾기 시작했다.

어떤 분야에서든 이것은 중요한 판매의 포인트다. 사람들은 대중을 따른다(People follow the crowds). 보통사람들이 매번 이유를 따지고 가치를 분석하기는 쉽지 않다. 그래서 그들은 그냥 다수의 판단을 받아들인다.

     못 파는 광고는 쓰레기다

홉킨스가 만든 굿이어의 '노-림-컷' 광고. '노 림-컷 10% 사이즈 확대! 숫자로 알 수 있는 타이어의 차이!' 같은 카피가 눈에 띤다.

우리는 굿이어에서 '이름'을 통해 또 하나의 성공사례를 기록했다. 미끄럼 방지 타이어에 '전천후(All-Weather)'라는 이름을 붙였다. 어떤 주장이 가장 효과적일까를 연구하여 만든 이름이었다. 그래서 이름만으로도 우리의 강점을 전하고, 그 자체로 광고가 되었다. 당시 우리의 목표는 날씨와 계절에 관계없이 네 바퀴 모두에 이런 종류의 제품을 사용하게 하는 것이었다. 이후 이것은 관행이 되었는데, 캠페인의 영향이 컸다.

무언가를 이야기하는 이름에는 커다란 장점이 있다. 이름은 눈에 잘 띤다. 그래서 올바른 이름은 거의 완벽한 광고물이 될 수 있다. 이런 광고는 뛰어가면서도 다 볼 수 있다. 올바른 이름을 짓는다는 것은 때로 좋은 광고를 만드는 본격 단계가 되기도 한다. 이런 이름이 종종 매출을 두 배로 늘려준다는 것은 의심의 여지가 없다. '메이 브레스(May Breath, '오월의 숨결' 구강청결 제품)', '다이앤샤인(Dyanshine, 염색[dye]+광채[shine], 구두약)', '쓰리 인 원 오일(3 in one Oil, '3가지를 담은' 가

1914년 제작된 굿이어타이어 광고

정용 다용도 오일)', '팜올리브 비누(Palmolive Soap, 야자[palm]+올리브)' 같은 제품의 브랜드의 가치를 생각해보라.

우리가 해결해야 할 또 하나의 문제는 대리점에서 충분한 재고를 확보하도록 설득하는 일이었다. 당시에는 재고를 미리 확보하는 매장이 드물었다. 물건을 팔고 나면 그만큼 굿이어 지점에서 사가는 식이었다. 우리는 대규모 신문 캠페인을 준비하고, 재고를 확보한 딜러의 이름을 모든 광고에 다 싣겠다고 제안했다. 최소 재고량은 250달러 기준이었다. 그랬더니 불과 몇 달 만에 약 3만 명의 딜러가 재고를 확보하겠노라며 몰려 왔다. 이 캠페인은 타이어 업계의 전반적인 분위기를 바꾸는 데도 큰 역할을 했다.

딜러의 입장에서 지역신문에 매장의 이름이 나오는 것은 도저히 저항할 수 없는 유인책이었다. 여태까지 이보다 효과적인 기획은 거의 없었다. 대규모 캠페인 광고에 경쟁 딜러는 나오는데, 자기 이름만 빠졌다면 이를 좋아할 사람은 아무도 없다. 참여하는 딜러가 많아질수록 모집은 더욱 쉬워졌다. 그 후로도 몇 차례 나는 신제품을 광범위하게 살포하고 싶을 때 이 방식을 사용해서 성공했다.

굿이어 캠페인은 내가 거둔 가장 커다란 성공 중의 하나였다. 캠페인은 굿이어를 업계 1위에 올려놓았다. 급변하는 시장 상황에 이렇게 효과적으로 대처한 적은 없었다. 굿이어의 광고비는 연간 4만 달러에서 2백만 달러로 늘어났다.

그럼에도 나는 패배했다. 굿이어 측에서 내가 절대 찬성할 수 없는 의견을 내놓았는데, 기업광고를 해보고 싶다는 것이었다. 어찌 보면 당연한 과정이다. 큰 성공을 거두면 누구나 자랑하고 싶은 마음이 들기 마련이다. 하지만 남의 자랑을 듣고 싶어 하는 사람은 없다. 성공한 사람들은 공장을 보여주거나, 성장의 과정을 이야기하거나, 방법론과 원칙 등을 가르치려 드는 것을 좋아한다. 그렇게 하면 마음이야 흡족하겠지만, 그것은 세일즈 정신이 아니다. 다른 분야도 마찬가지겠지만 광고계에서 일하는 사람은 자신의 기본 원칙을 결코 어겨서는 안 된다. 돈 때문에 타협하는 순간 패배한 것이다. 생활인으로서의 패배가 아니고, 말하자면 예술가로서의 패배다. 자기의 천직(天職) 혹은 소명(召命)에 혼신을 다하고 그것을 한 단계 높여 놓으려는 사람으로서의 패배다.

바로 여기에 광고에서 벌어지는 거의 모든 갈등의 원인이 있다. 비전문가가 비용을 지불한다. 그러고 나면 그는 자신에게 명령권이 있다고 생각한다. 하지만 광고를 기획하는 초기단계에서는 이런 권리를 사용하려 하지 않는다. 광고라는 것이 너무 낯설기 때문이다. 하지만 얼마 후 자신도 광고전문가라고 착각하는 때가 온다. 참으로 불가사의하다. 어떻게 우리는 자기 분야가 아닌 다른 분야에서도 남보다 뛰어나기를 바라는 것일까.

그런 것들이 많은 사람을 실패로 몰고 간다. 이런 사람은 특정사업 분야에서는 돈을 벌지만 다른 분야에서는 쓰디쓴 고배를 마신다. 한 번 성공했다고, 다른 모든 분야에서도 엄청난 전문가가 되었다고 착각하는 모양이다.

이런 사람들도 의사에게는 감히 이래라저래라 하지 않을 것이다. 변호사에게 어떻게 해야 승소하는지 말하지 않을 것이고, 화가 앞에서 그림 그리는 법을 논하는 일도 없을 것이다. 전문기술과 지식을 인정해주기 때문이다. 하지만 광고라면 얘기가 달라진다. 그들에게 광고는 단순해 보이는 모양이다. 단순한 사람들을 대상으로 하는 것이라 그러는 걸까. 평생을 배워도 기본개념 이상을 익히기 어려운 것이 광고라는 것을 그들은 깨닫지 못한다.

시간이 흘러 나는 또 밀러타이어(Miller tires)의 광고를 맡게 되었다. 상황은 완전히 달라져 있었다. 소비자들은 타이어가 거의 다 비슷하다고 여기고 있었다. 그런 생각을 확 뒤바꾸고 어떡하든 밀러타이어의 선호도를 확보하는 것이 시급한 과제였다.

밀러타이어는 태평양 연안을 달리는 버스에 주로 사용되었다. 나는 관련 자료와 사용 기록을 모두 확보했다. 밀러타이어를 장착한 버스의 운행 기록을 살펴보니 주행 거리가 매우 인상적이었다. 특히 마일리지 기록은 놀라웠다. 또한 영업용 차량에서의 증가 추세는 중요한 시사점을 주었다.

나는 이런 사실을 캠페인의 키워드로 삼았다. 보통 운전자는 타이어 주행거리를 일일이 기록하지 않는다. 그래서 비교를 하려고 해도 자료가 없다. 설령 기록했다 하더라도 과학적인 방법이 못 된다. 하지만 그들도 버스회사 같은 대량 구매자가 특정 메이커를 선택한 데에는 그만한 이유가 있으리라는 것을 알고 있다. 나는 거기에 착안했다. 구체적인 수치를 통해 비교 결과를 제시하고, 주행거리 관리가 정확한 대형 운송업체들이 모두 밀러타이어를 선호한다는 점을 부각시켰다.

나는 밀러타이어 공장에서 이루어지는 주행 테스트에 대해서도 언급했다. 공장에서는 커다란 기계가 실제 도로 조건과 똑같은 상황에서 모든 종류의 타이어를 닳게 하고 있었다. 경쟁사의 타이어도 함께 연구하고 있었다. 나는 여기서 하나의 아이디어를 생각해냈다. 밀러타이어에서는 최대의 타이어 마일리지를 확보하기 위해 최상의 노력을 기울이고 있다는 것이었다. 그리고 그것은 올바른 소구(訴求)였다. 그것은 기간은 짧았지만 성공적인 캠페인이었다.

밀러타이어에서 작업을 하면서, 내가 광고주와 의견을 달리 했던 부분은 딜러와 소비자의 문제였다. 내 생각은 두 마리 토끼를 잡을 수는 없다는 것이었다. 큰 비용을 들여 광고를 하면서 한편으로 딜러에게 물건을 파느라고 이권을 제공하고, 이후에는 딜러의 판매를 위해 또 비용을 쓰다니, 그럴 수는 없는 일이었다. 소비자에게 지우는 부담이 너무 많았다. 딜러나 소비자냐, 우리는 선택을 해야 했다.

어떤 물건이 딜러의 수완에 의해 판매가 좌우된다면 딜러에게 물건을 팔게 하면 된다. 반면에 회사 측에서 판매를 주도하고, 단지 딜러를 통해 공급되는 것이라면 배급업자 이상의 대우를 할 수 없다.

광고에서 가장 커다란 재난은 판매비용을 이중으로 지불하는 것에서 온다. 광고주가 광고를 통해 소비자를 확보하면 그것으로 비용은 충분하다. 그런데 중개상과 딜러의 비위를 맞추기 위해 수익의 일정 부분을 그들에게 주어버린다. 무료 샘플이나 인센티브를 제공하고도 아무런 대가를 챙기지 못한다. 딜러와 중개상은 이미 존재하는 수요에 대해 공급만 할 뿐이다. 이런 경우 그들은 단지 '주문 전달자'에 불과하다.

거래나 판매에 관련하여 커다란 의문점이 하나 있다. 소비자의 수요가 전혀 없고, 광고도 하지 않은 제품은 배급업자에게 전적으로 의존할 수밖에 없다. 이들은 엄청난 '통행세'를 요구한다. 기업을 아무리 키우려 해도 누군가 비용을 더 높인다. 얼마 지나지 않아 판매 수익은 보잘것없이 미미해진다.

만일 당신이 광고주라면, 소비자의 수요를 창출해 가는 한편 중개 요소들을 어느 정도 무시해야 한다. 중개업자를 공정하게 대해야 하지만 그들이 할 수 없는 일에 대해 비용을 지불하지 말라. 당신이 자꾸 받아준다면 심지어 다른 중개업자와 경쟁하는 비용까지 청구하려 들 것이다.

딜러는 당신이 할당해준 수익과 자기 사업에서 들어오는 수익을 비교할 것이다. 그들은 모르고 있다, 당신(제조업자)이 판매에 나서지 않으면 자신들이 판매를 해야 한다는 것을.

내가 광고를 맡았던 대부분 기업에서는 전혀 영업사원을 고용하지 않았다. 먼저 광고를 통해 소비자를 확보하고, 확보된 소비자들이 딜러와 중개업자에게 영향력을 행사케 하자는 것이 전체 구상이었다. 소비자는 물론이고 동시에 딜러와 중개상에게도 팔고자 한다면 비용이 감당할 수 없을 정도로 늘어난다. 그러므로 하나를 선택해야 한다. 두 마리 토끼를 다 잡기에는 판매마진이 넉넉하지 않다.

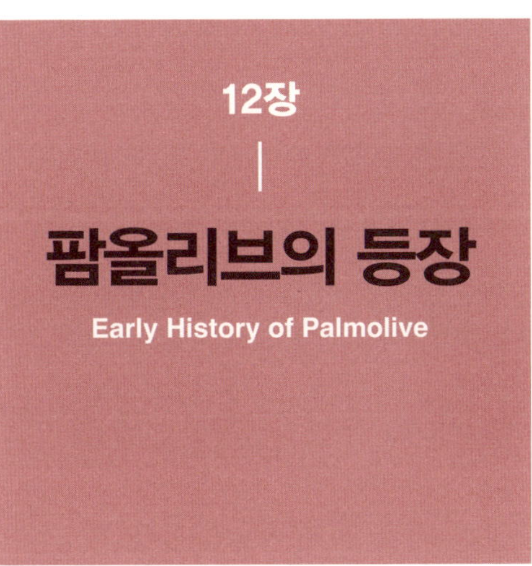

우리 광고대행사에 '자문위원회'를 만들고 내가 의장이
되었다. 광고에 어려움이 있으면 누구라도 찾아오라고 알렸다. 직접
방문하거나 편지를 보내면 16명의 자문위원들이 아무 조건 없이 무
료로 충고를 해주는 방식이었다. 기존 광고주와 잠재적 광고주들에
게 동일하게 기회를 제공했다. 그러자 불확실한 전망 때문에 고민하
던 광고주들이 줄지어 찾아왔는데, 우리는 20명 중 19명에게 광고를
더 이상 진행하지 말라고 조언했다. 결단을 못 내리는 사람들은 경
영위기에 처한 대형 광고주들이었다.

자문위원회의 목표는 좋은 광고를 격려하고 실수를 경고하는 한
편 수많은 제안들 중에서 광고로 성공시킬 수 있는 보석을 찾아내는
것이었다. 이런 취지에서 우리는 광고주에게 조언하는 내용의 책을
몇 권 발간했다.

우리 회사의 수익은 광고계의 전반적인 경기(景氣)에 영향을 받는

다. 개별 광고의 실수나 재앙은 광고계 전체를 위축시키고, 특정 광고의 두드러진 성공은 소규모 벤처 광고회사들을 고무시킨다. 우리 광고대행사의 이런 유용하고 이타적인 정책은 지난 20년간 업계가 성장하는데 커다란 요인이 되었다.

어느 날, 자문위원회에 비누회사 임원들이 찾아왔다. 밀워키의 존슨 비누회사(B. J. Johnson Soap Co.) 존슨 대표와 신임 판매부장인 찰스 피어스(Charles Pearce)였다. 그들은 갈바닉(Galvanic Soap)이라는 세탁비누를 상담하러 온 것이었다. 숙의 끝에 우리는 광고를 하지 말라고 조언했다. 의욕에 넘친 광고주를 만류하기란 힘들고 조심스러웠다. 하지만 애송이 광고주에겐 너무나 힘들고 어려운 싸움터였다. 우리의 조언에 그들도 곧 동의했다.

상담을 마무리할 즈음 다른 문제는 없는지 물어보았다. 그들은 야자유와 올리브 오일로 만든 팜올리브(Palmolive Soap)라는 화장비누가 있다고 했다. 하지만 매출 실적이 저조해 광고는 생각도 하지 않고 있었다.

자문위원을 비롯해 회의실에 모인 사람들은 '예뻐진다는 소구(beauty appeal)'의 강력함을 어렴풋이 느끼고 있었다. 이들은 나중에 미용제품 광고로 엄청난 성공을 몇 번이나 거두게 되는데, 여성에게 그 이상의 강한 어필은 없다. 누군가 클레오파트라가 야자유와 올리브 오일을 사용했다고 말하자, 로마 시대의 미녀들도 마찬가지라는 답이 돌아왔다. 점차 우리는 광고를 통한 가능성을 엿보게 되었고, 존슨 대표에게 테스트할 기회를 달라고 요청했다. 미시간 주 그랜드 래피즈를 테스트 지역으로 정하고, 예산으로 1,000달러를 제시했다. 하지만 불확실한 모험에 투자하기에는 너무 많은 금액이라고 하여,

테스트 지역을 미시간 주 벤튼하
버로 바꾸었다. 거기라면 700달
러로 괜찮았다. 이런 과정을 거쳐
소도시에서 팜올리브 비누의 첫
번째 광고가 선보이게 되었다.

팜올리브 비누의 무료 교환용 코인

우리는 신제품 런칭 기획안을
내놓았는데, 이는 내가 많은 성공
캠페인에서 사용한 것이다. 이것은 내가 창안한 방식으로(내가 알기로
는 그렇다) 내 성공의 핵심요인 중 하나다. 우리는 '뷰티 어필'을 사용
하여 팜올리브 비누 광고 두세 가지를 집행했다.

광고 상단에는 박스를 넣어, 신청하는 모든 여성에게 팜올리브
비누를 하나씩 사주겠다고 선언했다. 이 제안이 우리 광고의 독자
를 몇 배로 늘려주었다. 여성은 누군가 선물을 사주겠다고 하면 큰
관심을 보인다. 이렇게 우리는 새로운 세안비누에 여성들의 관심이
끌리도록 만들었다. 충분한 욕구를 창출했다고 생각될 무렵 우리는
전면광고로 치고 나갔다. 광고에는 어느 매장에서나 쓸 수 있는 10
센트짜리 비누의 쿠폰이 붙어 있다. 매장에서는 쿠폰을 가져온 사
람에게 비누를 하나 제공하고, 우리에게 10센트를 청구하는 방식이
었다.

이 방법은 무료 샘플을 나눠주는 것보다 훨씬 효과적이었다. 무엇
보다도 소비자들에게 훨씬 더 좋은 이미지를 남길 수 있었다. 여성
의 심리는 모든 사람에게 무료 샘플을 주는 것보다 자신을 위해 누
군가가 비용을 지불할 때 훨씬 고마움을 느끼기 때문이다. 게다가
무료 샘플은 해당 상품을 싸구려로 전락시키는 단점이 있다. 처음에

는 무료로 받았던 제품을 나중에 돈을 내고 사게 하면 일종의 저항심도 생긴다. 하지만 광고대행사가 제품을 사서 소비자의 손에 쥐어주자 제품에 대한 광고대행사의 확신까지 느끼게 되었다. '우리가 사 드리겠습니다'라는 광고 문구는 '10센트 비누를 무료로 드립니다'보다 훨씬 호소력이 있다.

이 방법은 '무료 제공'에 비해 많은 이점을 가지고 있다. 우선 훨씬 더 인상적이다. 어떤 제품을 무료로 제공하는 것과 비교할 때, 누군가 당신에게 제품을 사 줄 테니 써보라며 하는 것은 심리적 효과로 보아 상당한 차이가 있다. 제품 값은 딜러에게 직접 지불하는데, '무료 제공'은 제품의 가치를 떨어뜨린다. 또한 처음에 무료로 받았던 제품을 나중에는 돈을 내고 사라고 하면 일종의 저항심도 생긴다. 하지만 우리가 일반 소비자와 똑같이 제품을 직접 사서 소비자에게 제공한다면, 품질에 대한 믿음과 무한한 자신감을 보여주는 셈이다. 이런 이유로 '우리가 사 드리겠습니다(We Will Buy)'라는 헤드라인이 '10센트 비누 무료(10-Cent Cake Free)'보다 훨씬 더 낫다.

또한 이 방법을 사용하면 딜러는 광고에 등장하는 제품의 재고를 확보할 수밖에 없다. 그러니 판촉사원이 전혀 필요하지 않다. 딜러에게 쿠폰 광고의 위력만 간단히 알려주면 된다. 실질적으로 거의 모든 가정이 쿠폰 광고를 받아본다. 특히 여성 고객들은 쿠폰을 허투루 내버리는 법이 없다. 그러므로 그들에게 쿠폰도 현금 못지않은 가치가 있다는 점을 알려주어야 한다. 만약 어떤 매장에서 쿠폰을 거부한다고 해도 고객은 다른 매장에 가서 쿠폰을 사용할 수 있다. 이 계획을 적용하자 매우 저렴한 비용으로 전국 매장에 신상품을 유통시킬 수 있었다. 말할 것도 없이 이것이 광고의 첫 번째 핵심이다.

　장소를 가리지 말고 이 방법으로 몇 가지 광고를 시도해 보라. 대신 비용을 지불하겠다고 하면 단번에 대중의 관심을 이끌어 낼 수 있다. 그리고 곧바로 지면광고에 쿠폰을 삽입하면, 관심을 보이던 사람들이 모두 쿠폰을 들고 매장으로 간다. 이처럼 제품을 소비자들에게 알리고 수천 명의 사용자를 얻는 데 2주밖에 걸리지 않는다.

　내 경험으로 보자면, 요청하지 않은 사람에게는 샘플이든 본 제품이든 손에 쥐어줘 봐야 소용없다. 아무런 대가가 돌아오지 않는다. 우선 고객이 제품에 대한 흥미를 갖게 만들어야 제품의 가치를 인식하기 때문이다. 손에 잡히는 대로 무료 샘플을 나누어주는 것만큼 한심한 방법은 없다. 고객의 의견을 물어보지도 않고 집집마다 무료 샘플을 배포하면 오히려 그 제품에 대한 관심이나 긍정적인 이미지마저 무너진다. 하지만 요청하는 사람에게 이런저런 수고를 하게 하거나 회사 측에서 판매가격에 사서 준다면 제품에 대한 인식이 완전히 달라진다. 이런 것이 우리가 벤튼하버에서 최초의 팜올리브 광고를 하며 실시한 내용이다. 비용은 쿠폰 보상비용을 포함하여 700달러인 것으로 알고 있다.

　아무튼 수천 명의 여성들이 이 비누의 품질과 용도를 알고 제품을 사용하기 시작했다. 우리는 어떤 효과가 나올지 기다려보기로 했다. 비누를 처음 써본 사용자들이 과연 어떤 반응을 보일 것인가? 이 질문에 대한 답은 광고에서 가장 중대한 요소다.

　이제부터 말하는 내용에서 숫자는 정확하지 않을지도 모르겠다. 캠페인이 시작된 것은 1911년이었다. 벤튼하버에서의 재구매(repeat sales) 실적은 광고비를 다 갚고도 남았다. 그때 우리는 알았다. 우리가 공감대를 제대로 건드렸음을, 제대로 한 건 했다는 것을.

우리는 똑같은 테스트 광고를 다른 여러 지역에서도 해보았는데, 결과는 항상 비슷했다. 우리의 어필이 효과적이라는 것을 입증하기 위해 회사 측은 지역(local) 광고에 약 5만 달러를 들였다. 결과는 우리가 했던 것과 마찬가지로 늘 보람이 있었다. 다음 단계로 우리는 잡지 광고를 시작했고, 전국적인 유통과 판매를 획득할 수 있었다.

이쯤에서 잠시 멈추어 몇 가지 사항을 정리해 보자. 내가 이런 이야기를 꺼내는 것은 당시에 내가 기여했던 바를 드러내고자 하는 것이 절대 아니다. 우리 회사에는 노련한 전문가들이 많았고 모두가 한 마음으로 일했다. 그래서였을까? 그동안 광고계에서 주목할 만한 성공 사례를 분석해 보면, 대부분이 우리 회사가 거둔 성과였다. 광고 기획, 이론, 전략에 이르기까지 어느 것 하나 우리의 손을 거치지 않은 것이 없었다. 무엇보다 광고의 가장 필수적인 요소는 투자할 만한 가치가 있는 제품인가의 여부인데, 특히 팜올리브 비누는 여기에 해당된다.

여기서 다른 얘기 좀 해야겠다. 내가 이런 예전 이야기를 꺼내는 것은 당시의 나의 역할을 부풀리거나 과장하려는 것이 아니다. 우리 광고대행사는 노련한 전문가들의 조직이었고 모두 힘을 합쳐 일했다. 우리 광고대행사의 대표는 가끔 우리 회사 없이는 성공하지 못했을 회사들 즉, 성공한 광고주들 덕분에 우리가 성공한 것은 아니라고 말했다. 나는 거기에 동의하지 않는다. 성공의 과정 대부분에서 우리는 하나였다. 함께 광고 기회를 발견하고, 이를 발전시켰다. 그것이 우리의 일이었기 때문이다.

광고의 플랜과 이론 그리고 전략까지 모든 것은 우리가 만든다. 하지만 빼놓을 수 없는 첫째 필수조건이 거기에 맞는 제품이다. 그

  못 파는 광고는 쓰레기다

팜올리브 광고. '50센트 팜올리
브 크림을 우리가 사드리겠습니
다'라는 헤드라인과 쿠폰 사용법
을 상세하게 안내하고 있다. 팜
올리브 비누와 크림에 붙어 있는
밴드 각 6개를 쿠폰에 붙여 오면
50센트 크림과 정품 비누 2개를
준다는 내용이다.

것은 제조사에 달려 있다. 또 하나의 필수조건은 경영능력이다. 나는
팜올리브의 성공은 광고 방법이 발견된 후의 훌륭한 경영능력 때문
이라고 본다. 경영의 주역은 1911년 어느 숙명적인 아침 우리를 찾
아온 찰스 피어스(Charles Pearce)였다.

'비즈니스 자서전'인 이 책의 목적은 개인적인 영예를 높이기 위
함이 아니다. 내가 오랜 세월에 걸쳐 노력한 끝에 알게 된 중요한
광고의 원리를 성실하게 따라준 사람들을 거론하기 위한 것이다.
나는 다른 사람의 역할을 축소하거나 기분을 상하게 할 의도는 전
혀 없다. 어떤 사업이든 단 한 사람에 의해 이루어지는 법은 없기
때문이다.

우리는 지역신문을 통해 테스트 광고를 실시했는데, 그 결과 단시
간에 팜올리브를 전국에 알릴 수 있었다. 각 지역별 광고에서도 동

일한 방침을 적용했다. 〈새터데이 이브닝 포스트〉(Saturday Evening Post, 1922~1923년 당시 미국에서 가장 인기가 많았던 주간지) 및 〈레이디스 홈 저널〉(Ladies' Home Journal, 1883년에 창간된 미국의 가정주부용 월간지)과 전면 광고 계약을 맺고, 가까운 약국 어디에서나 10센트짜리 팜올리브 비누와 교환할 수 있는 쿠폰을 삽입했다. 매장에는 다른 지역에서 쿠폰이 좋은 반응을 얻었다는 구체적인 통계 자료를 미리 보냈다. 즉, 여성 고객들과 매장 모두에게 쿠폰이 효자 노릇을 할 것이라는 확신을 심어주었다. 그러자 제품을 보지도 않은 전국 각지의 매장 관계자들이 앞 다투어 주문서를 보내왔고, 급기야 사전 주문 금액이 10만 달러를 넘어섰다.

지역 신문에서 팜올리브 테스트가 성공적으로 끝난 후, 빠른 시간 내에 전국에 배포를 하기로 결정되었다. 광고의 방향은 로컬 테스트 때와 똑같았다. 〈새터데이 이브닝 포스트〉(Saturday Evening Post, 20세기 전반을 풍미한 주간지) 및 〈레이디스 홈 저널〉(Ladies' Home Journal, 미국에서 최초로 100만 부를 돌파한 잡지)과 한 페이지 광고를 계약하고 거기에 쿠폰을 넣었다. 전국의 어떤 약국에서나 10센트짜리 팜올리브 비누와 교환할 수 있는 쿠폰이었다(미국에서는 약국에서 간단한 잡화를 판다). 전국 매장에는 미리 광고의 교정쇄를 보내면서 해당 지역마다 잡지의 발행부수를 첨부했다. 또한 쿠폰은 여성과 매장 모두에게 10센트의 가치가 있음을 환기시켰다. 그 결과 제품을 본 적도 없는 전국의 딜러에게서 주문을 받았다. 내 기억으로는 선주문 금액이 10만 달러를 넘었다.

중간업자들이 발 빠르게 움직인 덕분에 전국 매장에 제품이 급속히 공급될 수 있었다. 아마 위탁판매를 했던 것 같다. 광고가 시작되자 매장마다 쿠폰의 힘은 엄청났다. 며칠 만에 수만 명의 여성들이 우리가 광고에서 말한 제품의 장점을 확인하려고 팜올리브 비누를 사용했다. 전국에 팜올리브 비누를 팔지 않는 매장이 없다고 해도 과언이 아니었다. 반복 판매(repeat sales)의 결과도 지역에서의 캠페인 때보다 훨씬 더 좋았다.

이것이 팜올리브 비누가 세상에 태어난 과정이다. 적어도 광고 분야에서는 그렇다. 지금 팜올리브는 연간 수백만 장을 파는 세계 굴지의 화장비누다. 연간 광고비 또한 엄청나다. 이렇듯 700달러로 시작된 테스트가 발전하여 이제는 제조업체, 광고대행사, 매체사 모두가 어마어마한 수익을 얻고 있다.

내가 얻은 교훈을 몇 가지로 정리하자면 다음과 같다. 국내 소비자들의 성향은 거의 다 비슷하다. 벤튼하버에서 성공한 방법은 미국 전역에서 성공했다.

하나의 제품을 양쪽으로 판촉할 필요는 없다. 소비자와 딜러 양쪽에 판촉을 하기엔 비용이 너무 많이 든다. 당신이 소비자에게 판촉하면 딜러가 수요를 공급할 것이다. 이것은 과거에 비해 오늘날 더 중요해졌다. 판매사원을 고용하는 비용이나 광고에 드는 비용 모두 예전보다 훨씬 높아졌기 때문이다.

또한 판매 속도를 높이면 훨씬 높은 수익을 얻을 수 있다. 광고 계획이 안전하고 효과적이라는 것이 입증되면 목표는 스피드가 된다. 최대한 빨리 진행시켜 최대의 것을 얻어내라.

단순한 것, 쉽게 이해되는 것, 심금을 울리는 것. 이런 것들이 대중에게 먹히는 어필이다. 지식인에게는 이런 것들이 〈마더구스〉(Mother Goose, 영국의 전송 동요집)에서 발췌한 인용구처럼 들린다.

'더치 클렌저는 때를 몰아냅니다(Dutch Cleanser chases dirt)', '아이

보리 비누는 (물에) 뜹니다(Ivory Soap floats)', '골드 더스트 쌍둥이가 당신 일을 해드려요(Gold Dust Twins do your work)', '카스토리아 달라고 아이들이 졸라요(Children Cry for Castoria)', '소녀 시절 피부를 지키세요(Keep Your Schoolgirl Complexion)'[38] 이런 것들은 거의 다 성공한다.

내가 아는 어떤 사람은 비즈니스 관련 도서를 판매했다. 그 책은 독특한 사례를 제공하는, 말하자면 비즈니스맨 필독서였다. 그러나 제대로 수익을 올리지 못하자, 결국 우리 사무실에 찾아와 전문가에게 자문을 구했다. 전문가가 추천한 문구는 '책에 당신의 이름을 금박으로 새겨드립니다'였다. 비즈니스맨에게 그런 문구가 어필할 수 있을까하고 생각할 수도 있지만, 도서 판매는 성공을 거두었다. 논리를 넘어서 책에 차별성과 매력을 주었기 때문이다.

책에 금박을 입히는 아이디어를 광고에도 활용할 수 있다. 생명보험 회사는 우편 광고물(DM)을 주로 활용한다. 보통의 내용으로는 사람들의 반응을 이끌어내기 어렵다. 하지만 이 회사는 이렇게 언급했다. 당신의 이름을 금박으로 입힌 가죽 표지의 메모장이 당신

38　위에 언급된 인용구는 모두 유명한 캐치프레이즈다. 더치 클렌저는 주부가 매를 들고 때(dirt)을 몰아내는 그림을 로고로 쓰고 있다. 1879년부터 팔리기 시작한 아이보리 덕분에 P&G는 '아이보리 비누로 쌓아올린 탑(Ivory Tower)'이라고 불리기도 했다. 물에 뜨는 특성을 이용한 아이보리의 맨 처음 헤드라인은 '뜬다!(It float!)'였다. 이후에 나온 헤드라인 '99 44/100% Pure'도 유명하다. 골드 더스트 쌍둥이는 세척 파우더에서 캐릭터로 사용한 흑인 쌍둥이다. '골디'와 '더스티'라는 이름의 쌍둥이가 힘을 합쳐 집안일을 하는 것으로 표현된다. 카스토리아는 플레처(Fletcher's)제약회사에서 나온 어린이용 변비약(시럽)이며, '소녀시절 피부를 지키세요'는 바로 팜올리브 비누의 캐치프레이즈다.

의 허락을 기다리고 있다고. 어디로 보낼지 말하기만 하면 된다고. 더불어 생년월일 같은 것들도. 그런데 이는 보험증서에 나오는 것들이다.

이러한 제안은 중대한 사업 문제에 몰두해 있는 실무자들에게만 배포되었는데, 반응이 기대 이상이었다. 실무를 담당하는 사람들은 값싼 책이라도 자기 것은 함부로 하지 않는다. 그러한 것이 인간의 본성이다.

다시 팜올리브 회사로 돌아가 보자. 팜올리브 비누의 성공으로 이 회사는 다양한 모험을 시도했다. 그러나 대부분의 광고는 실패였다. 팜올리브도 우리도, 불가능한 일을 할 수 있는 마술 같은 힘은 없었다.

그중 하나가 팜올리브 샴푸였다. 회사에서는 독특한 주장을 내놓지 못 했다. 그냥 좋은 샴푸였다. 내놓은 소구가 고작 '경쟁사 제품 사지 말고 우리 제품 사세요'였다. 이런 광고는 얼마 가지 못한다.

일본의 어느 섬에서 발모 효과로 유명한 오일이 생산된다. 내 방에 사진이 한 장 있는데, 일본 여인이 의자에 서서 머리카락을 마루에 늘어뜨리는 것이다. 프랑스의 발모제 생산업체가 오일 제공업자와 수년간 독점 계약을 맺고 있었는데 마침 계약이 끝났다. 나는 팜올리브 관계자에게 오일 계약을 따내라고 종용했다. 그러나 가격이 너무 높았다.

팜올리브 샴푸가 어떤 판촉방법을 동원했는지 모르겠다. 하지만 나는 이미 다른 샴푸를 광고한 경험이 많았기에 이 분야의 경쟁이 얼마나 치열한지 잘 알고 있었다. 뭔가 '아주 특별한 주장(exceptional claims)'이 없이는 성공한 적이 없는 그런 시장이었다.

이번에는 팜올리브 면도크림 이야기를 해야겠다. 면도크림은 팜올리브 비누의 명성에 기댄 확장 제품(adaptation)이었다. 하지만 반드시 고려해야 할 사실이 몇 가지 있었다. 사실상 면도크림 사용자는 각자의 브랜드와 '결혼한' 상태였다. 다년간 같은 브랜드만 사용했고, 그런 사실을 좋아했다. 그런 브랜드를 어떻게 바꾸느냐 그것이 우리의 과제였다.

면도크림 시장에서는 특별한 어떤 효과를 주장할 수 없다. 그것은 비논리적이다. 국내의 대형 비누회사 몇 곳이 수년간 면도크림을 연구하고 있었다. 하지만 그 결과를 정확한 용어로 발표한 적은 없었다.

나는 리서치 팀을 내보내 수백 명의 남성을 인터뷰 하고 면도크림에서 바라는 것이 무엇인지 물었다. 인터뷰 결과를 정리해서 팜올리브 연구소 책임자인 캐시디(V. C. Cassidy)에게 보냈다.

"남성들이 원하는 것은 여기 있는 몇 가지 포인트입니다. 고객들은 타사 제품으로도 이런 것을 얻습니다, 하지만 아무도 이런 광고를 내보낸 적은 없습니다. 이 결과가 팜올리브 면도크림에 어떻게 적용됐는지 데이터를 제게 보내주십시오."

남성들은 풍부한 거품을 원했다. 캐시디는 팜올리브 면도크림은 거품이 250배로 늘어난다는 것을 증명했다. 또한 남성들은 빠른 결과를 원했다. 팜올리브 연구실에서는 테스트를 통해 1분 내에 수염이 15%의 수분을 흡수하여 면도날에 쉽게 잘린다는 것을 증명했다.

소비자들은 또한 오래 지속되는 제품을 선호했는데, 실험실에서는 팜올리브 면도크림이 10분 이상 얼굴에서 풍부한 크림의 부드러움을 유지시킨다는 연구 결과를 밝혔다.

소비자들에게 야자유와 올리브유는 로션으로도 받아들여진다. 나는 캐시디에게 소비자들이 면도크림에 대해 모르는 것이 더 있느냐고 물어보았다. 그는 가장 중요한 점을 소비자가 모른다고 했다. 그것은 일반 세안비누로는 면도를 할 수 없다는 것이었다. 거품이 진하지 않고 지속성도 부족하다. 부드럽고 깔끔한 면도를 하려면 거품이 수염 사이에 들어가 마치 수확을 기다리는 밀처럼 수염을 바로 세워줘야 했다. 그래서 우리는 광고에서 면도크림의 올바른 소구점인 '거품'을 표현할 수 있었다.

아마 다른 면도크림도 성능은 마찬가지였을 것이다. 면도크림 시장에서 누가 가장 뛰어난지는 잘 모르겠다. 하지만 구체적인 수치를 제시한 것은 우리가 처음이었다. 상투적인 이야기를 수없이 늘어놓은 것보다 하나의 실제적인 수치가 훨씬 효과적이다.

팜올리브 면도크림은 18개월간 1위를 차지했다고 얘기를 들었다. 그 것이 사실이라면, 그저 그런 이미지 광고를 구체적인 수치로 확 바꾸었기 때문이었다.

광고계에서 일할 생각을 가지고 이 책을 읽는 독자라면 내가 주장하는 요점을 분명히 이해해야 한다. '우리 브랜드를 사세요'라는 단순한 어필로는 경쟁이 치열한 시장에 들어갈 수 없다. 그것은 이기적인 주장이고 모두에게 반감을 산다.

소비자가 자신이 좋아하는 브랜드를 포기하고, 새로운 제품을 사용하게 만들려면 뭔가 특별한 서비스를 제공해야 한다. 대부분의 광고주들은 그런 특별한 서비스를 제공하지 않으므로 기대할 수 없다. 하지만 서비스에 대해 남들이 하지 않는 구체적인 수치를 제시하면 큰 성공을 이룰 수 있다.

구체적인 예로 마즈다 램프를 생각해 보자. 일반명으로는 '텅스텐램프'다. 자사 제품이 탄소 램프보다 밝다는 주장은 호소력이 약하다. 누구나 자기네 제품이 좋다고 할 것이기 때문이다. 하지만 텅스텐램프가 일반 램프보다 3배 이상 효율이 높다고 소구하면, 소비자들이 생각해볼 만한 얘기가 된다.

이 모든 것의 배경에는 '개인적인 세일즈맨십의 원칙'이 있다. 모든 광고는 그것에 기반을 두어야 한다. 영업사원이 고객을 만나는 것이나, 광고를 만드는 것이나 큰 차이 없다. 모두 동일한 세일즈맨십의 원칙이 적용된다. 광고는 '인쇄된 세일즈맨십(salesmanship in print)'이다.

13장

튀밥류와 퀘이커 오츠

Puffed Grains and Quaker Orts

나의 광고 인생에서 가장 큰 성공의 하나는 펍드 위트 (Puffed Wheat)와 펍드 라이스(Puffed Rice)의 광고를 통해서 이루었다. 그 광고는 이렇게 시작되었다.

퀘이커오츠(Quaker Oats Co.)의 크로웰(H. P. Crowell) 사장은 나의 오랜 지인의 친구였다. 그가 크로웰 사장에게 나를 만나보면 도움이 될 것이라는 말을 했다.

어느 날, 크로웰 사장이 나를 자기 사무실로 불러 "사실은 오랫동안 거래 중인 광고대행사가 있으며, 만족스럽습니다. 하지만 아직 광고를 하지 않은 제품도 있습니다. 당신이 우리 제품에서 가능성을 발견한다면, 함께 새로운 시도를 해보고 싶습니다. 당신에게 좋은 아이디어가 있으면, 5만 달러 정도 투자할 생각입니다"라고 말했다.

나는 제품을 꼼꼼히 살펴봤다. 그중 두 제품이 눈에 들어왔다. 펍드 라이스(Puffed Rice, 튀긴 쌀)와 위트 베리(Wheat Berries, 밀 낟알)라는 제품이었다. 라이스의 가격은 10센트, 위트는 7센트였다. 판매량은 줄고 있었다. 회사 측은 이 두 제품이 성공하지 못하리라는 확신을 가지고 있었다.

내가 이들 제품을 고른 것은 독특한 점이 있어서였다. 나는 회사 측에 위트 베리의 상품명을 펍드 위트(Puffed Wheat, 튀긴 밀)로 바꾸게 했다. 이제 우리는 두 개의 튀긴 곡물(puffed grains, 튀밥류)을 함께 광고하게 된 셈이었다. 나는 또한 회사 측에 가격인상을 요청해 펍드 라이스는 15센트, 펍드 위트는 10센트로 조정했다. 이는 회사 측에 박스 당 1달러 25센트의 판매고를 추가해 준다. 그 차액이 광고 충당금이 되었다. 우리는 광고 효과를 생각하고 가격 인상 때문에 매출이 줄지는 않을 거라고 확신했다. 또한 추가 수익은 신규 고객층을 개발할 자금이 되었다.

개발자인 앤더슨(A. P. Anderson) 교수와 함께 튀긴 곡물이 만들어지는 공장에 가보았다. 밤 시간은 기차에서 낮 시간은 공장에서 우리는 여러 가능성을 연구했다.

나는 곡물을 튀기는 이유를 알게 되었다. 곡물의 모든 세포가 일일이 다 튀겨져 부피가 8배까지 늘어나기 때문에 남김 없이 먹을 수 있게 된다.

곡물이 튀겨지는 과정을 자세히 관찰했는데, 마치 총에서 곡물이 발사되어 나오는 거 같았다. 나는 이런 문구를 만들어 냈다. '총구에서 발사된 음식(Foods shot from guns)'.

주변에서는 내 아이디어에 코웃음을 쳤다. 전국 최대 규모의 식품회사 경영자 하나는 신문에 기고하여, 식품광고에 온갖 헛소리가 다 등장하지만, 그중에서도 이것이 최악이라고 썼다. '총구에서 발

홉킨스가 만든 펍드 휘트와 라이스 광고.
"총에서 쏘아올린 푸드를 먹는 수백만의
이야기들! 이는 모두 앤더슨 교수가 '터지
는 곡물'을 발명했기 때문이다"라는 카피
와 다양한 이미지로 구성되어 있다.

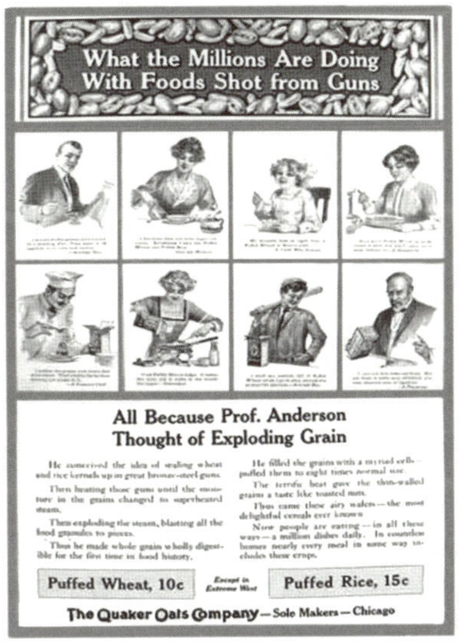

사된 음식'으로 여성에게 어필한다는 것은 저능아의 이론이라는 것
이었다.

하지만 나의 이론은 매력적이라는 것이 증명되었다. 무엇보다 호
기심을 불러일으켰는데, 무릇 호기심이란 인간의 본성을 파고드는
최대의 자극 중의 하나다.

캠페인의 배경이 된 이론은 찬찬히 살펴볼 가치가 있다. 여태까지
온갖 시리얼 광고 중에서 이 캠페인이 가장 성공적이었다. 캠페인은
펍드 위트와 펍드 라이스를 최대의 돈벌이 제품으로 만들어주었다.

나는 먼저 광고에 사람을 내세웠다. 앤더슨 교수였다. 나는 가능
하면 언제나 사람을 내세운다. 사람은 늘 호소력이 있다. 하지만 영
혼이 없는 기업은 그렇지 않다. 한 사람을 유명하게 만들고, 그의 창
작물을 유명하게 만들어라. 세상 사람들은 남들에 대해 또한 그들의
성취에 대해 알고 싶어 한다.

나는 모든 광고에 곡물을 실제 크기의 8배로 제시했다. 사람들이 직접 그것을 보고 싶도록 만들었다.

곡물을 튀기는 이유도 밝혔다. 낟알 하나하나에서 우리는 1억 2,500만 번의 증기 폭발을 만들어낸다. 모든 세포마다 한 번씩이니까. 이렇게 하여 곡물의 모든 요소가 소화에 알맞은 상태가 된다. 나는 식품이 할 수 있는 모든 자극과 모든 어필을 광고에 담았다.

튀긴 곡물류는 그동안 수년 간 광고를 했었지만, 효과는 실망스러웠다. 시중의 수많은 시리얼과 같은 광고 방식이었다. 제품에 흥미나 차이점을 부여하는 것은 아무것도 언급되지 않았다. 하지만 새로운 광고는 제품을 독특하게(unique) 만들었다. 제품 자체가 호기심을 일으켰다. 광고를 본 사람들은 모두 실제 제품을 보고 싶어 했다. 테스트 광고를 통해 지속적으로 우리 제품을 구매하는 고객(constant user)이 늘어났다.

하지만 우리는 실수도 많이 범했다. 물론 실수는 고쳐 나갔다. 신문광고에 대대적인 노력을 기울였는데, 사실 신문은 시리얼 광고에 적합한 매체가 아니었다. 신문은 모든 계층에 도달한다. 하지만 당시만 해도 가격 부담이 적지 않은 시리얼은 상류층에만 어필되었다. 우리가 도달시킨 신문 독자의 열에 아홉은 튀긴 곡물을 살 능력이 없었다. 결국 우리는 잡지 광고만이 유일한 돌파구라는 결론에 이르렀다.

수백만 개의 샘플을 무작위로 배포한 것도 실수였다. 샘플은 많은 소비자를 끌어들이지 못했다. 먼저 제품에 대한 관심과 존경을 구축해야 했다.

그래서 우리는 관심 없는 사람들에게 샘플을 주는 것을 그만두었다. 대신 잡지 수천만 부에 광고를 게재하고, 가까운 식료품점에서 펍드 위트 또는 펍드 라이스로 교환할 수 있는 쿠폰을 끼워 넣었다. 광고를 보고 쿠폰을 오리는 사람은 제품에 관심이 있다는 증거다. 그런 사람들은 제품 패키지를 환영했고, 시식 후의 반응도 좋았다.

다른 제품의 샘플 배포(sampling)도 마찬가지다. 샘플을 주는 것만으로 효과를 거두는 것은 아니다. 따라서 관심을 갖고 샘플을 받기 위해 어떤 행동을 하는 사람에게만 샘플을 주어야 한다. 더불어 제품에 특정한 이미지를 부여해야 한다. 그렇지 않으면 사람들의 기억 속에서 금방 사라진다.

내가 또 하나 배운 건 이것이다. 우리는 수없이 많은 광고에서 펍드 라이스를 사는 사람에게 펍드 위트를 무료로 주겠다고 했다. 비슷한 모든 제안이 그렇듯이 비효과적이었다. 그것은 단순히 가격 인하였다. 마음이 바뀌지 않은 사람에게는 제값에 파는 것이나 반값에 파는 것이나 똑같이 어려웠다. 그런 광고는 수백만 번을 해도 새로운 소비자를 창출할 수 없었다.

광고를 해보면 이런 점을 알게 된다. 반값 할인 쿠폰에는 반응하는 사람이 적다. 10센트를 내고 샘플을 받아가라는 쿠폰도 효과가 미미하기는 마찬가지다. 당신은 판매자라는 것을 기억하라. 당신은 지금 소비자를 얻기 위한 노력을 하고 있다. 그렇다면 그들이 쉽게 다가올 수 있는 방법을 만들어라. 당신의 판매 노력에 대해 그들이 지불하도록 요구하지 마라.

쿠폰을 기획할 때 절약을 염두에 두면 오히려 판매비용을 증가시킨다. 무료 샘플의 신청을 받는 데 건당 25센트가 든다고 하자. 만일 샘플에 10센트를 내라고 하면, 실제 비용은 1달러 25센트 혹은 그 이상이 된다. 10센트를 얻기 위해 1달러를 잃는 셈이다. 혹은 이렇게 말해도 된다. 당신은 똑같은 광고비로 단지 5분의 1의 소비자에게만

홉킨스의 야심작인 퀘이커오츠의 튀긴 곡물류 광고. '왜 밀알을 총으로 쏘는지'라는 헤드라인과 'Puffed Grains, Puffed Wheat와 Puffed Rice는 모두 소화를 돕기 위한 식품입니다. 보통 우리의 몸은 소화에 많은 에너지를 소비합니다. 음식물 세포가 분해되지 않은 상태로 몸에 들어오기 때문이죠. 우리는 한 알에 1억 개의 증기 폭발을 유도하여 음식 세포를 분해시킵니다. 그래서 곡물을 총으로 쏘아내는 것입니다. 그러면 8배로 커집니다. 이는 앤더슨 교수의 과학적인 곡물식품 조리과정입니다. 결과는 마치 거품같이 얇고 바삭바삭한, 놀라운 맛을 가진 곡물들입니다. 언뜻 보기에는 과자 같지만 사실은 곡물이 소화에 최적화된 상태로 있는 것이지요'라는 내용으로 되어 있다.

홉킨스가 만든 것으로 추정되는 퀵 퀘이
커 오트밀 광고. '점심시간 전 출출하신
가요? 배부른 아침을 선택하세요. 놀랄
만한 변화가 있을 겁니다'라는 카피와 관
련 이미지로 구성되어 있다.

도달하고 있다. 이것이 쿠폰 광고에서 저지를 수 있는 최대의 어리
석은 짓 중의 하나다.

튀긴 곡물류 광고가 성공하자 회사 측에서는 다른 제품도 연구해
달라고 요청했다. 주력 제품은 퀘이커오츠(Quaker Oats)였는데, 내 인
생 최대의 실수 중의 하나를 저지르고 말았다.

나는 이 회사가 오트밀 시장에서 커다란 비중을 장악하고 있다고
계산했다. 따라서 오트밀 시장 전체의 소비를 늘리면, 수익의 대부
분을 우리가 거둬들일 것이라 판단하고, 퀘이커오츠의 첫 번째 광고
캠페인 기획에 착수했다.

구체적인 방법을 설명하지는 않겠다. 전체 소비를 늘리겠다는 것
은 할 수만 있다면, 장기적으로 효과적인 방법이었다. 나는 수백 명
을 동원하여 관련 자료를 수집했다. 하지만 한 가지 놓친 점이 있었

다. 오트밀을 먹는 것은 이미 수백 년 동안 중요하게 여겨졌고, 몸에 좋다는 것을 모르는 사람은 없었다. 그럼에도 오트밀을 먹지 않는 사람들에게는 우리가 극복하기 어려운 그만한 이유가 있었다.

나는 교육적인 캠페인을 집행했다. 새롭고 호소력 있는 문구를 담았다. 하지만 반응은 미약했다. 자기 취향을 바꾸는 새로운 사용자를 창출하는 것이 매우 값비싼 수고라는 것을 우리는 알게 되었다. 필요 이상의 비용을 지출하면서까지 자신의 선택을 바꾸는 사람은 거의 없었다.

이런 현상은 다른 제품도 마찬가지다. 새로운 치약의 고객 확보를 위해 양치질을 안 하던 사람의 습관을 바꾼다고 생각해 보자. 내 계산에 이런 전환에는 적어도 1인당 25달러가 든다. 어떤 치약회사도 이런 비용을 부담하고, 이를 수십 년 내에 회수할 수는 없을 것이다.

새로운 습관이란 보편적인 교육에 의해 만들어진다. 주로 신문 같은 지면에 칼럼을 쓰는 사람에 의해 이루어진다. 영리를 목적으로 하는 광고주가 이익을 내면서 동시에 습관을 바꾼 제품은 내가 알기로는 전혀 없다.

만일 대규모로 해서 안 된다면, 소규모로 해도 안 되는 것은 너무 분명하다. 그런 목표로 기획한 모든 광고와 모든 단어는 낭비다. 유료 지면에서는 누구도 수익성을 맞추며 습관을 바꿀 수 없다. 광고주는 그러한 습관이 바뀌어 정착되었을 때 나타나서 이렇게 말하면 된다. '여기 올바른 방법이 있습니다.'

이 점을 모르는 광고주가 지금까지 낭비한 돈은 수백만 달러를 넘는다. 그들은 자신들이 만든 제품의 사용법을 배우지 못한 사람을 겨냥한다. 생각 자체는 훌륭하고 이타적이다. 하지만 반응이 있게 할 수는 없다.

결국 광고 방향을 오트밀을 먹고 있는 사람들만 공략하는 쪽으로 바꾸었다. 새로운 고객을 얻으려고 밑 빠진 독에 물 붓는 일을 그만둔 것이다. 기존 고객들에게 우리 제품의 장점만 적극적으로 피력했다. 그러자 기대 이상으로 높은 호응을 얻을 수 있었다.

이후 나의 모든 퀘이커오츠 광고는 오트밀 사용자에게 맞춰졌다. 다시는 새로운 사용자를 얻으려는 시도를 하지 않았다. 나는 그냥 기존 고객에게 우리 제품의 장점만 말했다. 그러자 좋은 결과를 얻을 수 있었다.

우리의 최대 매출은 전쟁 중에 이루어졌다. 당시 육류를 대체할 식품의 필요성이 대두되었고, 칼로리 연구가 유행처럼 번졌다. 퀘이커오츠에는 칼로리가 명확하게 표기되어 있었다. 1,000칼로리 당 가격이 고기의 10분의 1이었다. 칼로리 표기로 인해 퀘이커오츠의 매출은 두 배로 늘어났다.

그러나 늘 마음 한 구석에 오트밀은 조리시간이 길다는 점에 신경 쓰고 있었다. 그러던 중 경쟁사 한 곳에서 빨리 조리되는 오트밀을 개발하여 우리 매출을 크게 잠식했다. 때마침 발명가 한 사람이 찾아와 이미 조리가 되어 있어 데우기만 하면 먹을 수 있는 오트밀 아이디어를 제공했다. 우리는 신제품의 이름을 '2분 오츠(Two-minute Oats)'라고 지었다.

우리는 이 제품이 기존 오트밀의 단점을 해결한 획기적인 상품이라고 생각했다. 관계자들은 모두 곧바로 출시하자고 했지만, 내가 고집을 피워 테스트를 실시했다.

우선 소도시 몇 곳에서 신제품 테스트를 실시했다. 무료로 한 패키지를 제공하고, 편지를 보내 의견을 물었다. 반응은 좋지 않았다.

홉킨스가 1924년 만든 퀵 퀘이커 오츠 광고. 3~5분 만에 조리가 가능해 퀘이커오츠의 대표적인 상품이 되었다.

기존에 먹던 오트밀과 맛이 전혀 다르다는 것이었다. 새로운 사용자라면 맛이 더 낫다고 할 수도 있었을 것이다. 하지만 기존 사용자는 변화를 싫어했고, 신규 사용자의 숫자는 너무 적었다. 결국 '2분 오츠'는 실패로 결론지어졌다.

나중에 3~5분 만에 조리할 수 있는 오트밀 아이디어가 등장했다. 맛은 유별나지 않았다. 부서 책임자들은 '2분 오츠'의 실패를 거론하며, 반대했다. 하지만 나는 '주부들이 하는 이야기를 들어보자'며 테스트를 강력히 주장했다. 그 제품에는 '퀵퀘이커 오츠(Quick Quaker Oats)'라는 이름을 붙였다.

이번에도 소도시 몇 곳에서 테스트를 하게 되었다. 고객들에게 우리가 첫 번째 제품을 사서 드릴 테니 시식해보라고 제안했다. 기존의 퀘이커오츠를 좋아하든 새로운 퀵퀘이커를 좋아하든 상관없다고 고객 모두에게 말해두었다. 우리가 알고 싶은 모든 것은 그들의 선택이었다. 그 결과 고객의 약 90%가 퀵퀘이커의 손을 들어 주었다. 이 제품은 회사 측에 결정적인 이익을 안겨주었다.

이 모든 것은 우리에게 매우 중요한 교훈을 준다. 우리의 성공은 사람들의 마음을 얻느냐에 달려 있다. 약간의 비용을 들여 테스트를 해 보면 우리가 마음을 얻었는지 알 수 있다. 그에 따라 우리가 가야 할 길의 방향도 잡을 수 있다.

'2분 오츠'는 독특한 맛이 사람들 입맛에 맞지 않아 실패했다. 그러나 '퀵퀘이커'는 회사 측에 새로운 미래를 열어주었다. 소액의 비용으로 수천 명의 주부에게 먼저 의견을 구한 것이 이런 차이를 낳은 것이다. 모든 제품은 반드시 테스트를 거쳐야 한다. 그러면 큰 어려움을 겪지 않고 필요한 것과 버려야 할 것을 구분하게 된다.

이것이 광고에서 성공하는 유일한 비결이라고 해도 과언이 아니다. 직감이 맞을 확률은 50번에 한 번 정도다. 그러나 테스트는 50번을 실시하면 50번 모두 해야 할 것과 피해야 할 것을 정확하게 알려준다.

펩소던트(Pepsodent) 치약 광고[39]는 내 광고인생에서 최고의 성공작이었다. 펩소던트의 홍보 담당자와는 22년 동안 협력관계를 유지했다. 지금까지 함께 만든 광고가 셀 수 없을 정도로 많다. 내가 로드앤토마스(Lord&Thomas)에 있을 때 그는 아주 낙담해 있었다. 그는 나에게 높은 보수를 제시하며 함께 일을 하게 될 때까지 쉬면서 자기를 기다려 달라고 했다.

이후 그는 애리조나 주의 투싼(Tucson)에서 농경지에 물을 공급해

---

39 **펩소던트 치약 광고** 펩소던트 치약 광고의 사례는 '습관'을 파악해 성공을 거둔 대표적인 작품으로 손꼽힌다. 1차 세계대전 당시 병사들의 치아 건강이 미군의 전투력에 심각한 영향을 끼쳤다. 당시에는 미국인의 7%만이 치약을 사용했다. 이런 상황에서 홉킨스는 펩소던트 치약으로 이를 닦으면 치태가 제거되어 누구나 하얀 치아를 가질 수 있다는 광고를 캠페인을 대대적으로 전개했다. 이 광고는 대성공을 거뒀고, 펩소던트는 세계에서 가장 많이 팔리는 치약이 되었다. 펩소던트 치약 광고가 시작되고 10여년이 지난 후에는 미국인의 65%가 양치질을 하게 되었다.

    못 파는 광고는 쓰레기다

주는 일을 했다. 그러다가 그때에 놀러온 휴양객들과 친해졌는데, 그 중의 하나가 이 치약을 개발했다.

그가 처음 펩소던트 치약을 가져 왔을 때, 나는 안 된다고 말렸다. 그것은 전문적인 제품이었다. 전문적인 치약 이론을 일반인에게 교육시킬 만한 엄두가 나지 않았다. 또한 당시 일반치약의 가격이 25센트인데 반해, 펩소던트 치약은 50센트를 고수하고 있었다.

하지만 그는 끈질겼다. 말려도 아무 소용이 없다는 것을 깨달은 나는 6개월 조건으로 마지못해 캠페인을 떠맡는 데 동의했다.

먼저 펩소던트의 원리와 이론에 대해 치과 권위자들이 쓴 책을 하나하나 읽어나갔다. 읽기가 쉽지 않았다. 그러던 중 어떤 책에서 이에 끼는 '점액 플라그(치아 표면에 들러붙어 생기는 끈끈하고 투명한 막. 굳으면 치석이 된다)'에 대한 설명을 발견했다. 이것이 바로 내가 나중에 '필름(film)'[40]이라고 부른 것이다. 나는 드디어 소구 아이디어를 찾았다는 생각이 들었다.

나는 광고의 소구점을 아름다움을 만드는 치약으로 해야겠다고 결심했다. 치아 표면의 흐릿한 막을 제거하는 치약.

치약 광고를 만들 때 맨 처음 쉽게 떠오르는 아이디어는 잇몸병에 예방 효과가 있다는 것이다. 하지만 나의 오랜 경험에 비추어 볼 때 예방 효과라는 말로는 사람들의 관심을 끌 수 없었다. 치료를 위해선 무슨 짓이라도 하는 사람들도 예방이라면 나 몰라라 한다. 수많

40　펩소던트 치약의 '필름' 광고는 광고사에 길이 남을 유명한 캠페인이다. 홉킨스는 엄청난 노력 끝에 '플라크'라는 소구 포인트를 찾아내는 한편 이를 '필름'이라는 쉬운 말로 바꿔 소비자를 설득했다.

은 광고 아이디어들이 인간 본성의 이런 면을 간과해 실패했다. 대중에게 예방 효과를 논하는 것은 소귀에 경 읽기나 마찬가지다.

당시 윗선에서는 은근히 '네거티브 접근'을 종용하고 있었다. 치약 사용을 게을리 하면 어떤 결과가 오는지 보여주라는 거였다. 하지만 나는 그런 부정적 접근이 소비자의 마음도 얻지 못하고 변화를 일으킬 수도 없다는 것을 이미 잘 알고 있었다. 사람들은 자기가 받을 벌(罰)에 대해서는 알고 싶어 하지 않는다. 자기가 받을 보상에 대해서만 듣고 싶어 한다.

'웃어라, 그러면 세상이 너와 함께 웃을 것이다. 울어라, 그러면 너혼자 울게 될 것이다.'

사람들은 행복과 즐거움으로 가는 길에 대해 듣고 싶어 한다. 이 포인트가 중요하다. 모든 광고 캠페인은 소비자 심리에 의존하고 있다. 성공과 실패는 소구점이 올바른가 그렇지 않은가에 따라 결정된다. 수많은 광고가 소비자에게 겁을 주어 자기들의 제품(치약)으로 끌어들이려 했다. 하지만 내가 알기로 이미 문제가 터졌을 때의 처방 광고를 제외하고는 단 하나도 성공하지 못했다.

사람들은 재앙을 피하는 것에 대해서는 별 관심이 없다. 그들의 주된 관심사는 더 많은 성공과 행복, 더 큰 아름다움과 즐거움을 얻는 것이다.

나는 그러한 인간의 본성을 알고 있으므로, 광고에서는 전혀 '재앙'에 대해 언급하지 않았다. 괴로워하는 사람을 보여준 적도 없다. 내가 사용한 모든 일러스트에서는 매력적인 사람들과 아름다운 치아를 보여주었다.

그 밖에도 생각할 점이 많았다. 경험을 통해 이전에 알게 된 것도 있고, 이번 제품 때문에 새로 알아야 할 것도 있었다. 우리는 모든 광고에 쿠폰을 넣고 수백 개의 광고를 집행했다. 매주 그 결과가 내게 보고되는데, 보고서에는 늘 우리가 채택한 헤드라인이 함께 붙어 있었다. 이런 방식을 통해 나는 점차 성공하는 헤드라인과 실패하는 헤드라인을 알게 되었다.

나는 '아름다움'이 중요한 소구 포인트임을 알게 되었다. 대부분의 남성과 여성이 '매력적'이 되기를 바라고 있었다. 내가 광고에서 확신을 줄 수 있다면, 사람들은 기꺼이 나의 말을 들을 것이었다. 그래서 나는 광고에서 '아름다움'을 내세우기로 했다.

하지만 또 다른 것도 알게 되었다. 자기 이익만 챙기는 사람은 대개 외면당하고 심하면 경멸까지 당한다. 특히 위생에 관련된 문제에선 더욱 그랬다.

내가 그냥 펩소던트를 사라고 한다면 사람들은 아무런 반응을 하지 않을 것이다. 샘플을 줄 테니 10센트를 보내라고 해도 무시할 것이다. 그래서 나는 '이타적인' 광고를 해야 했는데, 핵심은 샘플을 무료 제공하는 것이었다.

광고의 전체 목적은 되도록 많은 사람을 테스트에 끌어들이는 것이었다. 심지어 펩소던트가 판매 중이라는 사실도 언급하지 않았다. 가격도 말하지 않았다. 나의 분명한 목표는 제한된 예산 내에서 펩소던트의 효능을 증명하는 것이었다.

광고를 기획하면서 새로운 포인트에 눈뜨게 되었다. 식품 등 대부분의 제품에서는 '무료'라는 말이 먹힌다. 광고의 독자를 늘려준다. 그래서 샘플의 제공은 판매의 기본 수단인 것처럼 생각되었다.

하지만 위생과 관련된 제품은 이야기가 달라진다. 우리는 매우 중요한 이익(benefit)을 주겠노라 말하고 있었다. 예를 들어, 아침식사용

식품 같은 선물을 제공하면, '우리'의 중요성은 최소화된다. 이럴 경우, 우리를 단순한 장사꾼으로 만들 뿐, 과학자로서의 이미지는 온데간데없어 진다. 만일 우리 광고의 상단에 '무료 제공'을 크게 넣었다면, 그 결과는 사방팔방으로 흩어져 형편없었을 것이다.

이런 것들을 발견하기는 쉽지 않다. 디저트와 관련된 제품 광고를 할 때, 무료 선물을 제공한다면 그것은 인간 본성과 잘 조화된다. 하지만 위생이나 건강에 도움을 주겠다면서 '무료'라는 말을 강조한다면, 다른 부분에서 쌓아올린 호감조차 믿을 수 없게 만든다.

나는 이것을 깨닫는 데 많은 시간을 소비했다. 광고비도 꽤 들었다. 하지만 나는 항상 쿠폰을 통해 모든 광고와 소구의 효과를 즉각 알 수 있었다. 나의 실수를 깨닫는 데는 고작 일주일이 걸렸다. 잘못된 이론에 그리 많은 돈을 쏟은 것도 아니었다. 나는 재빨리 올바른 것과 잘못된 것을 발견한 셈이다.

지금 우리는 광고계에서 가장 대표적인 성공 사례 중 하나를 다루고 있다. 수많은 반대를 뚫고 나온 치약 하나가 전 세계를 지배하게 되었다. 오늘날 이 치약은 52개국에서 판매된다. 중국어를 포함한 17개 언어로 광고되고 있으며, 모든 광고에서 우리의 소구가 똑같이 효과적임이 증명되고 있다.

기존 업체로 꽉 짜여 발 딛을 틈 없는 그런 시장에 우리는 처음 진입했다. 회사가 성장하는 과정에서 우리는 수많은 경쟁업체를 만났다. 우리는 그들을 모두 이겨내고, 단 몇 년 만에 펩소던트를 치약의 최정상에 올려놓았다. 이는 결코 우연이 아니었다.

원래 펩소던트사는 소자본 기업이었다. 대부분의 자금은 사무실 비품과 기계에 쓰였다. 광고와 관련된 사람들은 모두 나이가 많았다.

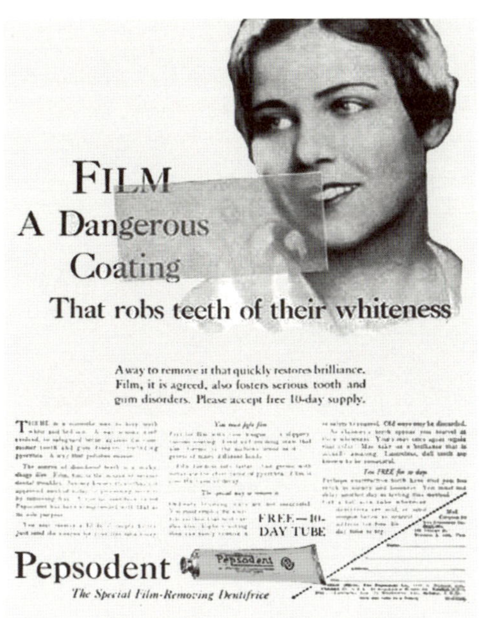

그들은 신속한 수익(quick return)이 보장되기 전까지 광고에 펑펑 돈을 쓰는 법이 없었다.

하지만 우리는 '신속한 수익'을 만들어냈다. 테스트를 처음 실시한 도시에서 1,000달러를 썼는데, 미처 광고비 청구서가 날아오기도 전에 수익을 기록했다. 다른 도시에서도 마찬가지였다. 그러자 후원자들이 우리의 광고 플랜에 거액의 자금을 선뜻 내놓았다. 앞날이 훤히 보이는, 말하자면 성공이 입증된 계획이었다. 이렇게 하여 우리는 국내 수요를 일으키는 데 1년이 걸렸고, 세계시장의 수요를 끌어내는 데는 4년이 걸렸다.

펩소던트 프로젝트를 찬찬히 생각해보라. 여태까지 모든 광고 중에 이렇게 대규모로 빨리 성공한 것은 내가 알기로는 없다. 내가 준비한 시리즈 광고는 3개월 만에 실패할 수도 있었을 것이다. 하지만

펩소덴트 치약광고. '치석은 모든 아름다운 치아의 도둑입니다. 이제 수많은 사람들이 어떻게 치석을 제거하는지 알아보세요'라는 카피와 무료 10일 분 샘플을 제공한다는 내용이 강조되어 있다.

당시 나는 거의 30년을 광고계에 바쳤고, 수백 건의 캠페인에서 배운 바가 있었다.

나는 쿠폰을 통해 실수를 잡아냈다. 그것도 재빨리. 그러면 나는 즉시 전략을 수정했다. 잘못된 전략으로 너무 많이 진행되기 전에 빠르고 확실한 성공의 길을 찾아냈다. 비법은 단순히 쿠폰의 회수율(returns)을 보는 것이었다.

수많은 메이커가 복닥거리는 지금의 치약 시장에 수없이 많은 새로운 메이커가 뛰어들지만 제대로 자리 잡는 기업은 찾아보기 어렵다. 이유는 간단하다. 인간본성에 맞지 않는 이론에 얽매이기 때문이다. 그들은 자기 잘못을 모른다. 왜냐면 결과를 체크하지 않기 때문이다. 그래서 피할 수도 있는 암초에 결국 배를 난파시키고 만다.

못 파는 광고는 쓰레기다

나는 펩소던트 치약으로 100만 달러의 수익을 올렸다. 거절하고 싶었던 제품이라는 점을 생각하면 예상 밖의 결과다. 수많은 테스트를 통해 소비자의 심리를 정확히 파악하지 않았더라면 이런 성과를 얻지 못했을 것이다.

여기에서 얻을 수 있는 교훈은 무엇일까? 누구도 섣부른 판단이나 과거의 경험에만 의존해서는 안 된다는 것이다. 우리는 우리 식대로 느껴야 한다. 새로운 과제는 새로운 경험을 요구한다. 가능한 가장 정확한 방법으로 테스트해야 한다. 더불어 실수에서 배우고 그것을 바로잡아야 한다. 또한 모든 소구의 결과를 일일이 지켜보아야 한다.

펩소던트의 경험으로 나는 치약 광고를 잘못하는 수백 가지 방법을 인용할 수 있게 되었다. 뿐만 아니라 잘못을 입증할 수도 있다. 결과를 판단하는 척도가 없다면 아무리 뛰어난 인재라도 암초에 부딪칠 수 있다. 그런 의미에서 펩소던트 광고는 판매현장의 수치가 최선이라는 확실한 논거를 제공하고 있다.

15장

통신판매로 경험한 몇 가지
Some Mail-order Experiences

나의 광고주는 대부분 이제부터 소개하는 분야에서 개발되었다. 너무 자세하게 설명하면 단조로운 얘기가 되겠지만, 나는 평생에 걸쳐 통신판매(mail-order, '우편주문'이라고도 함) 광고에 일정 부분을 할애했다. 그것은 대행사의 입장에서는 수지맞는 것이 아니었다. 어렵고 시간을 많이 잡아먹는데다가 큰돈이 되지 않았다. 그러나 배울 점이 많았으며, 분발하게 해주었다. 비용과 결과, 두 가지 핵심에 집중시켜주는 장점도 있었다. 카피라이터에게 통신판매만큼 많은 것을 배울 수 있는 분야는 다시없을 것이다.

지금까지 나는 성공적인 통신판매 광고를 나의 본보기이자 지침으로 삼아 왔다. '입증된(proved)' 광고이기 때문이다. 통신판매 광고는 수익이 난다고 알려져 있는데, 그렇지 않으면 계속되지 않을 것이다. 또한 통신판매 광고는 수많은 실험을 통해 제작되므로 해당 분야에서 최고의 효과를 보증하는 광고물이 된다.

통신판매 광고는 수익과 관련되는 공부다. 우선 지면 절약에 주목하라. 통신판매 광고는 대부분 항상 작은 글자로 인쇄돼 있다. 수천 번의 테스트 결과 큰 글자는 낭비라는 것이 입증되었기 때문이다. 그림이나 사진도 어느 것 하나 버릴 것이 없다. 모두 판매 효과에 기여하는 것이지 그저 장식 효과를 내기 위한 것이 아니다.

수익을 내는 통신판매 광고를 하나 골라 지면의 넓이를 두 배로 늘려보라. 큰 글씨체를 쓰고 장식이나 테두리도 예쁘게 넣어보라. 보다 매력적인 광고가 되겠지만, 응답과 판매(replies & sales)를 끌어내는 데 드는 비용은 두 배로 늘어난다.

이런 사실은 받아들여져야 한다. 이러한 경제 원칙은 수백 가지의 상품을 수천 번 테스트한 결과를 바탕으로 보편적 진리가 된 것이기 때문이다. 또한 어떤 제품 광고에서도 '지면의 낭비'는 바보짓이라는 것이 증명되었다. 여기에는 큰 글자, 테두리(borders), 판매에 도움이 되지 않는 그림 등도 포함된다. 만일 똑같이 엄격한 테스트가 적용된다면, 모든 광고물은 훌륭한 통신판매 광고의 모습이 될 것이다.

이것이 바로 카피라이터가 가장 배우기 어렵고 광고주가 가장 이해하기 어려운 부분이다. 광고를 보기 좋게 만들려는 것은 자연스런 일이다. 하지만 반드시 명심해야 한다. 광고란 즐겁게 하기 위해 만들어지는 게 아니고 팔기 위해 만들어진다. 더구나 최저의 비용으로 팔기 위한 것이다. 통신판매 광고는 비용과 결과에 대한 정확한 숫자를 바탕으로 '최저 비용·최대 매출'로 가는 최상의 길을 보여준다.

우리 회사를 방문했던 광고주 중에 통신판매로 5달러짜리 제품을 파는 사람이 있었다. 응답 하나를 받는데(cost per reply) 85센트가 들어, 판매비는 대략 1건당 2달러 50센트가 들어갔다. 광고의 수익성이 떨어지자 그는 판매비를 줄일 방법을 찾고 있었다. 우리가 광고를 하나 만들어 주었지만 그는 거절했다. 볼품없다는 이유였다. 다른 대행사에서 크고 화려한 광고를 만들어 집행했다. 하지만 주문당 비용(CPR)을 따져보니 판매가격이 불과 5달러 제품인데 14달러 20센트가 들었다. 그는 결국 우리의 제안을 받아들였고, 주문당비용은 42센트가 되었다. 이를 계기로 그 광고주를 확보했고, 우리의 CPR은 수년 간 42센트를 유지했다. 우리는 판매비용을 절반으로 줄여준 셈이다. 연간 제품 주문이 25만 건임을 감안하면 엄청난 액수가 된다.

수많은 광고주들이 비용을 제대로 계산해 보지도 않고 광고를 겉만 보고 판단한다. 마치 주문당비용이 14달러 20센트나 드는 광고를 하는 사람처럼 돈을 잃고 있다.

이것이 바로 광고에서 많은 돈이 낭비되는 이유다. 사람들은 비용(costs)을 모르면서도, 그것을 아는 사람의 말을 듣지도 않는다. 그래서 나는 항상 조금씩 우편주문 광고를 해왔다. 나의 발이 늘 땅에 닿아 있을 수 있도록.

한 번은 가정용 가구를 할부로 파는 통신판매 광고를 맡은 적이 있다. 내가 이 일을 하면서 그 회사의 연간 매출액은 700만 달러로 성장했다. 나는 여기서 많은 것을 배웠다. 우편을 통한 신용거래를 해보면 인간의 본성에 대해 많은 것을 배우게 된다.

신용거래는 첫 매출이 성사되었다고 해서 문제가 끝나는 것이 아니다. 원래 카탈로그는 비싸다. 이 분야에서는 고객 한 명을 제대로 확보하는 것부터 돈이 든다. 구매 고객 중 몇 퍼센트는 결제를 제대로 하지 않는다. 그래서 실제 수익은 성실한 고객을 얼마나 확보하느냐에 따라 좌우된다. 그런 고객과는 거래를 계속 이어가야 하고, '특별한 제안(special offer)'이 담긴 광고지(bulletins)도 만들어 발송해야 한다. 다른 제품을 팔기 위해 언제 할부결제가 끝나는지 계좌를 지켜봐야 하고, 주변에 입소문을 내도록 유도해야 한다.

하루는 이 업체를 방문했는데, 커다란 건물이 눈에 띄었다. 궁금해서 알아보니, 할부로 여성 의류를 통신판매 하는 기업이었다. 가구를 할부로 통신판매를 하는 우리와 마찬가지였다.

"왜 옆집에서 그런 사업을 하게 내버려두는 거죠? 우리도 여성 의류를 해보는 게 어때요?"

그래서 우리도 비슷한 사업체를 꾸리게 되었다. 나는 회사에 여성의 이름을 붙이자고 했다. 우리는 능력 있는 중년 여성을 골라 모든 광고에 그녀의 그림을 넣었다. 우리는 한 여성이 다른 여성에게 전하는 내용의 광고를 만들어, 그녀에게 서명을 넣도록 했다.

광고에서 '할부'라는 말을 쓰지 않았다. 그 대신 '신용'의 문제를 다루었다. 예쁘게 보이고 싶어 하는 젊은 여성을 대상으로 여성의 커리어에 있어 신용이 어떤 의미인지 지적했다. 그리고 모델을 통해 6개월 할부로 봄옷을 마련할 기회를 제안했다.

이런 제안은 사람을 기쁘게 하는 것이었지, 굴욕적인 것이 아니었다. 배려와 이해심을 보여주는 것이었다. 고객을 섬기겠다는 뜻이 분명했다. 사실상 우리의 제안은 옆 건물 의류 회사와 내용은 똑같지만 태도는 분명하게 달랐다. 우리는 6개월 신용거래가 마치 부유층 여성이 단골 매장에서 누리는 30일 신용거래처럼 보이게 만들었다.

그 결과 우리는 처음부터 여성의류 분야에서 앞서가기 시작했다. 오래지 않아 옆 건물의 업체는 문을 닫았다. 차가운 상업주의로 우리가 만들어내는 품격과 경쟁할 수 없었다. 자랑스러운 듯 소곤거리는 선심의 소구를 어찌 당하겠는가. 더구나 한 여성이 다른 여성에게 전하는 꽤 괜찮은 그런 제안을.

표현방식(presentation)에서의 작은 변화 하나가 거대한 새 비즈니스를 태어나게 했다. 그렇게 나긋나긋한 표현은 가구사업 쪽에서도 커다란 판매 증가를 이끌었다.

수십만의 여성 고객들이 가구 판매의 새로운 방식에 떼 지어 몰려들었다. 이들 대부분은 계약대로 결제를 잘 했고, 신용이 쌓여 있었다. 그때 가구사업부 대표가 한 여성에게 이런 내용의 편지를 보냈다.

'오늘 의류업체 대표 ○○여사를 만났습니다. 그분이 귀하를 자신의 고객이라고 소개하시더군요. 신용으로 거래했는데 계약대로 지불하셨다고요. 당신은 그 회사의 우수 고객이라 언제라도 대환영이라더군요. 맘에 드시는 건 언제 어떤 거라도 드리겠다고요.

저도 비슷한 제안을 드리려고 합니다. 저희는 가정용 가구를 판매합니다. 저희 카탈로그를 동봉했습니다. 카탈로그에 나오는 '선입금'이라는 말은 무시하십시오. ○○여사의 말씀도 있으므로 어떤 물건이든 기꺼이 선입금을 하지 않아도 보내드리겠습니다. 원하는 물건을 주문만 하십시오. 돈을 먼저 보내지 마시고요. 사용해 보시고 마음에 드시면 한 달 후부터 결제를 하시면 됩니다. 천천히 생각해 보시기 바랍니다.'

이런 제안은 참 거부하기 어렵다. 이들 여성은 신용으로 옷을 주문했지만, 그것을 받게 될지 궁금해 하고 있었다. 생판 모르는 사람이 자기를 신용해준다는 것이 믿기 어려웠다. 그런데 제법 큰 가구 회사의 대표가 편지를 보내 의류업체의 추천을 믿고 또 다른 신용 계좌를 열었다니. 더구나 선입금을 하지 않아도 특별 고객으로 모시겠다는 것이다. 이런 기쁜 제안을 받은 여성이면 누구라도 어떻게 해서든 그걸 받아들일 방법을 찾게 된다.

의류업체도 마찬가지였다. 가구업체 고객들에게 비슷한 편지를 보냈다. 신용계좌를 새로 열었으니, 돈을 미리 보낼 필요 없이 입어보고 마음에 들면 구매하는 조건이니 원하는 대로 주문하라는 내용이었다. 그러자 가구를 구매한 수천 명의 고객들이 여성 의류를 매입했다. 정중하게 보낸 글에 마음이 활짝 열린 것이다.

우리는 남성의류 쪽에서도 비슷한 사업을 시작했다. 한 쪽 물건을 산 고객을 다른 쪽 고객으로 만들면서 판매를 배가시켰다. 한 가지만 취급하는 업체와는 경쟁도 안 됐다.

이런 것이 광고의 파생효과다. '인쇄된 세일즈맨십(salesminship in print)'은 원칙에 있어 '인적 세일즈맨십(salesminship in person)'과 완전히 똑같다. 매장에서는 소비자들을 끌어들이기 위해 할인을 제안한다. 다른 물건을 팔기 위한 것이 목적이다. 올바른 세일즈맨이라면 이런 기회를 놓치지 않는다. 카피라이터는 자신이 세일즈맨이라는 걸 잊어선 안 된다. 매출이 늘어야 카피라이터로서 성장할 수 있다.

또 하나 다른 통신판매 경험도 있다. 여기서는 다른 측면을 볼 수 있다. 나는 한 업체의 광고를 맡게 되었는데, 30년 간 여성·아동 의류를 우편을 통해 신용 판매하는 곳이었다. 이 분야는 기존 업체가 많은 곳으로 수익도 꽤 나는 편이었다. 연간 매출이 수백만 달러를 기록하는 기업도 적지 않았다.

업체 모두가 비싼 카탈로그를 제공했다. 어떤 업체의 광고에선 카탈로그 신청을 유도하려고 일부 제품을 원가 수준으로 특별 할인행사를 벌이기도 했다. 그 결과 특정 회사에 카탈로그를 요청한 여성은 다른 회사 서너 곳에도 카탈로그를 요청하기가 일쑤였다.

이런 이유로 본격적인 어려움이 시작된다. 다른 회사의 카탈로그가 아닌 자사 카탈로그에서 제품을 사도록 고객을 이끌어야 하는 문제다.

잠재고객 하나가 카탈로그를 신청하도록 유도하는 비용이 25센트라고 가정해보자. 칼라 인쇄된 카탈로그 만드는 데 적어도 35센트는 든다. 그렇다면 카탈로그 한 부를 배포하는 데 60센트가 드는 셈이다. 이후의 수익 여부는 카탈로그 당 매출(sale per catalog)에 달려 있다.

한 군데에서 카탈로그를 신청한 여성은 다른 회사 서너 곳에도 그러기 마련이다. 결국 카탈로그 네 부를 앞에 펼쳐 놓고 구매 결정을 내리는 셈이다. 카탈로그는 모두 매력적이다. 고객이 보고 주문하는 카탈로그의 선택은, 결국 우연이나 상상에 의존할 수밖에 없게 된다.

이 점을 반드시 이해해야 한다. 카탈로그를 고객에게 배포하는 데 드는 비용은 60센트다. 만일 네 곳의 회사가 카탈로그를 제공했다면 전체 비용은 2달러 40센트에 달한다. 경험에 비추어 평균 판매액은 10달러 안팎이므로, 네 회사를 합치면 판매비용으로 25%를 쓰고 있는 셈이다.

수익은 판매액보다 '판매 방식'에 달려 있다. 이것이 광고주들이 내게 가져온 문제였다.

나는 이런 기획을 구상했다. 카탈로그 신청이 들어오면 일단 고객 파일에서 신규 고객인지 기존 고객인지를 확인했다. 만일 신규 고객이면 판매부장이 이런 편지를 보냈다.

'당신의 신청을 받게 되어 매우 기쁩니다. 저희 회사에 새로운 단골이 되신 걸 환영합니다. 저는 좀 더 실용적인 방법으로 당신을 환

   못 파는 광고는 쓰레기다

영하고 싶습니다. 저의 명함을 같이 넣었습니다. 주문서를 작성해 주시면 제 성의를 다해 작은 선물을 보내드리고 싶습니다. 선물이 무엇인지 말씀드리지는 않겠지만 받아보시면 마음에 드실 거라고 믿습니다.'

기존 고객에게는 이런 내용을 보냈다.

'저희를 다시 찾아주셔서 감사합니다. 해가 바뀌어도 변함없이 성원해주시는 고객님 덕분에 저희 회사가 운영되고 있습니다. 새로운 고객을 확보하려면 돈이 들지만 계속 남아주시는 기존 고객님께는 전혀 비용이 들지 않습니다. 늘 저희와 함께해 주심에 감사의 표시를 하고 싶습니다. 주문서를 보내실 때 동봉한 제 명함을 넣어주십시오. 저희 직원들에게 당신의 주문서를 제게 보내라는 표시입니다. 고마움을 표시하는 작은 선물을 보내드리겠습니다.'

결과는 어떠했을까? 카탈로그를 요청하는 신규 고객과 기존 고객 모두가 카드를 받았다. 호기심은 강한 소구가 되므로 일부러 선물은 알리지 않았다. 하지만 모든 신청자가 명함을 받았다. 구매할 기회가 생기면 이왕이면 사은품을 주는 카탈로그를 선택하게 되고, 그 카탈로그에서 주문하려고 애쓰게 된다. 이렇게 하여 카탈로그 매출이 크게 늘어났다.

하지만 주의할 점이 있다. 사은품이 실망스럽지 않아야 한다. 여성들이 원하는 것을 제공해야 한다. 비용이 들어도 카탈로그 매출을 두 배로 늘려준다면 아깝지 않다. 이는 결국 광고 효과도 두 배가 된다는 뜻이다.

이런 문제는 광고인의 몫이다. 멋진 광고를 만들어 칭찬을 받을 수도 있다. 하지만 수익을 내지 못하면 일순간에 밀려난다. 처음에는 비용을 줄였지만, 나중에 경쟁사 카탈로그에 밀리면 그때도 역시 외면 받게 된다. 비즈니스란 수익을 내기 위한 것이다. 여기에 기여하는 사람에겐 무한한 가능성이 있다. 하지만 아무리 좋은 기획이라도 손실을 내면 소용없다.

이 점을 강조하기 위해 또 다른 사례를 소개할까 한다. 유명한 여성 의류 기업 6곳이 있었는데, 다들 경쟁사보다 가격이 저렴하다는 주장을 내세우고 있었다.

그들은 '싼 가격'이라는 자신들의 주장으로 로고를 만들기도 했다. 또한 광고를 통해 다른 어떤 점포보다 싸게 팔며, 더 싸게 파는 곳이 있으면 환불해주겠다고 했다.

결국 모두가 목청껏 할인 행사를 외치는 시기가 되었다. 똑같은 합창을 하며 다들 한 배를 탄 셈이었다. 모두 다 외치니 아무도 외치지 않는 것도 마찬가지로 효과가 없었다.

그들은 더 효과적인 주장이 없을까 하여 나를 찾아왔다. 나는 회사의 여러 수치를 조사해보았다. 여러 해 동안 평균 수익이 3%를 넘지 못하고 있었다. 나는 수익률을 광고했다. 즉, 3%를 초과하여 수악을 내지 않겠다고 약속했다. 또한 현재의 수익에 만족하며, 우리의 가격은 그 토대 위에 고정되어 있다고 했다.

그 회사는 통신판매 업체 중에서 가장 오래되고 규모가 큰 회사 중의 하나였다. 3% 수익을 포함한 가격은 최소한에 가장 가까운 것이었다. 누가 보아도 물리적으로 더 이상 가격을 내릴 수 없었다. 그래서 다른 회사의 수많은 '보장(guaranties)'에도 불구하고, 이 회사의 가격은 진정한 최저가로 인정받았다.

이것은 구체적인 수치가 얼마나 중요한지 보여주는 사례다. '최저 가격'이라는 문구에 소비자는 콧방귀를 뀐다. 다른 회사도 같은 주장을 할 수 있다. 하지만 순수익 3%만 남기고 판다고 하면 대부분의 사람들이 믿는다. 구체적인 수치를 내놓으면 속인다고 생각지 않는다. 신문 같은 곳에서 속일 수 없다는 것을 그들은 안다.

위에 나오는 것들은 내가 통신판매의 매출을 증가시키기 위해 개발한 방법이다. 이것들이 내게 직접 큰 의미가 있었던 것은 아니다. 통신판매 광고는 카피라이터 입장에서 노력할 만한 가치가 있지는 않다. 하지만 통신판매는 나에게 모든 광고는 수익에 바탕을 두고 있다는 사실을 직시하게 해주었다. 우리는 어떤 상품이든 언제나 수익이 나게 팔아야 한다. 우리는 언제나 경쟁사를 능가하여 판매의 성공을 이루어야 한다. 다른 이론에 귀 기울이는 카피라이터는 금방 실패를 맛보게 될 것이다.

광고에 입문하려는 후배들을 위해 나의 성공 비결 몇 가지를 간략히 소개하겠다. 내가 말하는 성공이란, 훌륭한 광고회사로 발전시키는 데 기여한 부분을 뜻한다. 있다. 광고인이라면 누구나 그런 기대를 받고 있을 것이다.

광고에서 우리는 3대 광고주체(interests, 홉킨스는 매체사·대행사·광고주 세 가지를 이렇게 표현하고 있다)에 복무한다. 이들은 모두 연결되어 있지만 또한 독립적이다. 첫째는 우리에게 커미션을 지불하는 매체사(원문에는 publisher 즉 인쇄매체만을 언급하고 있다)다. 매체사는 광고비의 평균 15%를 대행사에 지불한다. 이는 광고 서비스의 대가로 지불하는 것이다. 우리가 매체에 할 수 있는 최상의 서비스는 새로운 광고기회를 개발하는 것이다. 매체사에서 우리에게 기대하는 것은 새로운 프로젝트를 시작해 광고량을 늘리거나 기존 광고를 수익성 있게 늘릴 방법을 보여주는 것이다.

매체사에서는 내가 자신들에게 열심히 한다는 것을 알고 있었다. 예를 들어 나는 최초로 자동차 광고를 만들었다. 나는 그 분야에서 선구자 역할을 톡톡히 하여 차머스(Chalmers), 허드슨(Hudson), 오버랜드(Overland) 등의 첫 광고를 만들었다. 매체 쪽에서는 나를 자동차 광고의 리더쯤으로 본다.

타이어의 광고다운 첫 번째 광고는 굿이어(Goodyear)의 노-림-컷(No Rim Cut) 캠페인이었는데 이것도 내가 개발한 것이다. 이 광고가 엄청난 성공을 거두자, 다른 모든 타이어 업체도 광고의 필요성을 절감하게 됐다.

펩소던트(Pepsodent)가 등장하기 전까지 치약 광고는 미미했다. 펩소던트가 눈 깜짝할 사이에 성공한 것은 광고계에서 아직 널리 회자되고 있으며, 지금은 치약 광고에 투자하는 돈이 연간 수백만 달러에 이른다. 펍드 위트(Puffed Wheat)와 펍드 라이스(Puffed Rice)가 대성공을 거두자 시리얼 광고가 추진력을 받은 것도 의심할 바 없다. 팜올리브(Palmolive)의 놀라운 성공도 수없이 많은 비누 광고를 이끌어냈다.

내가 이런 캠페인으로 잡지·신문 등 매체에게 도움을 주자 그들도 나를 도와주었다. 카피라이팅이라는 나의 업무가 자신들의 수익을 늘려준다고 믿고, 좋은 기회가 있으면 언제나 나에게 연결시켜 주었다.

우리 카피라이터가 복무하는 또 하나의 광고주체는 광고대행사(Advertising Agency)[41]다. 대행사의 훌륭한 광고주 중에는 소규모로 시작할 때 개발된 것이 많았다. 내가 취급한 광고주는 거의 다 그랬다. 형편이 이렇다 보니 여차하면 광고 기회가 날아가는 순간이 종종 있다. 한 번의 실수로 좋은 가망고객을 놓치기도 하고, 평범한 서비스 때문에 작은 광고주로 오그라들기도 한다. 이런 이유로 능력 있는 카피라이터[42]는 많은 돈을 받을 수 있었다.

　나의 경우 처음에는 로드 앤 토마스(Lord & Thomas)에서 주당 1,000달러를 받았다. 하지만 얼마 안 가서 커미션 방식으로 바꾸는 것이 합리적이라는 결론을 내렸다. 이후 대행사는 수익을 얻은 서비스에 대해서만 급여를 지급했다. 반면에 내가 번 것은 고스란히 나의 수입이 되었다. 커미션 방식으로 연간 수입이 18만5,000달러에 달한 적도 있었다. 내가 손수 타이핑을 하고 직원이나 비서를 따로

41　광고유통사와 광고대행사 클로드 C. 홉킨스가 활동하던 시대에는 광고유통사와 광고대행사가 혼재했다. 통상 광고대행사로 일컬어지지만 차이가 있다. 광고유통사는 광고주(제조업자)가 생산하는 제품을 광고하는 것은 물론이고, 판매와 유통까지 일정부분 책임을 졌다. 즉, 광고비의 일정액을 수수료로 받는 형태가 아니라 독자적으로 광고비를 투자해 매출과 수익을 증대시키고, 일정 비율을 받았다. 또한 독자적으로 상품을 개발하고 생산해 광고를 통해 직접 판매하기도 했으며, 새로운 광고주(제조업자)를 유치하기 위해 비용을 들여 테스트 광고를 실시하기도 했다. 따라서 광고물을 주로 광고유통사에서 제작했다. 이에 반해 광고대행사는 신문 지면을 확보해 광고주나 광고유통사에 판매하던 지면중개업자 수준에 머물렀다. 이후 광고유통사처럼 마케팅까지 책임지는 광고대행사도 생겨났으며, 점차 현재와 같은 광고대행사로 자리매김 되었다. 광고유통사 역시 시간이 지나면서 광고대행사로 변모했다.

42　카피라이터 홉킨스가 활동하던 시기의 카피라이터(광고기획자)는 마케팅까지 주관하는 경우가 많았다. 이들은 광고유통사나 광고대행사에 소속되거나, 프리랜서로 광고주와 계약을 맺고 서비스를 제공했는데, 프리랜서 카피라이터들은 성과에 따른 커미션을 받았다. 1890년(24세) 비셀 카펫청소기(Bissell Carpet Sweepers Company)의 회계부서에 입사한 홉킨스는 당대 최고의 카피라이터인 존 파워스(John Powers)가 만든 팸플릿 카피의 문제점을 지적함과 동시에 새로운 카피를 작성하여 인정을 받았다. 이후 육류회사인 스위프트(Swift & Company)와 닥터 슙스 특허약품회사(Dr. Shoop's Patent Medicine Company)의 광고책임자로 일하다 프리랜서로 독립했다. 홉킨스는 1907년 앨버트 라스커(Albert. D. Lasker)에게 스카우트되어 광고대행사인 로드 앤 토마스(Lord & Thomas)에서 주급 1,000달러로 시작해 연봉 18만5,000 달러를 받았는데, 미국에서 가장 돈을 잘 버는 카피라이터였다.

두지 않았으므로 그 돈은 고스란히 내 주머니에 들어왔다. 뿐만 아니라 내 도움으로 성장한 기업에서 받는 웃돈도 있었다. 그중 일부는 비용이 전혀 들지 않는 순수익이었다.

내가 받는 커미션은 대행사 전체 커미션의 삼분의 일이 될 때까지 늘어났다. 라스커(Lasker, 로드 앤 토마스의 대표) 씨는 나와의 몇 십 년 동안 내 스스로 나의 계약서를 쓰게 했다. 때로는 계약서 내용을 보지도 않고 서명하기도 했다. 나를 굳게 믿었기 때문이다. 하지만 자연스럽게 다른 사람도 할 수 있는 광고주는 내게 돌아오지 않았다. 나의 광고주는 대부분은 처음 테스트부터 시작하는 개발 광고였다.

하지만 나는 수입에 연연하지 않고 대행사 내에서 많은 일을 했다. 최선을 다해 후배 카피라이터를 가르쳤으며 카피의 원칙을 토론하기 위해 회의를 소집한 적도 많았다. 그런 일에 대해서는 돈을 받지 않았다. 또한 대행사의 원칙을 정립하기 위해 많은 책을 썼다.

이러한 성과를 바탕으로 라스커 씨는 마침내 나에게 로드 앤 토마스의 대표직을 맡겼다. 이후엔 어떤 이유로 이사장도 시켰다. 그가 미국정부에 들어가 해운청(Shipping Board)의 책임자로서 하딩 대통령(Present Harding, 1921년~1923년 재임) 곁에 머무는 동안 나는 2년 넘게 대표직을 수행했다. 그 두 해 동안 나는 금전적 손실이 적지 않았다. 대행사 일을 챙기느라 커미션 수입이 많이 줄었다. 대표직 수행에 따른 별도의 급여는 받지 않았지만, 새로운 고객을 만나는 데 시간을 많이 썼다.

매일 아침 대행사 간부들과 모여서 크고 작은 어려움을 논의했다. 2년간 정작 내 일은 한 건도 맡지 못했다. 즉, 커미션 수입을 한 푼도 벌지 못했다. 대표직을 맡는 동안 자리를 이용해서 개인적인 이득을 챙겼다는 말은 듣고 싶지 않았다. 그래서 개인적으로 입은 손해는 이만저만이 아니었다. 하지만 라스커 씨는 이런저런 속사정을 다 헤아리는 사람이었다. 그는 나를 무조건 믿어주는 사람이었다. 한 번은 조금이라도 보상해주고 싶다며 1만 달러짜리 수표를 내밀었다. 내가 '과학적 광고(Scientific Advertising)'를 쓴 것에 대한 보상이었다.

그것은 나의 커리어에 있어 하나의 커다란 성공요인이다. 내가 쌓아올린 '신뢰' 말이다. 그것은 내가 스코틀랜드 출신인데서 연유한다. 라스커 씨는 나를 유언장의 보관인으로 지정한 적도 있었다. 내가 번 것으로 생각되지 않는 돈을 자꾸 주려고 해서 거절한 것도 여러 번이다. 내가 라스커 씨와 의견이 맞지 않은 건 그가 내게 과한 돈을 주려고 할 때뿐이었다.

그런 태도가 성공의 요인이라고 나는 본다. 절대적으로 공정한 분할. 분수대의 물줄기 위에 앉은 사람은 잠시 기뻐할 수도 있겠지만 그리 오래지 않다. 비즈니스란 돈을 버는 일이다. 너무 많은 몫을 주장하는 사람에 대해 경영자들은 제거할 방도를 찾으려 할 것이다.

광고의 세 번째 주체는 광고주다. 광고에 대한 나의 개념으로 광고주를 세 번째에 놓았다. 물론 광고주가 없으면 우리는 매체사나 대행사에 복무할 수 없다. 하지만 매체는 우리에게 커미션을 지불하고, 대행사는 우리를 선택하고 고용한다. 이제 막 첫 발을 내딛은 광고주는 우리를 생각지 않는다. 여기저기 대행사를 자주 바꾸는 광고주도 훌륭한 클라이언트는 아니다. 그런 광고주들은 자기네 '야망'을 제대로 이루지 못해 실패하는데, 대부분 실패의 원인이 잘 고쳐지지 않는다. 그래서 대행사만 계속 갈아타는 것이다.

내가 가장 높이 평가하는 광고주는 예산 규모가 큰 기업이 아니다. 목표를 달성할 가능성이 없으면서 큰소리만 치는 광고주를 수십

                                                   못 파는 광고는 쓰레기다

명도 넘게 알고 있는데, 그런 광고주들은 불가능한 일을 자꾸 시도하기 때문에 대행사의 평판과 위신만 깎아먹는다.

새로운 기회를 가지고 우리를 찾아오는 광고주들이 가장 환영할 만한 고객이다. 이러한 광고주는 많다. 하지만 테스트 광고를 해야 하는데, 비용은 5,000달러 이하다. 그런 테스트의 대행사 커미션은 750달러다. 테스트를 개발하는 비용은 유능한 사람이 붙는다면 2만 달러 이하로 할 수 있다. 그 담당자는 필요한 자료를 수집하고 분석하는 데 몇 주 정도 걸린다.

그런 경우 결과에 대한 책임은 주로 대행사의 몫이다. 광고주는 결과야 어떻든 자기가 투자한 비용을 고스란히 찾아간다. 실질적인 위험은 대행사가 부담한다.

테스트에서 실패하면 광고주는 사소한 손해를 입고 대행사는 큰 손해를 입는다. 성공하면 광고주는 수백만 달러를 벌지만, 대행사는 광고비의 15%만을 수수료로 받는다. 이는 대행 계약이 지속되는 동안 계속된다. 그래서 나는 나에게 테스트를 맡기는 회사에게 의무감을 느끼지 않는다. 내가 해야 할 것은 '심사숙고'일 뿐이다.

그래서 광고주를 세 번째에 놓은 것이다. 하지만 모든 것이 광고주의 성공에 달려 있다. 우리는 커미션을 주는 매체사에 무언가 빚을 지고 있다. 우리에게 기회를 준 대행사에게도 마찬가지다. 우리는 광고주에게 어떤 의무감도 느끼지 않는데, 하지만 모든 것은 광고주의 태도에 달려 있다.

따라서 광고의 성공은 매체사와 대행사 그리고 광고주, 이들 세 요소에 달려 있다. 모두의 이익이 만족되어야 하는데, 이들은 이익을 애타게 갈구하고 있다. 이들 모두를 기쁘게 하는 길은 오직 하나, 당신이 맡고 있는 광고 캠페인에서 이익이 나도록 만드는 것뿐이다.

나는 광고주에게 나를 바쳐 헌신해왔다. 광고주의 성공을 통해야만 나의 성공은 물론이고, 다른 사람의 성공도 따라 온다. 나머지는 다 잊는다.

한번 크게 실패한 광고주는 영원히 광고를 외면하게 된다. 하지만 많은 경우 실패는 피할 수 없다는 것을 나는 알고 있다. 그래서 나는 수익이 확실할 때를 제외하고는 투기적 성향을 지닌 광고주와 거리를 둔다. 만일 그가 실패한 경우, 원인은 광고가 아니라 상품 또는 주변 상황 때문이다. 그는 실패를 해도 잃는 것이 하나도 없거나 거의 없다. 반면 그가 성공하면 수백만 달러를 손에 넣는다.

이런 상황에서 나는 어떻게 많은 성공을 거두었을까? 이유는 간단하다. 나는 작은 실수를 수없이 많이 저질렀지만, 그때마다 무언가를 배웠다. 또한 나는 같은 실수를 두 번 저지르지 않았다. 그리고 시간의 간격을 두고 나는 몇 가지 위대한 광고의 원칙을 수립했다. 그것이 내가 버텨낸 힘이었다.

나는 광고에 처음 입문할 때부터 그런 방법으로 고수했는데, 엄청나게 시간이 많이 드는 방식이었다. 내가 남보다 더 많은 시간을 투자했다고 하지만, 대부분은 이런 원시적 경험에 투자되기 일쑤였다. 훨씬 더 많은 시간, 훨씬 더 많은 희생이었다. 나의 아들에게는 요구하고 싶지 않은 것들이다. 이것이 바로 이 자서전을 저술하는 목적이다. 내가 성취한 곳에서부터 시작할 수 있도록 후배들을 도우려는 것이다.

라스커 씨는 매우 지혜로운 사람인데, 그는 가끔 이런 말을 했다. 내가 성공할 수 있었던 것은 단순한 사람들에 둘러싸여 살기 때문이라고. 그는 항상 내가 숲속에서 일하기를 원했는데, 지금 이 자서

1923년 양키스 스타디움에서 야구 관계자들의 인사를 받고 있는 워렌 하딩 대통령(가운데) 왼쪽에 라스커가 앉아 있다. 하딩 대통령 시절 열정적으로 정치적 활동을 한 라스커는 로드 앤 토마스의 대표직은 물론이고 경영 전반을 홉킨스에게 맡겼다.

전을 쓰면서도 그렇고 지난 20년간도 그랬다. 여기서 내가 이야기를 나누는 사람들은 우리 집 정원사와 그들의 가족 그리고 가까운 동네 사람들이다. 평범한 사람들이 무슨 이유로 어떤 물건을 구매했는지를 들어보면 배울 점이 많다. 골프 클럽 회원들의 이야기만 듣고 광고를 제작하는 사람들이 이런 이유를 들으면 깜짝 놀랄 것이다.

그 이유는 부유한 사람들은 절약과는 거리가 멀기 때문이다. 우리는 부자들이 절약했다고 자랑하는 이야기를 종종 듣는다. 절약으로 그들은 창피를 당하지 않는다. 하지만 정작 절약이 필요한 곳에서는 대부분 그것을 무시하려 든다. 15달러짜리 고급 실크 셔츠가 노동자에게 큰 인기를 누려 상류 부유층은 다른 쪽으로 눈을 돌릴 정도였다. 매장 여직원들도 모두 실크 스타킹만 찾는다.

나의 화장품 광고 경험에 비추어 볼 때, 가격이 싸다고 해서 젊은 여성에게 어필할 수는 없었다. 그들은 상류층이 사용하는 제품을 찾는다.

내 주변의 많은 사람들은 적은 임금을 받지만, 뜻밖으로 씀씀이가 크다. 우리 집에서 세탁을 해주는 아주머니는 승용차를 몰고 다니는

데 취미가 골동품 수집이다. 그녀는 우리도 사고 싶어 하는 고가의 골동품을 많이 소장하고 있다.

내가 알기에 가장 콧대가 높은 사람들은 우리 동네사람들이다. 시골에 사는 그들에게 가격이 저렴하다는 이유로 물건을 권했다가는 자존심을 건드린 것이 되어 원성만 사기 쉽다. 하지만 가격을 생각지 않는 사람들에게로 방향을 돌리면 그들은 기꺼이 받아들일 것이다.

이런 것들이 바로 우리가 평범한 사람들과의 접촉에서 배우는 것이다. 이들이 우리 고객의 95%를 구성하고 있다. 미국은 평등의 나라다.

내가 기획하거나 직접 쓴 광고 캠페인은 모두 평범한 소비자를 겨냥한 것이었다. 나는 이사회 임원들이나 부장들에게 자문을 구하지 않는다. 그들의 관점은 대부분 항상 왜곡되어 있다. 나는 그들을 평범한 사람들 밑에 둔다. 내 주위의 평범한 사람들은 미국을 대표하고 있다. 그들이 우리 고객이다. 유일하게 중요한 것은 그들의 반응이다.

광고 시장에는 또 다른 분야가 있다. 그것은 캐딜락(Cadillac) 자동차의 광고로 대표된다. 수입이 적은 사람은 그 대상에서 쉽게 제외된다. 하지만 그것은 커다란 광고 분야는 아니다. 나는 광고 대상을 '보통사람들'과 그들이 사는 물건에만 국한시켜왔다.

     못 파는 광고는 쓰레기다

한 권의 책을 통해 내 이름이 '과학적 광고'와 연관되기 시작했다. 과학적 광고란 기본적인 법칙에 따라 행해지고 '불변의 원칙(fixed principle)'에 근거한 광고를 말한다. 내가 그런 원칙을 배운 것은 36년간의 '추적된(traced) 광고'를 통해서였다. 또한 수백 개에 달하는 제품의 광고 캠페인을 통해 배웠고, 수천 가지 카피의 '기호 표시 반응(keyed returns)'을 통해 배웠다. 처음 수천 통의 우편물을 쓰기 시작한 때부터 내 카피에 500만 달러의 광고비가 퍼부어지던 때까지, 단 한순간도 빠짐없이 비용과 그 결과의 기록과 마주해야 했다. 그러다보니 자연스럽게 나는 광고에 적용되어야 하는 수많은 원리를 입증하게 되었다.

나는 대부분의 광고 이론을 별로 신뢰하지 않는다. 입증된(proved) 것이 아니기 때문이다. 대개의 이론은 예외적인 상황에서의 제한된 경험에 바탕을 두고 있다. 어떤 제품은 수익률 결과로 볼 때 도저히

1906년에 제작된 크림 오프 휘트 광고

불가능한 방법으로 성공을 거둔다. 이때의 성공은 광고와 거의 연관성이 없음에도 불구하고 성공을 거두었다고 말해야 옳을 것이다. 어떤 제품은 광고를 하지 않고도 큰 성공을 거두는데, 사람들이 원하던 어떤 품질이 숨어 있기 때문이다. 혹은 브랜드 자체가 스토리를 담고 있기 때문일 수도 있다.

예를 들면 '크림 오브 위트(Cream of Wheat, '밀 죽'으로 '크림'이란 이름을 붙였다)'가 그렇다. 제품명만 봐도 모든 것을 알 수 있다. '스피어민트(Spearmint, 유럽과 미국이 원산지인 박하)' 껌도 마찬가지다. 잘 팔리는 껌은 다 좋은 이름 덕분에 성공했다. 특별한 스토리도 없고 차별점도 없다. 특정 브랜드로 성공한 사람이 다른 브랜드로는 계속 실패하기도 한다.

이러한 경험에서 도출된 결론은 다른 사람을 잘못 인도하기 쉽다.

그런 결론을 적용할 케이스는 흔치 않다. 안전한 원칙은, 합리적인 정확함을 가지고 광고가 무엇을 하고 있는지 아는 사람이거나 수천 개의 카피를 보며 그 결과를 분석하는 사람만이 끄집어낼 수 있다. 통신판매 광고가 가장 정확한 바탕을 제공하는데, 대부분의 다른 광고도 적절한 가이드를 제공하도록 그렇게 만들어질 수 있다.

과학적인 광고를 적용하려면 광고가 곧 세일즈맨이라는 점을 인식해야 한다. 광고 하나하나를 세일즈맨의 관점에서 비교하고, 비용 대비 결과에 책임질 수 있도록 유지시켜야 한다. 이런 생각 없이 눈 감고 광고를 해봐야 아무것도 배울 수 없고 결국 암초에 부딪치게 된다.

나는 이 책에서 결과를 추적하는 몇 가지 방법을 소개했다. 하지만 우리는 특정 분야에서 효과를 발휘한 방법이 다른 분야에는 적용될 수 없다는 것을 발견했다. 수익을 내던 어떤 방법이 다른 쪽에서는 4분의 1 이하로 그 효과가 떨어졌다. 그래서 원칙과 상관없이 우리는 늘 실험해야 한다.

하지만 그런 것들과 달리, 제대로 올바르게 확립된 기본 법칙도 있다. 이런 법칙은 회수율(returns)을 아는 사람이면 다 받아들인다. 현명한 사람들은 '회수율'의 가치를 제대로 인식하고 이를 채택하고 있다. 이번 장에서는 바로 그런 원칙들만 다루기로 한다.

광고에서 화려한 글 솜씨는 소용없다. 독특한 문체는 주제에서 벗어나 그 자체에만 관심을 갖게 한다. 직접적인 구매 권유는 소비자의 반감을 산다. 강한 설득력은 소비자에게 광고에 휘말릴지 모른다는 두려움을 일으킨다. 제품의 장점(merit)이나 서비스 아닌 것으로 소구하는 모든 노력은 실패로 돌아간다.

따라서 광고는 자연스럽고 단순해야 한다. 광고 카피 역시 자연스럽고 단순해야 한다. 너무 튀는 표현은 좋지 않다. 농어를 잡을 때처럼 고객을 유인할 때에도 '갈고리'를 드러내선 안 된다.

뽐내는 태도로 으스대지 말라. 당신을 파는 것이 아니라 제품을 파는 것이다. 당신의 목표에 어긋나는 어떤 말도 하지 말라. 가능한 쉬운 말을 써라. 모든 문구에 진심을 담아라.

처음부터 끝까지 '제품이 주는 것(service)'에 매달려라. 그것이 당신이 파는 것이고, 그것이 고객이 원하는 것이다. 모든 문장을 이런 관점에서 검토하라. 다른 것을 위해서는 작은 지면도 돈도 낭비하지 마라. 단 한 줄의 문장 때문에 실패한 광고를 나는 수없이 많이 보았다. 대개 속마음을 드러내는 '이기적인' 구절 때문이다. 이런 것은 반감만 살 뿐이다. '저희 브랜드만 쓰세요.', '유사 제품을 사지 마세요.', '대체 제품에 주의하세요.' 이러한 소구는 별 효과가 없다. 공감할 수 없는 계기만 될 뿐이다.

당신 자신은 완전히 잊어라. 전형적인 가망고객(prospect) 하나를 마음에 떠올려보라. 제품에 대해 관심이 있어 카피를 읽어볼 그런 사람을. 그를 당신 앞에 두라. 당신의 인상을 좋게 할 표현을 다 찾아보라. 그의 면전에서 세일즈맨이 말해야 할, 그런 것만을 말하라. 그렇게 면전에서 팔 수 있다면 당신은 광고에서도 팔 수 있다.

자랑하지 마라. 당신의 공장에 대해서나 제품에 대해서나. 당신의 고객이 아닌 '당신'의 관심사를 떠벌리지 마라. 뽐내는 것은 반감을 산다.

행동을 이끌어내는 데 겨냥하라. 고객은 지금 신문·잡지를 읽고 있는 중이다. 당신의 제품이나 헤드라인에 관심이 끌려 잠시 멈칫하고 있는 참이다. 잠시 후면 다른 기사로 넘어가 당신은 그냥 잊혀버릴 것이다. 어떻게 해서든 이런 클라이맥스에, 관심을 보인 사람이 즉각적인 행동을 취하도록 유도해야 한다. 흔히 쓰이는 것은 쿠폰이다. 사람들은 그걸 잘라낸다. 신문이나 잡지는 챙겨두지 않지만 쿠폰은 잘라 보관한다. 여자라면 식탁에 올려놓을 것이고, 남자들은 주머니에 넣어둔다. 적당한 때가 되면 그것은 '행동'으로 바뀐다. 무료제품(sample)이나 상세한 자료를 신청할 때 보낸다. 이제 그 일을 마무리할 당신의 기회가 왔다.

수없이 많은 테스트가 쿠폰이 반응(returns)을 높인다는 것을 입증했다. 나는 카탈로그를 제공하는 통신판매 업체의 광고를 많이 보았다. 어떤 광고는 쿠폰이 있었고, 어떤 광고에는 없었다. 사람들은 꾸물거리는 성향이 있다. 행동을 보류했다가 금방 잊어버린다. 많은 광고주가 그런 식으로 다 잡은 물고기를 놓치고 마는데, 비용도 어마어마하다.

행동을 유도하는 다른 방법도 있다. 기간 한정판매(the 'week' sales)가 그렇다. 소매점에서는 어떤 날이나 시간대를 정한다. 수량을 한정하기도 한다. 시간을 끌지 못하도록 신속한 결정을 유도하는 것은 광고에서 언제나 중요한 요소다.

광고에서 경박함은 아무런 소용이 없다. 유머도 마찬가지다. 돈을 쓴다는 것은 보통 심각한 문제가 아니다. 오락 관련 업종에서는 이 원칙이 적용되지 않지만 나머지 모든 광고에는 모두 적용된다. 돈은 생활과 일을 나타내는 것이므로 존중되어야 한다. 대부분의 사람들에게 있어 특정한 곳에 돈을 쓴다는 것은 다른 것을 포기한다는 뜻이다. 말하자면 돈 쓰기에는 심각한 목표가 있는 셈이다. 사람들은 지출한 만큼의 충분한 가치를 원한다. 같은 돈으로 다른 것을 샀을 때보다 더 가치 있는 무언가를 원하는 것이다.

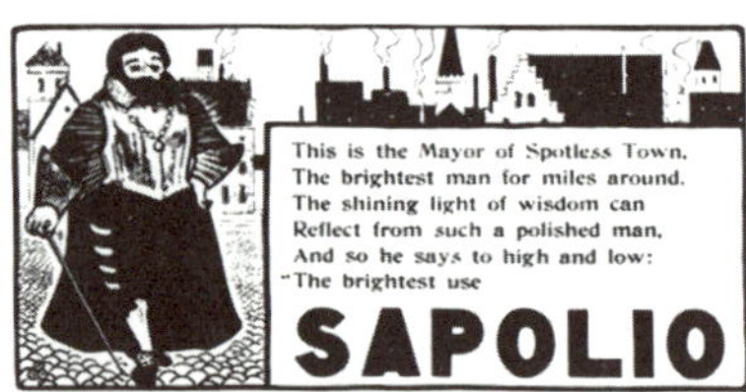

프레이저(J. K. Fraser)가 만든 '스팟리스 타운' 광고

이런 문제를 그냥 가볍게 넘겨선 안 된다. 보통사람(average person)을 제대로 아는 카피라이터라면 절대로 경시하지 않을 것이다. 돈은 천천히, 희생을 통해 들어온다. 돈이 충분하다는 사람은 별로 없다. 그래서 보통사람은 여기에 쓸 것인가 저기 쓸 것인가 늘 선택하고 있다. 돈을 내라는 이야기를 가벼운 투로 말하면 성공할 수 없다. '써니짐(Sunny Jim, 당시 시리얼 제품에 나오는 캐릭터)'이 이를 증명했고 '스팟리스 타운(Spotless Town, '얼룩 없는 마을'로 당시 비누회사의 캐치프레이즈)'도 그랬다. 지금은 잊혀진 수많은 광고들이 그랬다. 경박함으로 오래 지속된 성공은 없다. 사람들은 광대에게서 물건을 사지 않는다.

소비자를 즐겁게 하려고 하지 마라. 그것은 광고의 목적이 아니다. 사람들은 다른 것에서 얼마든지 오락거리를 찾아낸다. 수익을 올리면서 당신이 제공할 수 있는 유일한 흥밋거리는 사람들이 원하는 제품이다.

신문 기사와 경쟁하려고 하지 말라. 뉴스나 칼럼, 사진이나 만화 등 다 마찬가지다. 주목은 끌 수 있을지 몰라도, '영양가 있는' 주목은 아니다. 그런 식으로 끌어들인 대부분 사람들은 당신의 제품에 대해서는 관심이 없다.

광고와 기사는 목적이 전혀 다르다. 광고를 기사인 것처럼 포장해서 사람의 눈을 속일 수는 없다. 속일 수 있더라도 그래서는 안 된다. 제품에 관심 없는 독자를 끌어들여 광고주에게 무슨 도움이 되겠는가. 광고할 가치가 있는 것을 제대로 표현만 한다면, 어떤 제품도 기사보다 더 많은 이익(interest)을 가지고 있다. 그것은 절약일 수도 있고 혹은 도움, 때로는 몇 년 후에 찾아오는 기쁨일 수도 있다.

광고는 수백만을 향한 세일즈맨십(salesmanship)이다. 널리 퍼지기 때문에 가격도 비싸다. 전국 규모의 광고에는 단어 하나당 평균 비용이 최소 10달러다. 반드시 이점을 계산을 해야 한다. 모든 단어가 제 구실을 하게 해라. 10달러의 가치가 없는 단어는 잘라내라. 딱딱한 말투가 되어서는 안 되겠지만, 반복하지 마라. 이것은 반드시 행해져야 한다.

세일즈맨이 불필요한 말을 하거나 같은 말을 반복하여 시간을 낭비하는 것에 시간당 1달러가 든다. 그러나 광고에서는 단어 하나당 10달러를 허비하게 된다. 이런 낭비가 중요하다. 수익과 손실의 차이는 광고에서 그렇게 엄청난 것이 아니다. 만일 성공이 쉽다면 이 분야는 너무 혼잡할 것이다. 대부분의 성공은 '효율'을 통해서 나온다. 대부분의 실패는 낭비 때문이다.

어떤 식으로든 지면을 낭비하지 말라. 매체의 지면은 비싸다. 우리가 보통 읽는 것은 8 포인트 크기로 되어 있음을 기억하라. 대부분의 통신판매 광고주들은 보통 읽을거리보다 재미있는 것을 보여줄 때는 6 포인트를 채택한다. 그런데 많은 광고주가 이러한 상식을 무시하고 큰 글자를 남용한다. 그런 이론은 나는 알지 못한다. 가장 일반적으로 사용되는 크기가 가장 읽기 쉽다. 그렇지 않으면 읽는 사람에게 부담이 된다.

광고주는 '주목'을 위해 노력한다. 하지만 광고에 주목하도록 애쓰는 것이지, 소비자를 현혹시키려는 것은 아니다. 큰 글씨체를 사용하는 것이 바로 그렇다. 광고 결과를 추적하는 사람들은 큰 글씨체가 소용이 없다는 것을 금방 안다. 필요한 공간을 두 배로 늘려봤자 비용만 두 배로 늘어날 뿐이다. 통신판매 광고뿐 아니라 결과를 추적한(traced) 모든 광고가 이를 증명했다. 만일 당신의 이야기가 재미있다면, 보통의 크기라도 사람들은 읽을 것이다. 재미있지 않다면 아무리 크게 해도 읽지 않을 것이다. 읽더라도 당신에게 도움이 되진 않을 것이다.

같은 맥락에서, 헤드라인을 모두 대문자로 쓰는 광고들이 많다. 이렇게 하면 두드러져 보인다고 생각하는 모양이다. 하지만 우리 눈은 대소문자의 혼합이 익숙하다. 그래서 대문자로만 된 문장을 읽으면 잠시 생각해야 한다. 이것이 큰 약점은 아닐지 몰라도 손해임은 분명하다. 자연스럽고 평범하게 하는 것이 좋지 않을까.

이제 광고에서의 아트 부분을 생각해보자. 요즘 유행은 사진이나 그림을 사용하는 것이다. 여기에 1,500달러에서 4,000달러까지 지불하는 광고주도 많아졌다.

내가 알기로 그런 비용이 수익을 낸다고 증명된 것은 아직 없다. 흑

백보다 컬러가 더 낫다는 주장도 마찬가지다. 컬러 광고를 하는 사람이 점점 더 많아지지만 검증된 광고를 바탕으로 하는 것은 아니다.

물론 나도 과일이나 디저트 같은 분야에서는 컬러 사진이 수익을 낼 수도 있다는 것을 믿을 준비는 되어 있다. 하지만 추적된 반응(traced returns)의 결과로 보자면, 어떤 분야에서도 컬러 사진이 추가된 비용을 보전했다는 말은 듣지 못했다. 이에 대해 나는 많은 비교를 해보았다. 한 번은 유명한 광고 전문지에서 컬러 광고가 제 값을 하고 있다고 주장한 적이 있다. 하지만 실제 증거는 아직 나오지 않았다.

이것은 앞으로 더 많은 실험이 필요한 문제다. 컬러나 초호화 아트워크는 아직 장점을 증명하지 못했다. 혹시 어떤 분야에서 증명되더라도, 다른 모든 분야에 동일하게 적용될 수 있을지는 의문이다.

유인(incentive)은 판매와 직결되지 않는다. 세일즈맨의 복장에 관심 갖는 사람은 거의 없다. 오히려 '과잉 복장'은 거부감을 준다. 광고에서도 마찬가지다. 화려한 장식이 추가 판매를 통해 수익을 증명한 사례는 보지 못했다. 이를 실험해본 사람이 있다는 이야기도 듣지 못했다. 멋진 비주얼이란, 멋진 언어나 마찬가지로 소비자를 경계하게 할 뿐이라는 것이 내 생각이다.

경험을 통해 얻은 또 한 가지 교훈은, 광고가 풀 스토리를 제시해야 한다는 점이다. 사람들은 광고를 시리즈로 읽지 않는다. 지금 관심을 보인 소비자도 앞으로 몇 달 동안은 눈길 한 번 주지 않을지 모른다. 따라서 기회가 왔을 때 모든 주장을 알려야 한다.

광고 캠페인을 준비할 때 우리는 어필하는 팩트(facts)와 그렇지 못한 것을 갈라 골라낸다. 이런 작업을 통해 여러 가지 주장을 헤드라인으로 만들어 낸다. 어떤 주장은 커다란 관심을 끌지만, 다른 것은 그러지 못함을 우리는 알게 된다. 따라서 모든 주장은 개별적으로 효과가 측정되어야 한다.

소비자는 같은 제품을 사도 저마다 구매 이유가 다르다. 따라서 중요하다고 입증된 주장은 광고에 모두 포함시켜야 한다. 그렇지 않으면 자칫 가장 중요한 주장이 고객에 도달하지 않을 수도 있다.

사람들이 광고를 여러 번 읽어볼 것이라고 기대해서는 안 된다. 우리 광고가 눈길을 끌어도 사람들은 잠깐 집중한다. 바로 그때다. 그들을 설득시키느냐 아니면 영원히 흥미를 잃게 하느냐는 우리에게 달려 있다. 그들이 바라는 무언가를 멋지게 제시하지 못한다면, 다시는 우리 광고를 읽지 않을 것이다.

지금의 기회를 잃어서는 안 된다. 웬만큼 적지 않은 소비자에게 어필하는 힘이 있다고 생각되는 주장이라면 광고에 모두 포함시켜야 한다.

표현하는 방식도 여러 가지가 있다. 어떤 표현은 강한 인상을 남기지만, 어떤 것은 그렇지 않다. 최상급 표현은 별 도움이 안 된다. 예를 들어 '세계 최고'라는 주장은 아무런 감흥도 주지 못한다. 하지만 그것은 소비자들이 이미 '기대하고 있던' 표현이다. 과장이라고 비난하는 사람이야 없겠지만, 신뢰감을 상실한다. 이후에는 우리가 무어라 해도 사람들은 '접어주고' 들을 것이다.

'시판되는 제품 중에서 최고', '동급 최상의 제품'과 같은 표현을 하면 사람들은 우리의 소심함에 피식 웃을 것이다. 그렇다고 분노를 일으키지는 않는다. 하지만 우리가 하는 다른 어떤 말도 '할인'될 것이다.

    못 파는 광고는 쓰레기다

광고는 진실을 말해야 한다고 사람들은 배운다. 특히나 좋은 매체에서는, 우리가 일부러 그릇된 표현을 할 수 없다는 것을 사람들은 알고 있다. 하지만 최상급 표현은 그릇된 표현으로 보지 않는다. 그럴 리가 없다고 믿기 때문이다.

구체적인 숫자와 확실한 팩트(facts)를 언급하라. '텅스텐램프'를 예로 들어 보자. 그냥 다른 램프보다 밝다고 하면 사람들은 별 반응을 안 보일 것이다. 그러나 탄소 전구보다 $3\frac{1}{3}$배 밝다고 하면 사람들은 당신이 실제 비교를 해봤다고 생각할 것이다. 그들은 당신의 주장을 액면대로 믿게 된다.

다른 분야도 마찬가지다. 불확실한 주장은 불확실한 인상을 남긴다. 그런 것으로는 약하다. 하지만 구체적인 주장은 신뢰와 가치를 충분히 인정받는다. 독자는 당신의 말이 올바른지 아니면 거짓을 말하는지 둘 중에 하나 결정해야 하는데, 거짓이라고는 단정하기는 쉽지 않다.

부정적인(negative) 광고를 하지 말라. 불쾌한 면이 아닌, 제품의 '매력적인' 면을 항상 제시하라. 나쁜 점을 보여주거나 강조하지 말라. 고객들은 이미 그런 문제를 충분히 가지고 있다. 당신의 제품이나 서비스를 사용함으로서 생기는 '더 행복한 결과'를 보여주고 강조해라.

사람들이 추구하는 것은 행복·안전·아름다움·만족이다. 그렇다면 그 방법을 보여줘라. 불행한 사람이 아닌, 행복한 사람을 보여줘라. 잘못된 방법이 아닌, 올바른 방법을 사용함으로써 생기는 것을 말하라. 예를 들어 어떤 치약 광고도 지저분한 치아를 보여주며 효과를 노리지는 않았다. 충치나 치농을 말하지도 않았다. 성공은 바람직한 측면을 강조하는 데서 나온다.

광고에서 얻은 경험으로 보면, 사람들은 문제를 예방하는 데 별 관심이 없다. 미리 성호를 긋는 사람이 없는 거나 마찬가지다. 사람들은 지금 닥친 문제를 해결하기 위해서는 무슨 짓이라도 한다. 하지만 바로 그런 이유로 '논리 정연한' 광고가 먹히지 않는다. 사람은 누구나 이익과 향상, 욕구를 만족시킬 새로운 방법을 찾는다. 앞으로 재앙이 있으리라고는 생각하지 않는다. 이미 불행을 맞이한 사람은 대개의 분야에서 몇 퍼센트 안 된다.

광고를 시도하기엔 너무 돈이 많이 드는 제품도 있다. 그런 것들은 피해야 한다. 그렇지 않으면 크게 낙담하게 될 것이다. 예를 들면 연고제, 살균제, 천식이나 건초열 치료제, 류머티즘 크림 등이 그렇다.

이런 제품은 극소수 사람들에게만 소구된다. 전국 규모의 매체로 그들에게 도달하려면 비용이 어마어마하다. 수십 년 매출로도 감당하기 어렵다. 때로는 고객 하나를 확보하는 데 드는 비용이 몇 년간의 반응과 맞먹기도 한다. 재구매는 너무도 먼 이야기다.

모든 가정에서 반드시 구비해야 할 제품을 나는 많이 알고 있다. 이런 제품은 많은 가정에 팔릴 수 있지만, 문제는 한 번 구매하면 몇 달 혹은 몇 년씩 사용한다는 것이다. 고객 하나를 확보하는 데 드는 비용이 최초 판매로 얻는 수익을 훨씬 상회한다. 다음 판매와 수익이 있기까지는 오래 기다려야 한다. 이런 제품의 광고주와 광고인은 다음 밀물이 오기 전에 기운이 다 빠지고 만다.

세상은 그런 일들로 가득하다. 1%의 소비자에게만 소구하는 제품이거나 회사의 자금과 인내심이 바닥날 때까지 반복 판매가 이루어지지 않는 제품. 나는 뛰어난 광고전문가도 이런 제품을 맡아 마음 고생을 하는 모습을 수없이 보았다.

또 한 가지 명심할 것은 어떤 종류의 헤드라인이 가장 어필하는가 하는 점이다. 간단한 헤드라인의 변화만으로 광고 결과는 8~10배 증가된다. 나는 수없이 그렇게 했다.

헤드라인은 당신의 목표 고객에게 인사를 하려는 것이다. 그것은 마치 호텔의 벨보이나 마찬가지다. '여기 당신을 위한 메시지가 있습니다'라고 하는 셈이다. 또한 헤드라인은 신문기사의 제목이나 마찬가지다. 우리가 신문을 볼 때 헤드라인으로 읽고 싶은 기사를 선택하듯이 광고도 마찬가지다.

헤드라인에서 어떤 소구가 가장 인상적일까. 우리는 '기호를 넣은 테스트(keyed tests)' 방식을 사용함으로써, 즉 여러 가지 헤드라인을 비교해 봄으로써 알게 되었다. 어떤 헤드라인은 가망고객 25%에게 반응을 얻는데 반해, 다른 헤드라인은 50%에게 얻는다. 그에 따라 우리는 높은 반응의 헤드라인을 쓰게 된다.

이런 방법이 아니면 엄청난 낭비가 된다. '기호를 넣은 반응(keyed return)'을 사용하면 누구라도 이를 쉽게 증명할 수 있다. 좋은 광고는 그 내용에 있어 크게 달라질 수 없다. 좋은 광고는 완전해야 하고, 그러다보니 비슷해진다. 차이는 헤드라인에 있다. 헤드라인에 따라 고객 반응이 10배 이상 차이날 수 있다. 특히 소득이 높은 고객층을 공략하려면 이러한 점을 반드시 파악해야 한다.

소비자를 추켜세우는 광고가 있는가 하면 창피를 주거나 굴욕감을 주는 광고도 있다. 자기 이익에 바탕을 둔 주장의 광고도 있고, 서비스에 바탕을 둔 것도 있다. 어떤 광고는 팔기 위해 노력하고, 또 어떤 것은 기쁨을 주려고 한다. 이 모든 것이 사람의 마음 상태를 바꾸며, 바로 그것이 결정으로 유도하는 요인이다.

심리학에서는 더 깊이 들어가 자존심과 개성을 인지한다. 광고를 제대로 하려면 이런 욕망에 소구하는 법을 알아야 한다. 이런 것은 누가 가르쳐줄 수 없다. 이런 것은 자상한 본능을 통해 생겨난다. 사랑과 이해를 통해서, 또한 남을 위하고 섬기려는 마음을 통해서 생긴다. 주변 사람들이 관계가 나쁜 사람은 이런 것을 배울 수 없다.

광고를 배우기에 가장 효과적인 방법은 집집마다 찾아다니며 외판원이 되어보는 것이라고 나는 생각한다. 실제로 많은 훌륭한 카피라이터는 일하는 시간의 절반을 여기에 투자한다. 직접 사람들을 만나보면 그들의 마음을 얻는 것과 반감을 사는 것을 구분하게 된다. 그렇게 발견한 것을 광고에 적용한다.

광고를 제작할 때는 이런 요소가 모두 고려되어야 한다. 이것이 광고의 '기본'을 이룬다. 그렇지 않다고 가정해보자. 편지를 제법 쓰는 사람이라면 누구나 그럴싸한 카피를 쓸 수 있으리라. 또한 어떤 품목이든 웬만큼 카피를 쓰면 수익을 낼 수 있다고 가정해 보자. 상황이 이렇다면 세상에 광고 카피에 큰 뜻을 둔 사람은 들어설 자리가 없을 것이다.

하지만 그런 일은 일어날 수 없다. 이 분야는 매우 치열하다. 각각의 광고는 수없이 많이 경쟁상대와 주장에 둘러싸여 있다. 작은 노력 하나에도 많은 돈이 든다. 이런 경쟁을 뚫고 살아남으려면 '과학과 전략'이 필요하다. 더 많이 공부하여 기초를 탄탄히 하고, 경쟁상대보다 한발 앞서야 한다. 그 유일한 길은 수십 년 경험으로 입증된 '불변의 원칙'으로 시작하는 것이다. 결코 여기서 벗어날 수는 없다.

 못 파는 광고는 쓰레기다

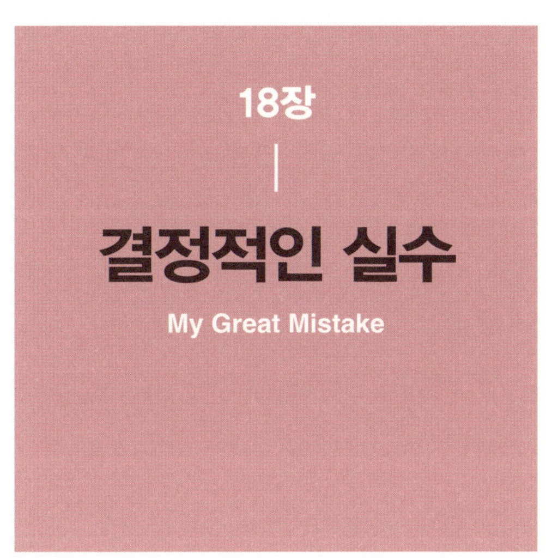

내가 카펫청소기 광고로 첫 성공을 거두던 그해, 크리스마스 전날에 비셀(M. R. Bissell) 사장이 사무실로 나를 불렀다.

"자네에게 충고 한마디 하겠네. 자네는 타고난 장사꾼이야. 앞으로 성공할 수 있는 여러 가지 조건을 갖추고 있어. 여기서 일하기에는 아까운 인재라고 생각하네. 내가 그랬던 것처럼 자네도 자기 사업을 해보는 게 어떻겠나?"

그는 자신의 인생 역정을 들려주었다. 어떻게 안정적인 직장과 봉급을 뿌리치고 홀로 고생길을 자청했는지, 그 결과 어떻게 큰돈을 버는 길에 들어섰는지까지.

그는 이런 이야기로 끝마쳤다.

"자네가 우리 회사에 계속 근무하기를 바라는 것은 이기적인 생각이지만, 만약 남기로 한다면 내년부터 연봉을 크게 올려주겠네. 하지만 솔직히 말해서 자네의 미래를 위해서는 떠나는 게 좋아. 자네는

재능도 있고 부지런하니까 성공할 거야. 대신 주변에 자네의 덕을
보려는 사람들이 생길 테니 조심하게나."

스코틀랜드인의 보수적인 성향 탓으로 나는 회사에 남기로 결정했
다. 그것은 내 인생에서 가장 커다란 실수였다. 얼마 지나지 않아 결
혼도 했는데, 당시 내가 하는 사업은 하나같이 잘 풀리지 않았다. 그
렇게 하여 나는 평생 나 자신을 고용인 신세에 묶어두게 되었다.

나는 동료들이 자기사업 시작하는 것을 지켜보았다. 주로 내가 가
르쳐주던 분야였다. 프레드 메이시(Fred Macey)는 통신판매 가구사
업을 시작했는데, 불과 몇 달 만에 사무직원만 90명이 될 정도로 번
창했다. 그가 차린 회사(Fred Macey Co.)는 아직 건재하다. 쇼우(A. W.
Shaw)는 빌딩오피스시스템에 뛰어들더니, 〈시스템(System)〉이라는
잡지를 창간하여 남부럽지 않은 성공을 이루었다. 룸메이트였던 스
태퍼드(Stafford)도 회사를 떠나 학교 납품용 가구를 생산하더니 회사
(E. H. Stafford Co.)를 설립했다.

그 무렵의 나 역시 그들 못지않게 모든 준비가 되어 있었다고 생각
한다. 단지 용기가 부족했다. 그들은 자신의 미래에 투자했지만, 나는
남의 회사의 크고 작은 일을 처리하는데 불려 다녔다. 나는 늘 그들의
독립을 부러워했는데, 내가 독립하는 데는 35년이 걸렸다.

나의 도움으로 부와 명성을 얻은 사람은 적지 않다. 대개 그들은
처음에 무일푼이었다. 광고가 먹여 살려야 했다. 광고가 사업의 주축
이었고, 때로는 광고가 성공의 유일한 이유였다. 통신판매 업체에선
그 것이 너무 분명했고 다른 사업도 그랬다. 당시 아침식사 식품(시리
얼 종류)이나 치약, 의약, 비누, 세제 등을 만드는 것은 어렵지 않았다.
대부분의 광고주들은 초기에 다른 사람을 고용해 물건을 생산했다.
세일즈맨은 별로 도울 것도 없었고, 그다지 고용되지도 않았다. 따라

서 모든 것이 광고에 달려 있었다.

이런 제품이 어떻게 테스트 되는지는 앞에서 이미 설명한 바 있다. 처음에는 소규모로 한다. 업무의 90%도 광고인이 처리한다. 제조업체에서 모험을 하는 일은 전혀 없거나 거의 없다. 하지만 테스트가 실패하면 광고인이 큰 손해를 본다. 테스트가 성공하여 광고가 지속된다면 광고인은 커미션을 받는다. 광고의 수익은 다른 사람들에게 간다. 광고인은 익명(匿名)이기 때문에 이름(credit)조차 올리지 못한다.

기업이 성장하면서 기업주의 부와 명성도 함께 커간다. 반면에 기업이 성장할수록 광고대행사의 입지는 점점 더 좁아진다. 기업이 안정권에 접어들어 탄력을 받으면, 평범한 광고로도 상승세를 유지할 수 있는 때가 온다. 사업 초창기였다면 시동도 걸리지 않았을 그런 광고 말이다.

광고인은 자신이 확립한 방법에 집착해 변화를 두려워한다. 사실 변화가 그리 현명한 것도 아니다. 새로운 고객을 잡는 가장 좋은 방법은 대부분 수백만 고객을 끌어들이던 기존의 방법이니까. 하지만 모든 광고물을 다 읽는 사람들(광고주를 말함)에게는 광고가 단조롭게 느껴진다. 그들은 늘 새로운 것을 원한다. 그리하여 대형 광고주를 상대하는 광고인은 조만간 대형 광고주를 잃게 될 처지에 놓인다. 자신의 광고물량과 수입을 유지하기 위해서는 다시 새로운 광고주를 찾아 모험(venture)을 할 수밖에 없다.[43]

---

43 기업이 안정세에 든 이후의 광고물, 소위 '유지 광고'를 만드는 것이 홉킨스에게는 오히려 어렵고 힘들었던 것으로 보인다. '소규모'로 시작해 부와 명성을 얻은 광고주와의 갈등으로 인한 광고인의 아릿한 슬픔을 절묘하게 표현하고 있다.

나는 점차 전매품(proprietaries, 국가나 특정 회사가 독점하여 판매할 수 있는 권리를 가지고 있는 제품)이나 식품처럼 반복적으로 구매해야 하는 일상용품을 전문적으로 다루게 되었다. 이런 제품은 광고가 큰 역할을 한다. 한 번 팔고 마는 제품은 별로 환영하지 않았다. 그런 제품에서도 수익이 날 것이다. 하지만 그런 제품의 고객은 소수다. 광고인의 큰 수익은 대다수 가정이 두루 사용하는 제품에서 나온다. 그리고 이런 광고는 오래 계속된다. 예를 들어 식품의 경우는 엄마가 자녀에게 특정 제품을 사용하라고 가르친다. 이런 호의는 쉽게 사라지지 않을 것이다.

하지만 그런 제품도 개발되어야 한다. 그 과정은 다소 느릴 수 있다. 광고인은 주도적으로 그 작업에 나서고 그만큼 책임도 진다. 하지만 내가 지난 35년간 그랬던 것처럼, 광고인은 공정한 수익을 배분받지 못한다. 또한 정규 직원이 되지도 못한다.

나는 종종 그동안 받은 커미션을 내가 키운 회사의 주식에 투자했더라면 어떠했을까하고 생각을 한다. 수백만 달러는 되었을 것이다. 내가 그러지 못한 진짜 이유는 나 자신에 대한 자신감을 가지지 못해서였다. 하지만 나는 겉으로는 그러한 상업주의를 무시하는 척했다. 창조적인 나의 작업이 더 높은 데 있으니까 하고. 그래서 여러 해 동안 나는 남들이 돈 버는 것을 구경만 했다. 나는 눈곱만큼의 명성을 얻었을 뿐이었다.

이런 무기력에서 벗어나게 해 준 사람은 바로 야심만만한 나의 아내였다. 아내는 명성보다 돈이 훨씬 낫다고 생각했다. 나를 고용했던 사람들이 재정적인 면에서 얼마나 도움을 많이 받았는지 보라고 지적했다.

아내의 말을 곰곰이 생각해 보았다. 그리고 남들을 위해 일한 지

수십 년 후에 드디어 내 일을 시작하게 되었다. 나는 이미 나의 창작물에 대한 수익의 분배로, 그동안 받은 커미션 전체보다 더 많은 돈을 벌고 있었다.

나의 맨 처음 투기 중 하나는 펩소던트 치약이었다. 1만3,000달러를 들여 지분을 확보했는데, 배당금으로 20만 달러를 받았고, 주식은 50만 달러에 매각했다.

이후 나는 처음으로, 비셀 사장이 21살의 내게 충고했던 것을 해야겠다고 결심했다. 남들은 은퇴하는 나이였다. 이제 나를 위해 일해야겠다. 흥하든 망하든 그렇게 하기로 했다.

머릿속에 아이디어가 많았다. 처음 시작한 것은 화장품 사업이었다. 예전에 이 분야의 통계를 많이 접했었다. 화장품 시장의 규모는 연 7억 달러. 다른 분야 몇 개를 합친 것보다 많았다. 제품은 확보했지만, 이론적 배경이 부족했다. 시장은 포화 상태였다. 앞서가는 딜러들은 수천 가지 상품을 진열하고 있었고, 매주 수십 개의 신규 제조사가 그들에게 접근하고 있었다. 독보적인 브랜드는 없었다. 여성이 화장품 브랜드를 바꾸려고 매장에 들르면 다른 제품 판매원 십여 명이 덤벼드는 식이었다.

나는 파리와 비엔나에 직원들을 보내 뭔가 독특한 제품이나 도움이 될 만한 것을 확보하려 했다. 하지만 소득은 없었다. 결국 화장품 사업을 포기해야 할 것 같았다.

바로 그때 에드나 월러스 하퍼(Edna Wallace Hopper, 1872~1959 미국의 여배우)가 시카고에 방문했다. 그날 맨덜(Mandel Brothers) 백화점은 광고로 그녀가 4층 화장품 매장에 온다고 발표했다. 나는 백화점에 직

홉킨스가 영화배우 에드나 월러스 하퍼(왼쪽)의 비법으로 설립한 화장품 회사의 1925년도 광고

원을 보냈지만 이미 발 디딜 틈도 없었다. '미스 하퍼'를 보려고 몰려든 여성들이 너무 많았다.

그녀는 노년에 접어든 여배우였지만, 19살 때처럼 머릿결은 물론이고 몸매와 피부가 고왔다. 중년 여성들은 수십 년 전, 그녀의 앳된 모습을 여전히 기억하고 있었다. 여성들은 그녀가 젊음을 유지하는 비결을 궁금해 했다.

백화점 관계자는 그녀에게 나를 만나보라고 제안했다.

"하퍼 씨, 당신의 인기를 제대로 살릴 방법이 있습니다. 다른 여성들에게 당신의 비결을 알려주고 싶지 않으세요?"

다음날, 그녀가 직접 나를 찾아왔다. 그녀는 지금까지 언론에 보도된 자신의 기사를 빠짐없이 스크랩해서 가져왔다. 젊음을 유지하는 비결에 대한 내용이 대부분이었는데, 자신이 쓴 것도 여러 페이지였다.

그날 나는 화장품의 '이론'을 확립했다.

     못 파는 광고는 쓰레기다

'여기 한 여성이 있다. 미국에서 가장 많이 언급되는 배우. 35년 전 빼어난 미인이었고, 지금도 미모를 고스란히 간직하고 있는 사람. 그리고 그녀가 전 세계를 찾아다니며 발견한 아름다움의 비결.'

나는 그녀와 계약을 맺었다. 그녀는 내게 비법(formulas)과 자신의 이름, 그리고 명성을 넘겨주기로 한다. 나는 여성들을 위해 그녀가 사용한 방식 그대로의 제품을 준비하기로 한다. 그녀는 비법을 확보하기 위해 엄청난 돈을 들였다. 그녀는 화장품이 무엇을 할 수 있는지 보여주는 살아 있는 본보기였다. 그런 제품으로 우리는 대규모 화장품 회사를 설립했다.

나는 사업을 하면서 영업사원을 따로 둔 적이 없었다. 딜러에게 우리 물건을 사달라고 요청한 적도 없었다. 오로지 소비자에게만 공을 들였다. 하퍼가 실천한 '미의 탐구'를 여성들이 인정하고 존중하도록 광고를 하고, 여성들이 딜러에게 요청해 우리 제품을 공급받도록 만들었다.

많은 제조업체들이 사업을 시작하며 제품을 다양한 유통망을 통해 이중 삼중으로 판매한다. 최근에는 도매업자에게 판매하려 하면 대개 20%쯤 요구한다. 하지만 그들이 하는 것이라곤 우리가 창출해낸 수요와 주문에 따라 주문서를 작성하는 것뿐이다. 영업비용을 언급하지만, 그것은 다른 업자와 경쟁하는 비용이다. 딜러(소매상)가 어느 도매상에서 물건을 받아가든, 우리 입장에서는 아무 상관없는 문제다.

소매상들도 새로운 기업과 거래를 시작할 때마다 최대한 수익을 끌어내려고 한다. 영업사원을 보내보면, 이익이 될 만한 온갖 요구를 다 한다. 10개를 주문하면서 12개를 달라고 하는 등 여분의 수익을 바란다.

그런 식의 거래 조건은 매우 불리하며 한 번 체결하면 좀처럼 변경할 수 없다. 당신의 성공은 궁극적으로 소비자에게 달려 있다. 소비자가 당신의 제품을 찾도록 설득만 된다면, 소비자와 직접 상대하는 딜러는 당연히 주문할 것이고, 딜러가 원한다면 도매상이 공급할 것이다.

광고에서의 실패는 원칙 없는 판매 전략에서 기인한다. 처음에는 중개업자나 도매상을 대상으로 하는데, 이들은 높은 마진을 요구한다. 이어 소매상에 판매를 시도하는데, 덤으로 주는 제품과 추가 마진을 원한다. 하지만 모든 결과는 소비자에 달려 있다. 도매상과 소매상의 주문은 결국 소비자를 어떻게 공략하느냐에 따라 달라진다.

이 점을 항상 명심하기 바란다. 도매상과 소매상은 자기들만의 브랜드가 있다. 그들이 영향력을 행사하는 어떤 거래도 결코 당신의 상품 위주로 되어있지 않다. 그들은 당신에게 칼자루를 맡기려 하지 않는다. 만일 그들이 판매에 영향력을 끼칠 수 있다면 네 배쯤은 자기네 제품을 더 팔려고 할 것이다.

이것이 바로 광고에서 가장 안타까운 측면이다. 광고주는 우선 소비자를 붙잡기 위해 투자한다. 그리고 도매상과 소매상에 제품을 팔기 위해 세일즈맨에게 추가로 비용을 지불한다. 자신이 창출하는 수요에 대해 단지 주문을 전달하는 유통망에 할인과 판촉에 필요한 혜택을 제공한다. 그 결과 광고주에게는 남는 것이 거의 없다.

그런 식으로 해서는 누구도 성공할 수 없다. 이는 과도한 간접비를 안고 사업을 벌이는 것과 같다. 광고주는 비용과 위험 부담을 견디며 노력하지만 수익은 금방 흩어지고 만다.

오늘날 '에드나 월러스 하퍼 화장품'은 23개의 제품을 갖추고 있다. 모두 하퍼가 발견한 비법대로 생산한다. 23개의 제품 중 하나를

  못 파는 광고는 쓰레기다

써본 여성 고객은 나머지 제품도 써보고 싶어 한다. 일단 발을 들여 놓으면 쉽게 빠져나갈 수 없다. 평균 마진은 1달러 78센트나 된다. 치약이 50센트, 면도크림이 35센트, 비누가 10센트인 것과 비교가 된다. 광고를 통한 판매 수익으로는 비용을 감당하지 못한다. 그러나 한 가지 제품이 팔리면 다른 제품도 팔린다. 이는 다른 분야에서도 마찬가지다. 전체 수익은 보조 판매에서 나오는 법이다.

화장품 회사는 내가 새로운 세상을 맞으면서 벌인 여러 사업 중에 하나다. 그중 몇 개는 실패하겠지만, 실패의 비용은 사소하다. 예전에 내가 남의 회사를 위해 테스트하다가 실패했을 때 어떻게 되었던가. 그들은 내게 대가를 다 치르게 했다. 지금도 그만큼만 치르면 된다. 하지만 성공하면 수백만 달러를 거머쥐게 된다.

나의 미래는 이렇다. 부정기적인 커미션만 받고 광고주의 성공을 위해 일하던 때와는 달리, 직접 사업에 착수했다. 수익이 보인다. 내 덕분에 성공한 기업이 수십 개라는 점을 생각하면, 하나만 성공하더라도 예전보다 훨씬 더 많은 돈을 벌게 될 것이다.

이것이 대중에게 좋은 충고는 아니라는 것을 나도 잘 알고 있다. 보통사람은 윗사람의 지시를 받으며 일해야 한다. 성공에 필요한 자질은 여럿인데 이를 다 가진 사람은 적다. 내가 지금 시도하는 모험의 밑바탕에는 지난 수십 년간 사람들과 협조하며 일한 경험이 있다.

이런 경험이 누군가에게 좋은 암시가 되거나 방향의 길잡이가 되었기를 바란다. 나는 광고에서 성공할 수 있는 유일한 방법을 제시하고자 노력했다. 그 길은 여러 방향으로 인도한다. 무엇이 최선인지는 각자 스스로 결정하기 바란다.

19장

개인적인 이야기

Some Things Personal

이 책이 나의 성공의 기록이자 독자들을 위한 지침서라는 점을 감안해 사생활과 특성, 습관이나 욕망 등도 조금 이야기해야 할 것 같다. 내가 성공을 통해 얻은 것과 밀접한 관련이 있는 것들이기 때문이다.

나는 본래부터 일 중독이었다. 사람들이 놀기를 좋아하듯 나는 일을 좋아한다. 일은 나의 직업이며 동시에 오락이다. 어릴 때부터 생활비를 버느라 방과 후에도 제대로 놀아본 적이 없다. 어른이 된 뒤에도 세일즈 정신(salesmanship)에 대한 모든 것을 배우려는 일념에 시간을 허비할 수 없었다. 평생 내가 배운 게임이라고는 비즈니스뿐이다. 그것은 모든 것을 빨아들이는 것이었다. 야구나 골프, 테니스도 해본 적 없다. 스코틀랜드 장로교 신자인 어머니는 춤과 카드놀이는 물론이고 영화와 연극도 금지시켰고, 나 역시 그런 것을 배우려 하지 않았다. 자동차가 세상에 나오자마자 구입하긴 했지만, 거의 운전을 하지 않는다.

나는 사명감을 갖고 신입사원이나 동료들이 일을 사랑하게 만들고자 노력했다. 뿐만 아니라 소년법원의 허락을 받아 수감 중인 비행 청소년들에게 농장에서 일할 기회를 주는 단체에서도 오랫동안 활동했다.

그랜드파크에서 신문을 깔고 자는 부랑자들을 찾아가서 한 시간이 넘도록 일을 해보라고 설득도 했다.

교화에도 지속적인 관심을 가졌는데, 졸리엣교도소에서 강연을 하던 봉사단체인 모드 바링톤 부스(Maud Ballington Booth)를 계속 따라다녔고, 가석방 죄수를 위한 임시 숙소인 시카고의 호프 하우스(Hope House)도 지원했다. 그곳에서는 일요일 오후에 '일의 즐거움'이라는 주제로 강연을 하기도 했다.

나의 주된 자선행위는 소년은 물론이고 사람들에게 일을 사랑하도록 교육하는 것이었다. 소년원에 수감된 비행 청소년들이 농장에서 일할 기회를 주는 단체에서 오랫동안 활동했다. 수백 명의 청소년이 그렇게 구제되었다.

시골집에서 시카고까지 출근하면 아침 6시에 사무실에 도착한다. 나는 당시 수년간 출근 즉시 그랜드파크에 갔다. 그곳에는 신문지를 깔고 자는 노숙자들이 많은데, 나는 이들에게 일을 하도록 설득하는데 한 시간 이상 공을 들였다.

나는 미국자원봉사협회(Volunteers of America, 종교 바탕의 비영리 단체)의 이사를 맡고 있다. 나의 주된 관심은 교도소 관련이다. 졸리엣 교도소(Joliet prison, '프리즌 브레이크' 등 영화·드라마 촬영 장소로 유명)에서 강연을 하던 모드 볼링톤 부스(Maud Ballington Booth, 1865~1948, 구세군 지도자)를 계속 따라다녔고, 가석방 죄수를 위한 임시 숙소인 시카고의 호프하우스(Hope House)도 지원했다. 이런 나의 노력은 잡지에 게재되기도 했다.

남녀 차별 없이 모두가 일해야 한다는 주제로 잡지에 기사도 많이 썼다. 독신인 누이도 순수하게 자신의 행복을 위해 일을 하고 있다는 것을 주장했다. 누이는 아직도 그랜드래피즈의 고등학교에서 교편을 잡고 있다. 내 딸 중 하나는 배우로 활동하고 있다. 다른 딸은 스미스 대학 졸업 직후 결혼 해 주부로서 일을 하면서 여성 클럽의 대표와 강연활동을 하고 있다.

아내는 하루에 14시간 정도 일하고 있다. 정원 관리에 남다른 소질이 있어 미시간에서 가장 예쁜 정원을 가꾸어 놓았다. 매년 여름, 수백 명이 정원을 보러 온다. 아내가 관리하는 시골집은 항상 손님이 넘쳐난다. 계산을 해보니 여름 한 계절에만 3,500인 분의 아침식사를 준비하고 있다. 아내는 또 음악을 매우 좋아해서 하루에 6시간쯤 연습하는데, 시카고에서는 자선사업가로도 유명하다.

딸들이 시집가기 전의 우리 집은 휴가철이 되면 젊은 청년들로 꽉 찼었다. 나는 그들에게 게으름을 피우면 용납하지 않겠다고 못 박았다. 내 말을 듣고 많은 학생들이 방학 중에 일자리를 얻어 자신의 경력에 도움이 될 만한 습관을 길렀다. 그것이 그들의 성공에 도움이 되었다는 사실을 알고 나는 매우 만족스러웠다. 그들은 공을 포켓에 넣는 것보다 주문서를 주머니에 넣는 것이 더 재미있다는 것을 알게 되었다. 트로피를 따내는 것보다 계약서를 따내는 것이 더 낫다는 것도.

일에 대한 나의 집착은 돈이나 명성을 사랑하기 때문이 아니다. 심지어 나는 성공해야겠다는 의식적인 욕망도 없었다. 스코틀랜드인 특유의 검소함이 몸에 배었을 뿐, 돈이 나에게 큰 의미가 있는 것도 아니다. 자식들에게도 재산을 물려주지 않으려 한다. 그들은 이미 행복한 삶을 살고 있다. 사위들도 나처럼 스스로 성공을 일구는 기쁨을 갖기를 바랄 뿐, 그 의욕을 빼앗고 싶지 않다.

나는 오랫동안 배고픔과 친구가 될 정도로 극도의 가난 속에서 살아왔다. 일을 처음 시작했을 때 세탁비를 지불하느라 일주일에 두 끼를 굶어야 했다. 반면 연간 14만 달러를 쓰며 사치스럽게도 살았다. 이 둘은 나에게 별로 차이가 없었다. 어떤 상황에서도 마찬가지로 행복했다. 다시 가난해진다면 고통이 없지는 않을 것이다. 하지만 사람은 환경이 바뀌어도 얼마든지 행복하게 살 수 있다고 나는 확신한다.

내가 아는 가장 행복한 사람은 나의 이웃이다. 한 달에 125달러 이하의 수입에 불과했지만 그는 열심히 저축해 작은 집을 여섯 채나 마련했고, 은퇴 후에는 임대수입으로 생활하고 있다. 여름에는 나와 함께 호수에 나가거나 정원을 가꾸고, 겨울에는 플로리다에서 지낸다. 나는 가끔 알맹이 있는 교훈을 찾아 그의 오두막에 내려가 본다.

소득세가 생기기 전까지 나는 수입을 제대로 기록하지 않을 정도로 의미가 없었다. 오르내리는 기복이 내게 별 영향을 끼치지 않았다. 나의 소득을 정리하고 각종 지출을 관리하는 것은 오롯이 아내 몫이다. 나는 수표를 발행한 적도 없다. 시골집에 들인 돈이나 다른 어떤 비용도 전혀 생각지 않는다. 그런 비용을 알면 나는 불편해진다. 어머니가 나에게 주입한 그 무언가 때문이다. 하지만 어디에 많은 돈이 들었다는 것을 알게 되더라도 그것이 내게 끼치는 영향은 전혀 없다.

개인적인 지출 면에서 나는 매우 절약하는 편이다. 아내가 기성복을 입는 것을 한사코 반대하기 전까지, 옷은 다소 허름하게 입었다.

지금도 값비싼 양복점은 피하고 있다. 이 글을 쓰는 시점에서 지난 2
년간 새 양복을 한 벌도 사지 않았다. 신발에 쓰는 돈은 6달러 50센
트가 한도이며, 호텔에 가더라도 수수하게 주문한다.

이런 이야기를 하는 것은 일에 대한 동기가 돈이 아니라는 것을
지적하기 위함이다. 명성이나 지위도 아니다. 평범한 이웃사람들과
숲속에 집을 짓고 살다보면 그런 것들에 관심을 두지 않게 된다. 그
런 것들은 자칫 나를 이웃사람들 위에 올려놓을 수 있는 장애가 된
다. 시골에서는 우리 모두 평등하게 만난다.

나는 평생 일을 해왔다. 처음에는 일의 즐거움 때문이었고, 나중
에는 습관이 되었다. 이후 내가 세상에 뛰어들고부터는, 광고라는 아
기를 요람에서 꺼내기 위해서는 누군가 엄청나게 많고 힘든 일을 해
야 한다고 깨달았기 때문이었다.

로드 앤 토마스에서 내게 일자리를 제안했을 때, 당시 나는 25세
로 그랜드래피즈에 살고 있었다. 나는 면접을 위해 시카고(그랜드래피
즈와의 거리는 285킬로미터 정도)에 갔다. 당시 광고대행사[44]에는 카피라이

---

44 **광고대행사** 18세기 초, 신문이 주요 광고 매체로 자리매김 되면서 기업(광고주)에
신문의 광고지면을 판매하는 지면판매원들이 탄생했다. 이들은 광고를 직접 제작하지
는 않았고, 광고지면을 판매해주는 대가로 광고비의 25%를 받았다. 이후 신문과 잡지
의 지면을 가능한 싼 가격으로 대량으로 구매한 후, 웃돈을 붙여 작은 크기로 쪼개서
광고주와 광고대행사에 파는 지면중개인이 등장했다. 현재와 유사한 '광고주와 대행
사와의 계약' 및 '대행수수료 15%'는 남북전쟁(1861~1865) 이후 정착되기 시작했고,
1890년대에 이르러서야 비로소 광고대행사가 서비스 조직으로 바뀌기 시작했다. 따라
서 이전에는 광고주들이 실력있는 카피라이터를 고용하거나 광고전담 부서를 운영했
다. 또한 성공 가능성이 있는 제품을 선정해 광고비를 비롯한 마케팅 비용을 부담하면
서 독자적으로 광고와 유통을 책임지는 광고유통사들도 기획 능력이 뛰어난 카피라이
터들을 영입해 광고는 물론이고 마케팅과 관련한 업무를 맡았다.

 못 파는 광고는 쓰레기다

터가 없었다. 제한된 신문 지면을 두고 다른 대행사와 경쟁을 벌이는 지면 중개업이 주종이었다. 광고는 광고주나 광고업자[45]가 직접 제작하여 일렉트로타이프(electrotypes, 요즘의 팩스와 비슷한 전송도구)로 전송했다. 이러한 비즈니스에서 수익을 올릴 수 있는 것은 광고주가 돈을 쓰게 하는 '계획(scheme)'을 개발하는 것이었다. 그 일이 나의 몫으로 정해졌는데, 비셀 카펫청소기 회사에서 '계획' 담당자로서의 솜씨를 발휘했기 때문이었다. 광고주에게는 수익의 개념이 없었다.

당시 나는 어리고 경험이 부족했으나, 그런 식의 사업 아이디어는 오래 가지 못하리라는 것을 통찰하는 센스는 있었다. 나의 수습시절은 일찍이 나에게 '추적할 수 있는 결과(traceable results)'의 필요성을 가르쳐준 것이었다. 그래서 나는 60%의 봉급 인상에도 불구하고 로드 앤 토마스의 제의를 거절했다. 그리고는 수익을 내면서 제품을 파는 나의 '투쟁'에 다시 돌입했다. 로드 앤 토마스가 새로운 경영체제로 나에게 다시 손을 내민 것은 그로부터 16년이 지난 후였다.

로드 앤 토마스가 다시 손을 내밀 때까지 16년간의 특별한 노력에서 나는 무엇을 얻었던 것일까? 내가 얻은 것은, 말하자면 다른 사람들이 의학 연구로 얻은 것이나 평생을 실험실에 바쳐 얻은 것에 견줄 수 있다. 내 평생의 작업은 광고의 연구였다. 나는 이제 후배들

---

45 광고업자 신문 지면을 광고주나 광고유통사, 또는 다른 광고대행사에 판매하는 첫 번째 신문광고대행사는 1841년 필라델피아에서 팔머(Volner B. Palmer)가 설립했는데, 팔머는 신문 지면을 광고주들에게 소개하는 지면판매원 출신이었다. 지면판매원과 신문 광고대행사는 1865~1880년까지 지면중개인으로 발전했으며, 사전에 신문의 광고지면을 다량으로 값싸게 확보해 재판매했다. 지면중개인 중에는 로웰(George P. Rowell)이 가장 큰 영향력을 발휘했다. 지면판매가 주수입인 지면중개인과 광고대행사는 새로운 광고매체를 개발하는 데 주력했다. 톰슨(J. Walter Thompsoo)은 잡지 지면 판매에 두각을 나타냈으며, 문학잡지에도 광고가 게재되도록 하는 등 광고지면을 개척했다.

을 위해 내가 발견한 것을 전할 수 있는 특권을 가지게 되었다.

이 기록이 광고인들이 저지르는 수많은 잘못을 줄여주는 한편 내가 이를 수정하느라 들였던 많은 시간을 절약해주기를 희망한다. 내가 얻은 것은 토마스 A. 에디슨이 하루 20시간을 바쳐서 얻어낸 것과 같다. 이것이 내가 불후의 원칙을 발견했다는 것을 알게 된 만족감이다.

사람들은 광고가 바뀌고 있다고 한다. 시대가 새로운 것을 요구한다는 것이다. 확실히 생활의 속도는 달라지고 있다. 유행과 선호(選好), 욕구가 끊임없이 변하고 있다.

광고의 어떤 '스타일'은 실제로 변하고 있다. 하지만 모든 광고 캠페인에 다른 '기호 표시(key note)'를 부여하는 것은 과거에도 그랬고 지금도 여전히 필요하다. 흉내 내는 것으로는 결코 성공할 수 없다. 하지만 인간의 본성은 결코 바뀌지 않는다. 이 책에서 제시하는 광고의 기본 원리는 알프스처럼 영원할 것이다.

광고는 예전보다 훨씬 어려워졌다. 비용이 증가하고 유능한 경쟁자가 많아졌기 때문이다. 이런 어려움이 '과학적인 광고'의 필요성을 높여주고 있다.

지금 나는 아름다운 호숫가를 내려다보며 이 책을 쓰고 있다. 나는 여섯 살 무렵 이곳에 처음 왔었다. 호수의 끝자락에 마을이 있다. 한때 제재(製材)업을 많이 했던 곳이다. 그곳에서 할아버님이 침례교 목사를 하셨다.

어릴 때 쟁기질하던 언덕과 한때 땀을 흘리던 포도원도 눈에 들어온다. 삼촌이 관리하던 과수원은 이제 나의 집이 되었다. 나는 비즈니스에 뛰어들기 전까지 매년 여름 여기서 일했고 가끔은 겨울에도 왔다. 어린 시절 친구들 몇몇은 아직도 여기 살고 있다.

마을 아래쪽에는 한때 부두로 사용된 곳이 있다. 그곳에서 하루에 최대 1,800 바구니의 복숭아를 나르기도 했다. 18세 때, 어느 날 밤 나는 비즈니스 세상에 뛰어들기 위해 눈물을 훔치며 부두에서 배를 탔었다. 돌이켜보면 참으로 우여곡절이 많았다.

귀소 본능이 나를 다시 이곳으로 이끌었다. 어려서부터 좋아했던 처녀림의 절벽 쪽을 구입하고, '파이니 크레스트(Pineycrest, '소나무 절벽' 정도의 의미)'라고 명명했다. 그곳에 집을 짓고 17년 동안 꾸준히 넓히고 가꿔 낙원을 만들었다. 반 마일에 달하는 정원이 호수까지 뻗쳐 있다. 잔디밭은 친구와 친척들, 그리고 손자들로 항상 시끌벅적하다.

이렇게 아름다운 곳에서 좋아하는 일을 할 수 있으니 더 바랄 것이 없다. 하지만 불과 1킬로미터 정도만 벗어나도 '나의 낙원'과는 매우 대조적인 광경이 펼쳐진다. 그곳에는 나에게 이런 미래가 가능하다고 감히 상상조차 못한 사람들이 살고 있다. 어쨌든 이곳은 나의 조국이다. 나의 성소(聖所)이며 나의 집이다.

나는 이 세상 어느 누구보다 인생에서 더 많은 것을 받았다고 확신한다. 진정한 행복과 만족감이다. 나는 그것을 보통사람들의 단순한 것에 대한 사랑에서 찾는다. 그것이 광고에서 나의 성공을 가져왔다.

주말에 파티를 열면 수많은 성공한 사람을 만난다. 아주 흉허물 없다. 나는 그들 누구도 부러워하지 않는다. 가장 행복한 사람은 자연과 가장 가까이 사는 사람이다. 이것이 광고에서 거둔 성공의 핵심이기도 하다. 이제 나는 이렇게 결론 내리겠다. 대중을 아는 것과 사랑하는 것에 바탕을 둔 광고라는 직업은 돈을 넘어 그 이상의 많은 보답을 준다.

Scientific Advertising

과학적 광고

1장

광고의 기본원리
How Advertising Laws Are Established

광고는 이제 하나의 과학으로 자리매김하게 되었다. 그것은 불변의 원칙(fixed principles)에 근거하고 있으며 합리적이고 정확하다. 광고물의 어떤 부분으로 인해 어떤 결과가 생기는지, 원인과 결과가 완전히 이해될 때까지 분석이 계속되었다. 광고물을 어떻게 기획·제작할지, 그에 대한 올바른 방법도 실험을 통해 증명되었고 확립되었다. 이제 우리는 어떤 것이 가장 효과적인지 안다. 그래서 광고물을 만들 때 검증된 기본 법칙을 따른다.

한때 도박으로 여겨지던 광고는 위와 같은 과학의 계단을 밟으며 이제 비즈니스 활동 중에서 가장 안전한 분야로 자리 잡았다. 가능성은 크지만 위험부담은 거의 없는(little risk) 분야가 바로 광고다.

이 책에서 얘기하는 것은 특정한 이론이나 의견이 아니다. 실험을 통해 확실히 입증된 원칙과 사실(facts)만을 다루고 있다. 마케팅을 공부하는 학생에게는 하나의 교과서로, 광고주에게는 안전한 길로 인도하는 지침서로 쓰일 수 있도록 했다. 어떤 진술(statement, 이 책에서 언급되는 주장 등을 의미함) 하나에도 무겁게 고민했다. 이 책이 다루는 범위는 이미 결론이 난(established) 광고의 기본원칙만으로 한정했다. 혹시 '불확실한 영역'으로 들어가게 되면, 표시를 해두었다.

광고가 지금같이 발전한 데에는 많은 이유가 있다. 오래 전부터 전국 규모의 광고는 대부분 광고대행사(광고유통사)가 집행해왔다. 일부 광고대행사는 수백 개의 캠페인(campaign, 보다 조직적이고 규모가 큰 광고활동)을 펼치면서 수천 개의 계획과 아이디어를 테스트 하고 비교해 보았다. 그 결과는 모두 관찰되고 기록되어 온전히 소중한 가르침이 되었다.

광고대행사는 재능이 뛰어난 인재를 고용한다. 유능한 것은 물론이고, 경험이 많지 않으면 광고가 요구하는 일들을 해낼 수 없다. 서로 협력해서 일하면서 남들에게 배우고, 각자 새로 맡은 일을 통해 배워가면서 일부는 거장(巨匠)으로 커나간다.

여러 사람이 광고계를 오갔으며, 그들의 기록과 아이디어는 남는다. 이는 조직의 재산이 되고, 그 뒤를 따르는 사람들에게 지침이 된다. 이렇게 수십 년이 흐르면, 광고대행사는 축적된 경험은 물론이고 입증된 원칙과 방법이 가득 쌓인 보물창고가 된다.

대형 광고대행사는 기업의 전문가들과 긴밀한 접촉을 하고 있다. 클라이언트는 대개 시장을 주도하는 업체들이다. 따라서 광고대행사는 수많은 방법과 정책의 결과를 알게 된다. 판촉과 관련된 모든 것의 정보기관(clearing house)이 된다. 수많은 경험 덕분에 판매와 관련된 대부분의 질문에 정확한 보고서가 나온다.

이런 상황이 오래 지속되면서, 광고와 판촉(merchandising)은 정확한 과학으로 자리 잡았다. 모든 길이 지도에 표시된다. 정확한 지식의 나침반이 길을 안내하여, 어떤 목적지로 향하든 가장 짧고 안전하며 비용을 절감하는 길을 가르쳐준다.

우리는 규칙을 배운 다음 반복적인 테스트를 통해 규칙의 효과를 확인한다. 여기서 말하는 규칙이란, 쿠폰과 같이 효과가 반복적으로 검증된 것을 말한다. 한 가지 방법을 다른 수십 가지 방법과 앞뒤로 비교하며 결과를 꼼꼼하게 기록한다. 조건의 변화에 관계없이 항상 최상의 결과를 산출하는 방법은 확립된 원칙이 된다.

우리는 거듭되는 테스트를 통해 광고의 원칙을 찾아내고 이를 증명한다. 테스트는 주로 기호화된(keyed) 쿠폰[46]을 사용하고, 결과를 추적함으로써 행해진다. 좋은 결과가 나온 방법은 다른 여러 방법과 다양한 측면에서 비교된다. 어떤 방법이 일정불변하게 최고의 결과임이 증명되면, '확고한 원칙'이 된다.

특히 통신판매 광고(mail order ad, '우편주문 광고'라고도 함)에서는 소수점 이하까지 금액을 추적할 수 있다. 반응대비 비용(CPR, cost per reply, 반응 하나를 얻는 데 드는 비용)과 판매액대비 비용(cost per dollar of sale)이 정확히 나오기 때문이다.

모든 광고와 소구방식은 일일이 비교된다. 헤드라인에서부터 배열, 크기, 주장, 그리고 그림까지 광고를 구성하는 모든 것이 다 비교된다. 통신판매 광고에서는 1%의 비용을 줄이는 것도 큰 의미가 있

---

46 **기호화된 쿠폰** 쿠폰을 이용한 테스트 광고로 시장조사는 물론이고 캠페인의 전략을 체계화했던 홉킨스는 신문이나 잡지, 또는 홍보물에 게시하는 쿠폰마다 크기, 글자의 크기, 서체 등 다양한 표시로 각각의 효율을 보다 과학적으로 추적했다.

홉킨스가 만든 팹소던트 치약광고로, 오른쪽 아래에 10일 무료 체험 쿠폰이 붙어 있다.

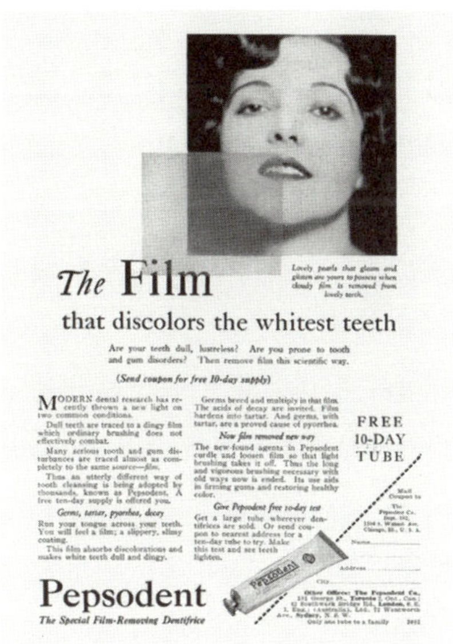

다. 어림짐작은 통하지 않는다. 최고의 결과를 낸 광고가 무엇인지 알아야 한다. 이렇게 하여 우편주문 광고는 처음으로 수많은 '기본법칙'을 수립하게 되었다.

직접반응 회수(direct returns)가 불가능한 분야의 광고에서는, 도시 단위로 결과를 비교한다. 이미 들어간 판매비용을 바탕으로 수십 가지 방식으로 비교해볼 수 있다.

하지만 가장 많이 사용되는 방법은 역시 쿠폰이다. 이 방법을 사용할 때는 샘플이나 책자, 무료 완제품, 그 밖에 직접 반응을 유도할 수 있는 것은 무엇이라도 제공한다. 이렇게 하면 각각의 광고가 유발하는 행동(action, 이것이 결국은 광고의 최종 목표임)의 수치를 파악하고 그 양을 측정할 수 있다.

하지만 이런 수치가 전부는 아니다. 어떤 광고는 가치 없는(worthless) 반응이 많이 들어오고, 다른 광고는 가치 있는(valuable) 반응이 많이 들어올 수 있다. 그러므로 결론을 내릴 때는 항상 고객대비 비용(cost per customer) 혹은 판매액대비 비용(cost per dollar of sale)에 바탕을 두어야 한다.

쿠폰에 대해서는 15장 '테스트 광고'에서 자세히 다루기로 하고, 여기서는 다만 광고의 원칙을 발견하는 데 쿠폰이 어떻게 활용되는지만 알아보자.

대규모 대행사는 수백 가지 광고의 쿠폰 수익을 조사하고 기록한다. 단일 제품에 대해 수천 가지 광고를 실시할 때도 있다. 쉽게 말해서 광고에 대한 모든 점을 테스트하는 것이다. 그렇게 얻은 결과를 보면 우리가 궁금해 하는 거의 모든 질문에 대한 답을 얻을 수 있다.

대형 광고대행사의 경우, 쿠폰의 반응 결과(coupon returns)는 수백 개 제품의 단위로 관측·기록된다. 이뿐만이 아니다. 단일 제품마다 수천 개의 개별 광고물에 대한 결과가 분석되어 있다. 이런 식으로 광고와 관련된 모든 것을 테스트 한다. 이 거대한 추적 회수결과(traced returns)를 바탕으로 거의 모든 의문에 답을 낼 수 있다.

이런 방식으로 우리가 발견한 것 중에는 어떤 특정 제품에만 적용되는 것도 있다. 하지만 그런 경우라도 그와 비슷한 작업에서는 기본 원칙으로 활용될 수 있다.

반면에 모든 제품에 두루 적용되는 원칙도 있다. 이런 것은 어디에나 적용되는 광고의 근본원리(fundamentals)가 되며, 대부분의 제품에 보편적으로 적용할 수 있다. 현명한 광고주라면 이런 불변의 법칙을 결코 놓치지 않을 것이다.

이 책에서 다루려는 것이 바로 그런 근본원리이며 보편적인 원칙인데, 이미 결론이 난(established) 테크닉만을 다루려 한다. 예술이나 과학·기술에서 그렇듯이, 광고에도 그런 테크닉이 있다. 그것이 바로 기초를 이루는 핵심이다.

이러한 기본적 바탕 없이 출발했다는 것이 예전 광고의 가장 큰 문제점이었다. 무엇보다 자신의 생각이 곧 '법'이었다. 해당 분야에 앞선 사람이 남긴 정보는 물론이고, 나름의 성과에도 관심이 없었다. 마치 누군가가 이룩한 발명을 확인도 하지 않고 첨단 기관차를 개발하겠다고 나서는 꼴이었다. 미지의 땅을 찾아나서는 콜럼버스와 다를 바 없었다.

그들을 이끈 것은 변덕이나 기분이었다. 혹은 언제 방향이 바뀔지 종잡을 수 없는 바람이었다. 목적한 항구에 제대로 도착하는 경우는 거의 없었다. 설령 우연히 도착했다 하더라도, 먼 길을 빙빙 돌아서였다.

초기의 항해사들은 각자 스스로의 길을 찾아나서야 했다. 도움을 받을 지도 같은 것은 없었다. 항구임을 나타내는 등대도 암초를 표시하는 부표도 없었다. 난파의 기록이 남아 있지 않으므로, 수많은 모험가들이 똑같은 바위와 모래톱에서 같은 운명을 맞이했다.

이런 이유로 예전에는 광고를 도박에 비유했다. 어떻게 보면 도박보다 더 위험한 일이었다. 저마다 자신이 성공할 거라는 확신을 갖고 시작하지만 다른 사람들과 비교할 때 나은 점은 하나도 없다. 같은 길을 두 번 항해해본 적이 없으므로 어느 항해사도 자신은 안전할 것이라고 큰소리칠 수 없다.

이런 이유로 그 당시 광고는 하나의 도박이었다. 도박 중에서도 가장 분별없는 투기였다. 이것이 올바른 방향이라고 주장한들 다른 사람의 생각과 오십보백보였다. 다들 어림짐작이었기 때문이다. 안전한 항해사는 어디에도 없었다. 누구도 같은 항로를 두 번 가본 적이 없기 때문이다.

하지만 이제는 달라졌다. 수많은 문제점이 개선되었다. 이제 불확실한 것은 방법론이 아니라 소비자와 제품이다. 인간이 가진 특성이나 선호와 편견, 좋아함과 싫어함을 측정한다는 것은 어려운 문제다. 앞으로 어떤 제품이 인기를 끌지는 알 수 없다. 다만 어떻게 하면 가장 효과적인 방법으로 팔 수 있는지, 그것은 우리가 알고 있다.

광고 상황이 이렇게 바뀌자, 창업의 분위기도 크게 달라졌다. 모험사업(ventures)을 새로 벌여서 실패할 수도 있다. 하지만 앞서 언급한 광고의 테스트 과정을 거치므로 엄청난 재앙으로 이어지지는 않는다. 실패하면 손실이야 입겠지만 사소한 손해일 뿐이다. 실패의 원인 또한 광고와는 무관한 다른 요인이다.

이런 새로운 상황 속에서 광고는 번창일로를 걷게 되었다. 물량도 많이 늘어났고, 광고의 입지도 크게 높아졌다. 위험 요소는 거의 제거되었고 광고 반응(results)도 몇 배로 증가했다. 이유는 단 하나, 도박이 과학이 되었기 때문이다. 따라서 투기라고 생각하던 광고가 이제 안정적인 비즈니스가 되었다.

이런 사실은 누구나 인정해야 한다. 광고는 궤변이나 공론의 장이 아니다. 도깨비장난은 더더욱 아니다. 시각장애인이 시각장애인을 인도하는 것은 우스꽝스럽다. 광고에서 얼마든지 이럴 가능성이 있다는 것이 측은하기까지 하다. 광고의 법칙은 '중력의 법칙'처럼 불변이다. 이 법칙을 따르지 않고서는 성공의 가능성이 희박하며 대박은 꿈도 꿀 수 없다.

이 책의 주된 목적은 광고의 법칙을 제시하고, 각자가 스스로 이를 입증할 수 있도록 돕는 것이다. 그 이후는 무수히 많은 변용(variations)의 단계다. 어떤 분야에서도 똑같은 광고 캠페인이 행해지지는 않는다. 개성은 광고의 생명이며 모방은 씻을 수 없는 수치다.

하지만 개인의 기교에 따라 달라지는 변용에 대해서는 광고 교과서
에서 다루기 어렵다. 이 책에서는 단지 기본 법칙만을 다룬다.

이 책을 통해 많은 사람들이 광고에 대한 이해의 폭을 넓히고, 광
고계 입문자들이 격려를 얻기 바란다. 이 책은 가장 안전하고 확실
한 도전과 더 나아가 높은 성공을 보장한다.

우리의 희망은 광고에 대한 폭넓은 이해를 통해 광고계 전반을
육성하는 것이다. 또한 광고를 사업의 한 분야로 격상시켜, 투자한
만큼 수익을 거두는 가장 안전하고 확실한 분야임을 인식시키는 것
이다.

수천 개의 명백한 성공사례가 가능성을 보여주고 있다. 사례의 다
양함이 적용범위 또한 거의 무한대한임을 나타내고 있다. 하지만 정
말로 광고가 필요한 많은 사람들, 광고를 통해 사업을 키울 수 있는
사람들은 아직도 광고가 이룬 성취를 '우연'으로 생각하고 있다. 과
거에는 그랬지만 지금은 그렇지 않다. 이 책이 거기에 새로운 빛이
되기를 바란다.

2장
—
판매기술이
핵심이다
Just Salesmanship

광고를 제대로 이해하거나 광고의 기본법칙을 배우려면 먼저 올바른 개념을 가져야 한다. 광고는 한마디로 판매기술(salesmanship)이다. 광고 원리는 판매기술의 원리와 다를 바 없다. 판매든 광고든 성공과 실패의 원인이 동일할 때가 있다. 따라서 광고에 대한 모든 질문은 영업사원의 기준에서 대답해야 한다.

이 점을 간과하지 말아야 한다. 광고의 궁극적인 목적은 매출이기 때문이다. 광고 수익은 실제 매출에 달려 있다.

광고의 목적은 단지 좋은 이미지를 남기거나, 당신의 이름을 사람들의 기억에 남기는 것이 아니다. 영업사원의 활동을 지원하는 것도 아니다. 따라서 광고 자체를 영업사원처럼 대해야 한다. 광고 자체에 의미를 부여하고 전폭적으로 지지해야 한다. 또한 다른 영업사원과 광고를 직접 비교하거나 비용과 결과를 수치화해야 한다.

실력이 뛰어난 영업사원은 핑계를 대지 않는다. 광고 역시 핑계를 용납해서는 안 된다. 그래야만 돌이키기 어려운 큰 실수를 피할 수 있다.

영업사원과 광고의 차이는 정도의 차이뿐이다. 광고는 증폭된 영업기술이다. 영업사원은 한 번에 한 사람만 상대할 수 있지만, 광고는 수천 명에게 다가갈 수 있다. 물론 그만큼 비용도 많이 든다. 어떤 광고는 단어 하나에 10달러나 소비된다. 따라서 모든 광고는 슈퍼 세일즈맨이어야 한다.

영업사원은 실수를 해도 손실이 거의 발생하지 않는다. 그런데 광고에서 실수를 범하면 수천 배의 손실을 입는다. 따라서 광고는 영업활동보다 더 철두철미하고 주의해야 한다.

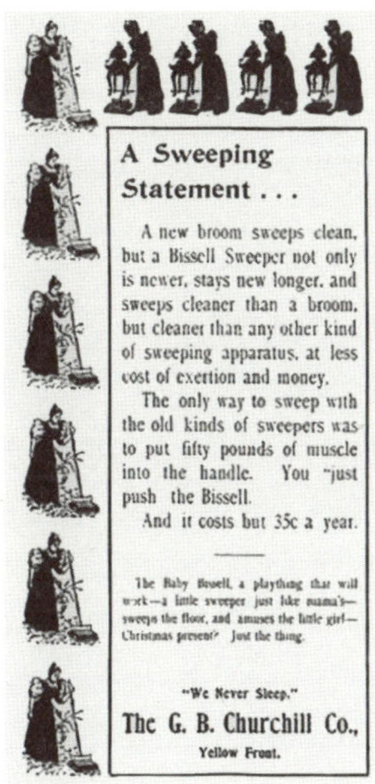

홉킨스가 광고에 입문하게 된 비셀 카펫청소기 광고. '획기적인 청소기로 판도를 바꾼다'는 카피로 이루어져 있다.

평균 수준의 영업사원 한 사람이 기업 전체에 미치는 영향은 미미하다. 그러나 평균 수준의 광고 한편은 사업 전반에 영향을 미치게 된다.

많은 사람들이 광고는 '카피'가 전부라고 생각한다. 그러나 영업사원이 모두 달변가가 아닌 것처럼 화술이 광고의 성패를 좌우하는 것은 아니다.

영업사원은 간결하고 명확하며 설득력 있게 의사를 표현할 줄 알아야 한다. 하지만 광고는 조금 다르다. 독특한 문체나 화려한 표현은 오히려 광고 효과에 악영향을 준다. 사람들로 하여금 광고 상품이 아니라 카피에 관심을 집중시키기 때문이다. 판매 의도를 겉으로

드러내는 광고는 소비자의 반감을 살 수밖에 없다.

지면광고와 마찬가지로 일대일 영업에서도 화술이 지나치게 화려한 것은 오히려 방해가 된다. 소비자는 정작 필요하지 않은 것을 팔지도 모른다는 의심을 갖게 되고, 영업사원의 말에 현혹될까봐 극도의 경계심을 갖게 된다.

성공적인 영업사원 중에서 말솜씨가 뛰어난 사람은 드물다. 웅변가들이 갖춘 세련미를 찾아보기란 더욱 어렵다. 평범하지만 진솔하고 고객을 잘 알며 자신의 분야에 박식한 사람들이다. 광고 카피도 이와 다를 바 없다.

광고계에서 인정받는 사람들은 거의 다 영업 경험이 있다. 내가 아는 최고의 전문가들은 집집마다 찾아다니며 물건을 파는 외판원으로 시작했다. 미사여구는 하나도 모르고 문법 지식도 거의 없지만, 무슨 말을 해야 상대방에게 신뢰를 얻을 수 있는지 알고 있다.

광고에 대한 질문은 셀 수 없이 많지만 의외로 정답은 하나로 압축될 정도로 매우 간단하다. '이렇게 하면 영업사원이 상품을 파는 데 도움이 될까?' '내가 구매자를 일대일로 만난 자리에서 이렇게 하면 상품을 파는 데 도움이 될까?' 이 두 가지를 자문해 보면 판단이 설 것이다.

다시 한 번 강조하지만, 자신이 편한 방법만 고집하거나, 으스대는 태도로 일관해서는 사람들의 마음을 움직일 수 없다.

어떤 광고는 헤드라인을 강조하고, 또 다른 광고는 교묘한 유도책을 사용한다. 과연 소비자를 일대일로 대면하는 상황에서도 그런 방법을 쓸 수 있겠는가? 과연 그런 방식에 좋은 인상을 받을 고객이 있을까? 그렇지 않다면 지면 광고에서도 그런 방법은 배제해야 한다.

'요즘 사람들은 읽는 걸 싫어하니까, 어떻게든 카피가 짧아야 한다'고 말하는 사람도 있다. 당신의 영업사원에게도 그렇게 당부할 수 있을까? 눈앞에 고객이 될지도 모르는 사람이 있는데 가능한 말을 아끼는 것이 도움이 될까? 이보다 더 바보 같은 짓은 없을 것이다.

광고도 마찬가지다. 광고에 관심이 있는 사람만이 내용을 읽는다. 길고 짧음을 떠나서 심심풀이로 광고를 훑어보는 사람은 없다. 광고를 보는 사람은 모두가 보다 더 많은 정보를 얻으려는 잠재적 소비자다. 그들이 구매 결정을 내릴 수 있도록 충분한 정보를 전달해야 한다.

대형 헤드라인과 큰 글자를 선호하는 사람도 있다. 그러나 그들도 목청이 터지도록 소리만 지르는 영업사원을 좋아하지 않을 것이다. 사람들은 자신들이 관심이 있는 내용이라면 8포인트 글자라도 기꺼이 읽는다. 대부분의 신문과 잡지의 본문 글자가 8포인트로 출간되므로 사람들의 눈은 거기에 익숙해져 있다. 이보다 큰 글자는 목청이 터지도록 소리 지르는 영업사원을 만나는 것과 같아서 오히려 집중하는 데 방해가 된다. 큰 글자에 눈길을 주는 사람이 있을 수도 있지만, 정작 물건을 사는 데 관심이 있는 사람은 아닐 것이다. 큰 글자가 반감을 살 수도 있고, 그렇지 않을 수도 있지만 광고 효과가 없어 돈만 낭비하는 꼴이 될 것은 확실하다. 수많은 사람들이 눈에 거슬린다고 생각할 것이다.

반면 특이하고 색다른 것을 기대하는 사람들도 있다. 그런 사람들의 기대를 충족시키기 위해 광고 책임자는 스타일이나 그림, 사진 등에서 차별화된 광고를 만들려고 할지 모른다. 과연 영업사원을 채용할 때도 그런 잣대를 사용할 것인가? 그보다는 옷차림이나 행동이 평범한 사람을 채용해야 고객에게 좋은 인상을 주지 않겠는가?

물론 어떤 광고는 화려함을 고집하기도 한다. 화려함을 어느 정도까지는 용납할 수 있지만 그것이 중요한 것이 아니라는 점은 알아두기 바란다. 허름한 옷을 입고 있는 사람도 알고 보면 영업 실력이 뛰어날지 모른다. 광고도 마찬가지다. 반대로 광고든 영업사원이든 과도한 포장은 오히려 오해를 사거나 부정적인 이미지를 남길 수 있다.

이 밖에도 광고에 대해 많은 질문이 남아 있지만 대답은 거의 동일하다. 눈요기나 오락성이 아니라, 고객을 직접 대면하는 영업사원에게 적용하는 잣대를 그대로 사용하면 된다. 광고의 목적은 눈을 즐겁게 해주는 것이 아니다. 볼거리를 찾는 사람들은 그런 광고에 눈길을 줄지 모르지만 정작 구매할 확률은 매우 낮다.

화려하고 세련된 디자인으로 볼거리를 만들려는 것은 흔히 범하는 가장 큰 실수다. 이는 카피라이터의 본분을 내버리는 것이다. 영업사원이 되어야 하는데 퍼포먼스를 하려고 하고, 매출을 일으켜야 하는데 사람들의 환호와 박수를 받으려 한다.

광고를 기획하고 제작하는 사람이라면 항상 보편적인 고객을 염두에 두어야 한다. 그들이 제품과 광고 헤드라인에 관심을 쏟게 만들어야 한다. 모든 경우에 '이 고객을 직접 만나면 어떻게 했을까?'를 가장 먼저 생각하라.

그렇다고 대중의 관심을 모두 얻으려고 애쓸 필요는 없다. 그렇게 하면 초점이 흐려진다. 남자든 여자든 고객이 될 만한 구체적인 대상을 떠올려 보라. 단, 경박하게 보이는 것은 좋지 않다. 고객의 입장에서 돈을 지불하는 것은 매우 진지한 결정이다. 자랑하거나 으스대는 것은 거부감을 조성하므로 주의해야 한다. 구매욕구가 반반인 사람에게 영업사원이 어떤 말을 할지 상상해 보면 된다.

어떤 광고제작자들은 광고를 기획하기 전에 직접 영업사원의 역할을 체험해 본다. 한 가지 품목을 팔아보려고 몇 주씩 집집마다 방문하는 광고인도 보았다. 그렇게 노력한 덕분으로 다양한 접근법과 카피에 대한 반응을 알 수 있다. 잠재적 소비자들이 무엇을 원하는지, 그들의 마음을 얻는 데 불필요한 요소가 무엇인지도 알게 된다. 사실 잠재적 소비자 수백 명을 인터뷰하는 것은 흔한 일이다.

구매자의 태도를 파악하려고 설문지를 돌리는 경우도 있다. 어떤 방법을 동원하든 간에 반응이 나오는 포인트를 찾아야 한다. 막연한 추측에 기대면 막대한 비용손실만 입을 수 있다.

광고 기획을 하려면 제조와 유통 모두를 알아야 한다. 하지만 이러한 지식에 너무 치우치면 소비자를 소홀히 할 수 있다. 다시 말해, 소비자의 관심사가 아니라 자신의 관심사를 내세우는 실수를 범할 수 있다.

광고인은 소비자를 연구하고, 소비자의 입장이 되려고 끊임없이 노력해야 한다. 모든 것을 제쳐놓고서라도 그것에만 집중하면 성공할 수 있다.

사실 이 책에서 가장 중요한 부분은 판매기술을 다루는 2장이다. 수많은 광고가 실패하는 이유는 상대방이 원하지 않는 물품을 어떻게든 팔려고 하기 때문이다. 그 뒤를 잇는 이유가 바로 적절한 판매기술의 부족이다.

어떤 광고는 기본 콘셉트부터 크게 잘못되어 있다. 구매자의 기호나 관심사는 제쳐두고 판매자(광고주)의 마음에 쏙 들게 만든 광고는 아무런 쓸모가 없다. 그런 태도로는 영업사원을 활용한 판촉활동이든지면 광고 든 어느 방법을 시도하더라도 결코 수익을 내지 못한다.

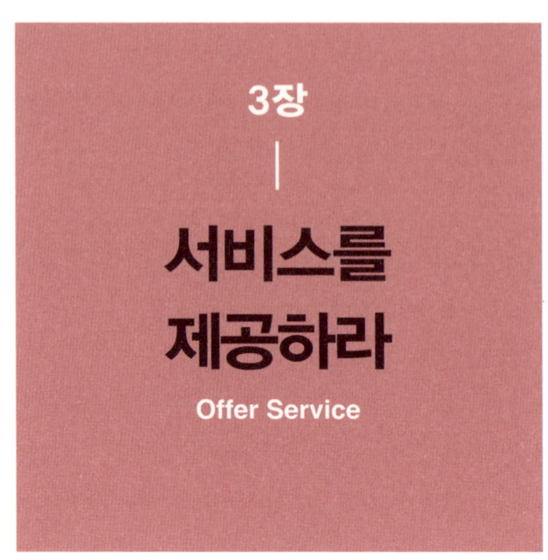

당신이 상대하는 사람은 이기적이라는 점을 잊어서는 안 된다. 사실 모든 인간은 근본적으로 이기적이다. 상대방의 이익이나 관심사에는 큰 관심이 없고, 자신에게 해당되는 서비스를 찾는다. 광고에서 이 점을 간과하는 실수를 많이 범하는데, 이는 매우 치명적이다. 광고는 결국 '우리 브랜드를 선택하세요. 다른 기업과 거래하지 말고 우리에게 오세요. 우리가 돈을 벌게 해주세요'라는 메시지를 전달한다. 그러나 이것은 효과적인 방법이 아니다.

최고의 광고는 누구에게도 구매를 직접 권하지 않는다. 구매를 강권하거나 애원한다고 해도 어차피 효과가 없다. 좋은 광고는 가격을 알려주지도 않고, 딜러를 통해 상품을 구할 수 있다는 말도 하지 않는다.

광고는 전적으로 서비스에 기반을 두고 있다. 따라서 소비자가 원하는 정보를 주면 된다. 사용자에게 유리한 점을 알려주고, 샘플이나 패키지를 제공하거나 상대방의 동의를 얻어 이것저것 보내준다. 이렇게 하면 비용이나 위험 부담 없이 고객에게 광고의 진실성을 증명할 수 있다.

어떤 광고는 매우 이타적(利他的)으로 보이지만 결국에는 인간 본성에 대한 지식을 토대로 만든 것이다. 어떻게 해야 사람들이 구매하는지 알고 만든 것이다.

여기에서도 영업의 기술이 등장한다. 현명한 영업사원은 무작정 목소리만 높이지 않는다. '이것 좀 사세요'라고 밀어붙이지 않는다. 고객의 입장에서 서비스를 보여주면 자연스럽게 구매 결정으로 이어진다.

어떤 브러시 제조업체는 외판원 2,000명을 각 가정으로 방문하는 홍보활동에 투입해 대성공을 거두었다. 방문판매라는 성공하기 쉽지 않은 분야였으나 크게 성공한 것은 외판원이 주부들에게 직접적으로 구매를 권하지 않았기 때문이었다.

외판원들은 가정을 방문하여 이렇게 말했다.

"브러시를 전해 드리러 왔습니다. 여기 샘플이에요. 선택은 직접 하시기 바랍니다."

주부들은 다들 함박웃음을 지으며 브러시에 관심을 보였다. 브러시를 고르면서 다른 브러시들도 좋아 보인다고 생각했다. 그리고 생각지 못한 선물을 준 외판원에게 뭔가 보답해야 겠다고 생각했다. 그래서 많은 주부들이 주문서를 작성했다.

500여 개의 도시에서 커피 등을 파는 노점 상인들에게 이와 비슷한 방법을 시도했다.

"이것을 한 번 써보세요. 며칠 후에 올 테니 손님들 반응이 어땠는지 말씀해 주세요"라고 말하며 커피 450g을 제공한 것이다.

　노점상을 재방문했을 때에도 주문을 요구하지 않았으며, 고급 주방 조리기구를 보내주고 싶다고 말했다. 무료는 아니지만 지난 번 커피가 마음에 들었다면 조리기구의 구매 여부를 결정할 때까지, 커피 1파운드당 5센트를 적립해 주겠다고 했다. 항상 이런 식으로 상대방의 구미가 당길 만한 서비스를 제안했다.

　광고에 어려움을 겪는 전기재봉틀 제작회사가 있었다. 홍보담당자는 나의 조언을 듣고 직접적으로 구매를 권하는 광고를 중단했다. 그 대신 모든 소비자가 1주일간 전기재봉틀을 사용할 기회를 주었다. 가까운 대리점에 무료 사용을 신청하면 직원이 방문해 전기재봉틀의 사용법을 알려 주었다. '무료로 1주일간 사용해 보세요. 고객에게 아무런 책임도 묻지 않겠습니다'라는 문구가 광고의 전부였다. 소비자의 입장에서는 이러한 제안을 거절할 이유가 없었다. 실제로 전기재봉틀을 사용해 본 고객의 90%는 구매 의사를 밝혔다.

　이와 같은 성공담은 셀 수 없이 많다. 담배 제조업체는 불특정 다수의 소비자들에게 담배를 보내면서 '일단 10개비만 피워보세요. 그 다음에는 반송하셔도 되고 남은 것을 가지셔도 됩니다'라고 광고했다.

　도서, 타자기, 세탁기, 찬장, 청소기도 무료로 사용할 기회를 주었다.
'일단 1주일간 사용해 보십시오. 결정은 그 후에 하셔도 됩니다.'
사실 통신판매 제품은 거의 다 반품이 가능하다. 따라서 1주일 무료체험은 반품 비용 등 최소한의 투자로 제품을 직접 소비자가 체험하고 구매할 수 있는 편의를 제공하는 판매기법이라고 할 수 있다.

　지금까지 살펴본 내용은 영업사원이 기본적으로 알아야 할 원리다. 학식이 전혀 없는 노점상들도 이러한 원리를 따르는데 지면 광

　　　　　　　　　　　　　　　　　　　못 파는 광고는 쓰레기다

고는 아직 이런 면에서 많이 부족하다. 지면 광고는 제품명이 아주 중요한 것인 양 전면에 부각시키고, 기업의 입장에서 유리한 것만 논한다. 사람들을 매장으로 끌어들이려는 속내가 광고 문구 한마디 한마디에 그대로 드러난다.

사람들을 설득하는 것은 가능하지만 가축을 다루듯 끌고 가는 것은 불가능하다. 그들이 하는 행동은 모두 각자의 만족을 위한 것이다. 이러한 사실을 항상 기억한다면 광고를 제작할 때 실수를 많이 줄일 수 있을 것이다.

4장

통신판매 광고의 교훈

Mail Order Advertysing- What It Teaches

　　광고인들에게 가장 혹독한 관문은 통신판매다. 그러나 성공을 바란다면 이 관문을 반드시 통과해야 한다. 통신판매는 소요 비용과 결과가 투명하게 드러난다. 수익을 통해 해당 광고가 성공적인지 아닌지를 금방 알 수 있다. 수치는 거짓말을 하지 않으므로 광고의 효과를 정확히 알려준다.

　　이 때문에 광고 책임자는 마음을 단단히 먹어야 한다. 추측이란 절대 용납되지 않는다. 작은 실수도 금방 드러나기 때문이다. 실수를 확인하는 순간 잘못 판단한다는 것을 깨닫게 되고, 자신감도 쉽게 잃어버릴 수 있다.

　　이러한 경험을 통해 광고야말로 과학적으로 접근해야 하며 그렇지 않고서는 성공할 수 없다는 점을 깨닫게 된다. 그리고 아무리 적은 돈이라도 허투루 쓰면 그만큼 비용도 늘어난다는 점을 피부로 느끼게 된다.

그러므로 절대 바보짓을 하지 않는 광고의 달인을 통해 효율성과 경제성을 배울 수 있으며, 비로소 광고의 기본 원리와 요점을 깨닫고 실천할 수 있다.

5달러짜리 제품을 판매한다고 가정해 보자. 광고에 대한 소비자의 반응을 얻어내는 데 85센트를 부담해야 한다. 이때, 다른 사람이 더 좋은 아이디어가 있다고 주장하며 자신의 광고를 내세웠다. 후자의 비용은 14달러 20센트다. 또 다른 사람은 지난 2년간 평균 비용이 41센트였다는 광고를 제시했다.

연간 광고에 대한 반응으로 25만 건의 반응을 얻을 때, 세 가지 광고 결과를 비교해 보면 큰 차이가 있다. 비용을 절반으로 줄인 사람이 얼마나 유리하겠는가? 수익도 없이 14달러 20센트의 비용을 계속 감당하려면 얼마나 힘들겠는가?

하지만 실제로 후자의 광고를 몇 년째 지속하는 기업이 많다. 막연하게 잘 될 거라는 희망만 가지고 거액의 비용을 광고에 투자하는 것이다. 필요한 비용의 2배 내지 많게는 35배를 들이는 경우도 적지 않다.

이런 측면에서 통신판매 광고를 연구해 보면 배울 점이 많다. 통신판매 광고는 사실 가장 많이 깨우쳐야 하는 분야다. 지속적으로 연구하다 보면 보람을 느낄 날이 올 것이다. 통신판매 광고의 경험이 꼭 필요하다는 말이 괜히 나온 것이 아니다.

통신판매 광고는 겸허한 태도로 연구해야 한다. 탁상공론이 아니라 효과가 입증된 광고이므로 허튼짓이 용납되지 않는 분야다. 똑똑한 사람이라면 통신판매 광고를 통해 배우는 것들이 모든 광고에 적용되는 기본 원리임을 인식할 것이다.

통신판매 광고에 사용되는 글자는 항상 작게 제작된다. 일반적인 크기보다 더 작다. 글자 크기를 작게 해 공간을 최소로 하는 방식은 이미 보편화되어 있다. 이를 통해 큰 글자는 광고 효과가 좋지 않다는 결론을 얻을 수 있다.

글자를 두 배로 늘리면 공간도 두 배를 사용하게 된다. 따라서 글자를 키운 만큼 판매비도 상승하므로 바림직하지 않다.

통신판매 광고는 공간을 함부로 낭비하는 일이 없다. 단 한 줄도 비워두지 않으며, 여백도 찾아볼 수 없다. 혹시라도 약간의 여백을 만들고 싶다면 이 점을 떠올리기 바란다.

또한 통신판매 광고에서는 자기 자랑을 찾아볼 수 없다. 단 한마디도 버릴 것이 없다는 뜻이다. 보는 사람을 즐겁게 해주려는 시도는 하지 않는다. 눈 씻고 찾아보아도 가벼운 농담 하나 등장하지 않는다.

광고에 쿠폰이 등장하는 것은 아주 흔한 일이다. 마음이 반 정도 기운 고객을 사로잡는 효과도 있고, 광고 카피를 상기시켜주는 효과도 노릴 수 있다.

통신판매 광고를 해본 사람들은 소비자에게 기억되는 것이 매우 어려운 일이라는 것을 잘 안다. 소비자들은 잡지를 뒤적이다, 관심이 가는 기사만 꼼꼼히 읽는다. 그러나 광고는 죽 훑어볼 뿐이며, 이마저도 5분이면 다 잊어버린다. 통신판매 광고를 해본 경험자라면 이 점을 모를 리 없다. 그래서 광고가 잊히지 않도록 쿠폰을 사용하는 것이다. 무엇이든 사야 할 상황이 되면 쿠폰부터 챙기는 사람들도 있기 때문이다.

통신판매 광고에서 사진은 핵심적인 역할을 한다. 사진 자체가 영업사원의 역할을 할 때도 있다. 지면을 많이 차지하지만 그만큼 수익을 보장한다. 그래서 사진의 중요도에 따라 크기가 결정된다. 의류 광고를 예를 들다면 판매 주력 상품인 원피스는 공간을 많이 차지하고, 다른 제품은 작은 사진으로 보여주는 것이 당연한 일이다.

일반 광고에 쓰이는 사진의 이미지나 배열은 그다지 배울 것이 없다. 대부분 즉흥적으로 선택된 것이기 때문이다. 그러나 통신판매 광고의 사진은 수많은 테스트를 거쳐 선별된 것이다. 따라서 장식 효과를 내거나 흥미를 유발하기 위해 쓸모없는 사진을 사용하지 말고, 통신판매 광고의 사진을 유심히 살펴보면서 어떤 메시지를 전달하는지 생각해 보기 바란다.

사례를 통해 올바른 사진 활용법을 살펴보자. 부화기(孵化器) 통신판매업자가 적절한 헤드라인을 사용하여 높은 수익을 올리고 있었다. 그러던 중 괜찮은 사진을 사용하면 수익이 더 늘어날 것이라고 판단하여 광고 지면의 절반에 닭의 실루엣만 보여주는 커다란 사진을 넣었다.

물론 새로운 광고는 좋은 반응을 얻었다. 그러나 광고비는 정확히 50%나 증가했다. 새로 만든 광고는 예전에 비해 1.5배의 비용을 투자했지만 매출은 단 한건도 늘어나지 않았다. 즉, 광고지면의 크기와 광고비는 50%나 증가했지만, 매출액은 제자리에 머물렀다.

이 결과를 통해 부화기를 구매하는 고객들이 매우 실리적이라는 것을 알게 되었다. 고객들이 원한 것은 눈길을 끄는 사진이 아니라 저렴하고 합리적인 구매 조건이었다.

정확한 실태조사를 실시하지 않아서 밝혀지지 않았을 뿐, 수많은 광고가 막대한 비용을 쏟아 붙고도 이렇다 할 수익을 내지 못한다. 그런 광고가 몇 년 째 그대로 사용되는 경우도 허다하다.

통신판매 광고는 즉각적인 판매를 유도하는 완성된 스토리를 제공해야 하기 때문에 카피 분량에 제한이 없다.

‘많이 설명할수록 많이 팔린다’는 것이 명제가 된다. 테스트를 수 없이 해봤지만 이 명제가 틀린 경우는 한 번도 없었다.

경우에 따라 광고를 작게 내기도 하고 크게 내기도 한다. 광고가 작아도 스토리를 구성하는 데에는 문제가 없다. 그러나 스토리가 두 배로 길어지면 매출도 두 배가 된다. 네 배로 길어지면 매출은 네 배 이상으로 늘어난다.

단, 늘어난 지면을 효율적으로 사용한 경우에만 이러한 결과를 얻 을 수 있다. 이는 테스트를 통해 수차례 입증된 사실이다.

미드사이클(Mead Cycle Company)의 통신판매 광고를 살펴보자. 이 회사의 대표인 미드(Mead)는 몇 년째 같은 광고를 고집하고 있다. 그 는 1만 달러를 준다 해도 기존의 광고에서 토씨 하나 바꿀 수 없다 고 못을 박았다.

이 광고는 수년간 축적된 결과로 얻은 산물이다. 따라서 사진, 헤 드라인, 공간 활용도, 작은 글자까지 하나도 허투루 보아 넘겨서는 안 된다. 모든 광고가 지향해야 할 완벽한 모델이라고 해도 과언이 아니다.

이 밖에도 장수하는 통신판매 광고에서는 카피와 사진 등 광고를 구성하는 모든 요소에서 배울 점을 찾을 수 있다. 물론 취향과 관점 에 따라 마음에 들지 않는 경우도 있을 것이다. ‘예쁘지도 않고 어수 선해 글자도 눈에 잘 들어오지 않는다’ 등 여러 가지 비판이 나올 수 있다. 그러나 결과를 테스트해 보면 이러한 광고는 지금까지 시도된 광고 중에서 최고로 손꼽히며 완벽한 수익을 산출하고 있다.

통신판매 광고는 최후이자 최고의 수단이다. 통신판매 광고의 성 공은 엄청난 수익을 보장하지만, 누구나 쉽게 시도할 수 있는 것이

  못 파는 광고는 쓰레기다

홉킨스가 극찬한 미
드사이클의 1907년
도 자전거 광고

아니다. 소비자들이 매장에 오게 하는 것보다, 광고만을 믿고 구매하게 만드는 것은 더 어렵다. 직접 보지 않고 물건을 사는 고객은 많지 않기 때문이다. 이런 이유로 물건을 보지 않고도 구매 결정을 내리게 하는 통신판매 광고는 모든 광고의 으뜸이라고 말할 수 있다. 그러나 다른 광고도 잘만 연구하면 통신판매 광고와 같은 동일한 효과를 거둘 수 있다.

통신판매 광고의 원리를 모두 알면서도 정작 그대로 실행하기 어려울 때가 있다. 광고에 대한 자부심이 앞서서 광고주가 타협을 요구할 때도 있다. 그러나 원리를 벗어나면 반드시 판매비가 늘어난다. 사소한 것에 비용을 투자할 것인가라는 질문은 항상 남아 있다. 따라서 항상 비용에 민감해야 한다.

주요 광고를 비교해 보는 방법도 있다. 성공한 통신판매 광고를 많이 모방할수록 고객이 많아진다는 점도 체험할 수 있을 것이다.

4장도 매우 중요하다. 다시 한 번 생각해 보자. 통신판매와 딜러를 통한 판매의 차이는 무엇일까? 영업사원의 판매방식과는 어떤 점이 다른 것일까?

정답은 차이가 나서는 안 된다는 것이다. 만약 차이가 난다면 두 가지 이유가 있을 터이다. 광고 관계자가 통신판매 광고의 비법을 모르거나, 특별한 이유가 있어 수익의 일부분을 기꺼이 투자하는 것이다. 전자의 아무것도 모르고 무작정 광고에 뛰어든 경우다.

상당수의 경영자나 광고인들이 자존심을 지키기 위해 자신의 취향대로 광고비를 집행하는데, 그것은 자유다. 그러나 광고의 목적을 다시 한 번 생각해 보기 바란다. 자존심을 지키는 데 드는 비용이 적지 않다는 것을 깨달아야 한다. 통신판매 광고의 모범 사례를 인정하고 받아들여서 불필요한 낭비를 줄여야 한다.

광고와 영업의 가장 큰 차이는 사람을 직접 만나느냐 그렇지 않느냐 하는 것이다. 영업사원은 직접 찾아가서 소비자의 관심을 얻기 위해 노력한다. 광고는 외면할 수 있지만, 눈앞에 서 있는 영업사원을 무시하는 경우는 거의 없다.

그러나 영업사원은 물건을 살 마음이 전혀 없는 대상을 찾아갔다가 시간을 낭비할 수 있다. 그렇다고 처음부터 그런 사람인지 아닌지를 알아보기란 쉽지 않다. 그런데 광고는 원래 관심이 있는 사람들이 자발적으로 보는 것이기에 기업이 전달하고자 하는 내용에 남다른 주의를 기울인다.

헤드라인의 목적은 실질적인 관심이 있는 사람을 가려내는 것이다. 사람이 많은 곳에서 특정 개인과 이야기를 하려면 어떻게 해야 할까? 우선 "이봐요, ○○○ 씨!"라고 크게 이름을 불러 주의를 환기시켜야 한다.

광고도 마찬가지다. 관심을 보이는 사람은 일부 계층으로 제한되며, 그들이 관심을 보이는 이유도 몇 가지로 압축된다. 그런 사람에게만 집중하면 되므로 그들을 염두에 두고 헤드라인을 만들어야 한다.

별다른 의도 없이 헤드라인을 만들거나 고도의 전략을 구사하여 많은 사람들의 관심을 끄는 경우도 있다. 하지만 그렇게 하려면 실질적으로 불가능한 파격적인 제안을 내놓아야 한다. 그럴 경우 정작 기업이 원하는 고객들은 그 광고가 자신들을 겨냥한 것인지도 모르고 지나칠 우려가 있다.

광고의 헤드라인은 뉴스 기사의 헤드라인과 같다. 신문 첫 페이지부터 무작정 읽기 시작하는 사람은 없다. 경제, 정치, 사회, 요리, 스포츠 등 저마다 관심 분야를 먼저 펼친다. 신문은 종이가 커서 한 번에 훑어보는 것도 매우 어려운 일이다.

이처럼 헤드라인을 보고 그 기사를 읽을 것인지 결정한다. 기사를 읽다가 헤드라인에 속았다는 느낌을 받으면 매우 불쾌할 수 있다. 신문이나 잡지 기사의 헤드라인을 뽑는 것은 매우 중요한 기술이다. 일부러 흥미진진한 부분을 감추거나 드러내서 사람들이 그 기사를 읽게 만들어야 하기 때문이다.

신문에 도시 전체에서 가장 아름답다고 인정받은 여자에 대한 기사가 나왔다고 가정해 보자. 주인공과 그의 친인척들에게는 엄청난 반향을 일으킬 것이다. 그러나 '이집트인의 심리'라는 헤드라인을 붙이면 주인공도 주변 사람들도 그 기사를 읽어보지 않을 것이다.

광고도 마찬가지다. 사람들이 광고를 제대로 읽지 않는다는 말을 자주 듣지만 사실 그것은 애교 섞인 불평이다. 수백만 달러를 들인 광고에서 높은 수익을 얻는 기업들은 얼마나 많은 사람들이 자사의

 못 파는 광고는 쓰레기다

광고를 보는지 알고 깜짝 놀란다. 또한 신문 독자의 20%는 광고에서 본 쿠폰을 챙겨 둔다고 응답했다.

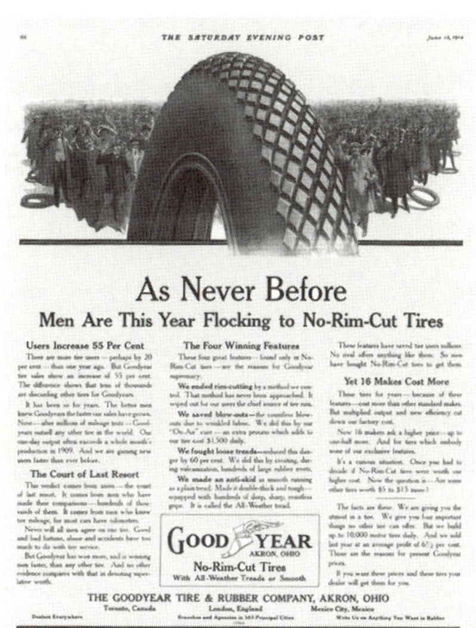

광고사에 한 획을 그은 굿이어타이어 광고

재미 삼아 광고를 읽는 사람은 없다. 슬쩍 보아서 흥미가 느껴지지 않는 광고는 그냥 넘어가기 마련이다. 남자라면 여성의류에 대한 2페이지 전면 광고를 본 척 만 척 할 것이다. 반대로 여자들도 쉐이빙 크림 광고에 눈길조차 주지 않을 것이다.

이런 점들을 항상 염두에 두어야 한다. 사람들은 매우 바쁘게 살고 있다. 기업이 원하는 평균 소비자들은 매일 읽을거리가 넘쳐난다고 느낀다. 그래서 돈을 지불해 인쇄 매체를 구입하고도 4분의 3 이상을 읽지 못한 채 버린다. 상황이 이렇다 보니 헤드라인이 명확하지 않거나 자신에게 도움이 된다는 판단이 서지 않는 광고는 절대 쳐다보지 않는다.

지면 광고는 읽기에 지루함이 없다는 장점이 있다. 저녁 식사 자리에서는 상대방이 잘난 척 하는 이야기, 사람 사는 이야기가 지루해도 경청하는 게 예의다. 그러나 지면 광고는 원하는 주제, 원하는 상대방을 선택할 수 있다. 재미와 유익함 중에서 한 가지를 선택할 수도 있다. 돈을 아끼는 방법, 예뻐지는 방법, 수고를 줄이는 방법, 좋은 먹거리나 좋은 옷 등은 많은 사람의 관심사다. 다른 잡지에서 본 어떤 상품과도 비교가 안 될 정도로 호감을 끄는 제품도 있을 수 있다. 그러나 직접 눈으로 제품 사진을 보거나 헤드라인을 접하기 전에는 그런 제품의 존재를 알 수 없다.

글의 내용보다 헤드라인을 완성하는 데 더 많은 시간을 투자하는 사람은 헤드라인 한 줄에 몇 시간씩 매달릴 때도 있다. 마음에 드는 헤드라인 하나를 만들려면 수십 개의 헤드라인을 만들었다가 지워야 한다. 사실 광고를 통한 수익은 기업이 원하는 소비자의 눈길을 사로잡느냐에 달려 있다. 제아무리 뛰어난 판매 기술을 가진 영업사원이라도 자기 말을 들어주는 사람이 하나도 없으면 물건을 팔 수 없는 것과 마찬가지다.

수익률을 통해 헤드라인의 차이를 극명하게 알 수 있다. 동일한 디자인의 광고에 헤드라인만 달리해서 실험해 보면 크게 차이가 나는 것을 확인할 수 있기 때문이다. 헤드라인을 조금만 바꿨을 뿐인데 수익이 5배~10배로 증가하는 경우도 있다. 따라서 가장 효과적인 헤드라인을 찾을 때까지 비교 작업을 계속해야 한다. 물론 분야에 따라 조금 차이가 있을 수 있다.

나는 단일 상품에 대한 2,000개의 헤드라인이 수익에 있어서 어떤 차이를 드러냈는지 실험해 보았다. 광고 내용은 거의 바꾼 것이 없었다. 그런데도 헤드라인이 달라지자 수익은 천차만별이었다. 그래서 헤드라인을 바꿀 때마다 수익을 정확히 추적할 수 있었다.

이를 통해 대부분의 고객들에게 큰 호응을 얻는 헤드라인이 어떤 스타일인지 알게 되었다. 특히 아름다움을 가꿔주고 질병을 예방하며 청결 유지에도 도움을 주는 제품에서 차이가 많았다. 이를 통해 소비자들이 가장 원하는 것을 파악할 수 있었다.

그렇다고 소비자들의 선호도가 낮은 특성을 완전히 배제한 것은 아니다. 어떤 특성은 다른 것에 비해 수익이 절반밖에 되지 않지만 매우 중요할 수 있다. 수익이 발생하는 특성이라면 어느 것 하나 간과하지 않았다. 헤드라인에서 어떤 특성에 비중을 두느냐에 따라 반응을 나타내는 소비자 계층도 달라졌다.

실험의 폭을 넓혀서 다양한 형태의 광고를 시도해 보았다. 잡지 20곳에 광고를 게재하며 잡지마다 광고를 달리했다. 잡지 구독자가 겹치는 경우도 있고 독자들마다 제품에 호감을 느끼는 이유가 다르기 때문에 한 사람도 빠뜨리지 않으려고 다양한 광고를 시도한 것이다.

일례로 비누 광고를 할 때 '깨끗함을 유지하세요'라는 헤드라인은 너무 진부해서 그런지 별다른 호응을 얻지 못했다. '동물성 지방이 전혀 없습니다'라는 헤드라인도 마찬가지였다. 소비자들은 동물성 지방에 크게 연연하지 않았다. 오히려 '이 비누는 가라앉지 않습니다'라는 헤드라인이 좋은 반응을 얻었다. 그런가 하면 미용 효과나 미백 효과를 강조하면 할수록 호응이 높았다.

자동차 광고는 헤드라인에 유니버셜 조인트(universal joint, 축이음[커플링]의 일종. 두 축이 비교적 떨어진 위치에 있는 경우나 두 축의 각도가 큰 경우에 이 두 축을 연결하기 위하여 사용되는 축이음의 일종이다. 자동차의 프로펠러 샤프트나 드라이브 샤프트 등의 연결부, 자동차의 스터어링 기구 등에 쓰임)가 우수하다는 점을 언급하면 어떨까? 유니버셜 조인트를 고려하는 구매자는 거의 없으므로 크게 실패할 것이다. 하지만 헤드라인을 '스포츠카 중에서 가장 스포티한 매력을 가진 차'로 바꾸면 매출이 50배로 늘어날 수 있다.

이 정도면 헤드라인의 중요성을 충분히 설명한 것 같다. 광고 제작자라면 헤드라인의 차이에 따른 결과에 두려움을 느껴야 한다.

광고 제작자가 가장 선호하는 방식이 오히려 소비자들에게 냉대를 받는 경우가 많다. 광고 제작자들이 소비자들의 심리를 잘 안다고 하지만 50%도 이해하지 못하는 경우가 허다하기 때문이다. 그래서 새로운 제품을 대할 때마다 실험을 통해 배우게 된다.

그러나 모든 광고에는 결국 확립된 원칙이 있다. 당신의 광고는 수백만 명에게 공개되지만, 정작 당신이 겨냥하는 대상은 특정 고객층으로 한정되며, 범위가 넓을 수도 있고 좁을 수도 있다. 일단 대상을 정확히 겨냥한 다음 그들에게서 최대의 반응을 끌어내는 방법을 찾아야 한다. 코르셋 광고는 남성이나 아이들의 관심을 끌 필요가 없고, 담배 광고는 비흡연자를 고려할 필요가 없다. 여성들은 면도기 광고에 눈길을 주지 않으며, 남성이라면 립스틱 광고에 무덤덤할 것이다.

수백만의 광고 독자들이 행여라도 자신의 관심사인지 알아보려고 광고를 꼼꼼히 읽을 것이라는 기대는 버려야 한다. 그들은 헤드라인이나 사진을 흘끗 보고는 전체를 읽을지 결정한다. 그러므로 광고는 대상을 잘 겨냥해야 한다. 설정한 대상에 포함되지 않는 고객은 무시해도 좋다.

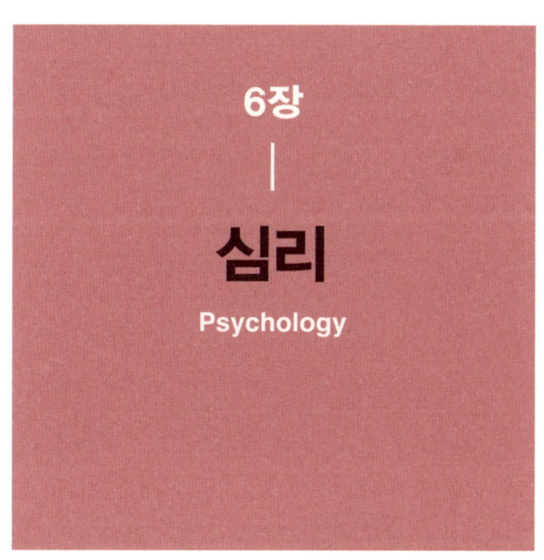

　　유능한 광고인이 되려면 인간의 심리에 대해 잘 알아야
한다. 인간의 심리에 능통할수록 광고에 성공할 확률이 커진다. 따라
서 특정 반응을 유도하는 효과를 깨우쳐 이를 활용하여 반응을 늘리
고 실수를 줄여야 한다.

　　인간의 본성은 시간이 흘러도 변하지 않는다. 율리우스 카이사르
(Gaius Julius Caesar, 로마 공화정 말기의 정치가이자 장군) 시대나 지금이나 사
람은 크게 변한 것이 없다. 그래서 심리학의 원칙이 오랜 역사를 자
랑하는 것이다.

　　예를 들어 호기심은 인간이 참기 어려워하는 특성 중 하나로 손꼽
힌다. 따라서 가능하다면 호기심을 최대한 활용해야 한다. 펍드 휘
트와 펍드 라이스도 호기심을 자극한 덕분에 성공한 케이스라고 말
할 수 있다. '본래 크기보다 알맹이가 8배나 커졌어요.', '총구에서 튀
어나온 시리얼입니다.', '낟알 하나도 빠뜨리지 않고 125회의 수증기

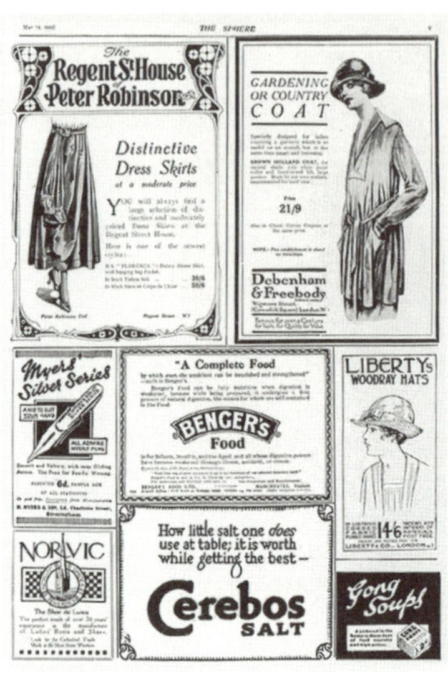

홉킨스가 활동하던 1918년의 신문 광고

폭발을 거쳤습니다.' 이러한 특징을 찾아내지 못했더라면 두 제품은 오래전에 자취를 감추었을 것이다.

가격이 저렴하다고 해서 폭발적인 반응이 나오는 것도 아니다. 미국인들은 과시욕이 있어서 할인은 좋아해도 싸구려를 원하지는 않는다. 그들은 가장 좋은 의식주를 누리고 산다는 자부심이 있다. 따라서 자칫 그들을 경제적 능력이 없는 사람으로 취급하면 돌이키기 어려운 반감을 살 수도 있다.

사람들이 가격 하나만으로 많은 것을 판단한다는 점은 앞에서 이미 언급한 바 있다. 하지만 소비자는 전문가가 아니다. 영국 국립박물관의 어느 그림은 카탈로그에 공개된 가격이 75만 달러였다. 대부분의 사람들은 카탈로그를 보기 전에 그 그림에 눈길조차 주지 않았다. 그러나 가격을 알게 되자 그림을 다시 보려고 모두들 발걸음을 돌렸다.

한 번은 부활절에 어느 백화점에서 1,000달러짜리 모자를 광고했다. 그러자 여성 고객들이 물밀 듯 모여들어서 매장을 가득 메웠다. 이러한 방법은 자주 사용된다.

또 한 번은 아주 귀한 이유식을 광고한 적이 있다. 귀한 제품이라는 점을 직접적으로 언급해도 소비자들에게 강한 인상을 남기기 어려웠다. 그 대신 이유식을 개발하는 데 10만 달러를 투자했다는 사

못 파는 광고는 쓰레기다

실을 언급했다. 그러자 제품을 바라보는 시선이 크게 달라졌다.

제품에 품질 보증을 포함하는 것은 이제 흔한 일이라 시선을 끌 수 없다. 그러나 어느 기업은 제품을 판매하는 딜러의 서명을 담은 품질 보증서를 광고에 내세워 큰돈을 벌었다. 고객이 요청하면 딜러가 직접 환불해주겠다는 보증 서명이었다. 얼굴 한 번 본 적도 없는 기업의 보증보다 이웃 같은 딜러의 보증 한마디가 소비자들을 움직인 것이다. 이를 본 다른 기업들도 이 방법을 모방하여 비슷한 성과를 거두었다.

그동안 '일주일간 써보고 마음에 들지 않으면 환불해 드리겠습니다'라는 광고는 자주 등장했다. 그 후에는 어떤 기업이 선금을 한 푼도 받지 않고 제품을 보내주는 방식으로 전환했다. '써보시고 마음에 들면 1주일 후에 결제하십시오.' 이렇게 하자 매출이 몇 배 이상 늘어났다.

광고계에서 유명한 전문가는 두 방법의 차이를 이렇게 설명했다.

'두 사람이 내게 다가와서 말(馬)을 사라고 권했습니다. 거래 조건은 동일했지요. 말을 보니 얌전하고 건강해 보였어요. 어린 아이를 태워도 문제가 없을 것 같았지요. 그런데 한 사람이 이렇게 제안했습니다. "일주일 동안 타보시고 제 말이 틀렸다면 환불받으러 오십시오." 하지만 다른 사람은 "일단 일주일 동안 타보세요. 그리고 마음에 드시면 그때 돈을 지불하십시오." 나는 당연히 두 번째 제안을 받아들였습니다.'

이제 담배, 타자기, 세탁기, 도서 등 수많은 제품들이 이런 방식으로 판매되고 있다. 이를 악용하려는 소비자는 거의 없는데, 만약 그런 소비자가 있다고 해도 손실은 염려하지 않아도 된다.

어느 출판사가 비즈니스맨을 겨냥한 도서 한 질을 내놓았다. 광고를 해도 수익이 나지 않자 전문가에게 조언을 구했다. 전문가는 광고와 제품 모두 흠 잡을 것이 없다고 판단했다.

"제 경험으로 효과적인 방법이 하나 있긴 합니다. 아주 간단한 것이니 한 번 시도해 봅시다. 모든 구매 고객에게 책의 겉면에 금색으로 이름을 새겨 준다고 약속하는 겁니다."

기존 광고를 하나도 바꾸지 않고, 이 제안만 추가했는데 주문이 수십 만 건이나 쏟아졌다. 금색 글자로 이름을 새겨 넣는 순간 그 책은 고객에게 더없이 소중한 자산이 되었다. 인간의 심리를 매우 지혜롭게 공략한 광고다.

잠재 고객과 기존 고객에게 수첩 등의 간단한 선물을 주는 기업이 많다. 하지만 이 방법은 매출에 별로 도움이 되지 않는다. 그런데 어느 기업이 고객의 이름을 새겨 넣은 가죽 표지의 노트를 준비했으니 신청서를 보내면 바로 우송해 주겠다는 편지를 보냈다. 동봉된 신청서에는 다른 정보를 요청하는 질문도 포함되어 있었다. 고객이 관심을 가진 제품의 종류를 조사하는 설문지였다.

이 편지를 받은 고객들은 거의 다 신청서와 설문지를 작성했다. 자신의 이름이 이미 새겨져 있다는 말에 그 노트를 자기 것이라고 느낀 것이다. 사소한 노력이지만 자기 것을 찾아와야겠다는 생각에 조금도 망설이지 않았다.

이와 비슷한 원리로, 모든 고객을 겨냥한 제안보다 특정 계층에게만 제안할 경우 반응이 훨씬 더 높다. 예를 들자면 참전용사를 위한 광고, 특정 종교나 단체의 회원, 기업 간부에게만 적용되는 광고가 있다. 광고를 보고 특별한 기회를 얻었다고 생각하는 사람들은 기회를 잃지 않으려고 오랫동안 고객으로 남아 있게 된다.

어느 광고주는 '대용품에 관심을 가져 보세요', '이 브랜드는 놓치지 마세요'와 같은 광고로 큰 손실을 입었다. 그런 방법은 기대와 달리 아무런 반응을 얻지 못했다.

그런데 방법을 바꾸어 '경쟁 브랜드도 사용해 보시고 판단하세요'라고 헤드라인을 바꿨더니 의외의 결과가 나왔다. 경쟁 브랜드도 두렵지 않다는 자신감을 드러내 고객에게 신임을 얻은 것이다. 고객들은 직접적인 제품 비교를 두려워하지 않는 브랜드라면 품질이 좋을 것이라고 추론했다.

한 번은 두 기업이 거의 동일한 성분의 식품을 선보였다. 그리고 초반 인지도를 높이기 위해 소비자들에게 풀 패키지를 나누어주었다. 그런데 한 쪽은 무상으로 공급했고, 다른 쪽은 쿠폰으로 교환하는 방식을 사용했다. 쿠폰 교환에 드는 비용은 광고유통사가 부담했다.

무상으로 패키지를 나눠 준 기업은 실패했고, 쿠폰을 사용한 기업은 좋은 반응을 얻었다. 실패한 기업은 기존의 다른 제품마저 매출이 떨어지는 통에 곤욕을 치렀다. 15센트짜리 제품을 무료로 나눠 준 것 때문에 그 기업의 모든 제품이 싸구려라는 이미지가 생긴 것이다. 한 번 무료로 나눠준 제품을 유료화하는 것도 만만치 않았다. 자유이용권을 사용하던 사람이 철도 티켓 전액을 결제할 때 얼마나 아까운 마음이 들지 생각해 보면 된다.

한편, 쿠폰을 사용한 기업은 고객을 위해 투자를 아끼지 않는다는 이유로 인지도가 크게 높아졌다. 광고유통사가 제 돈을 들이면서 광고하는 제품이라면 소비자가 믿고 먹어도 된다는 이미지가 생긴 것이다. '무료로 드립니다'라고 하는 것과 불과 15센트를 투자한 것이 이렇게 큰 차이를 낳았다.

샘플도 마찬가지다. 주부들은 원하지 않는 제품을 쥐어주면, 제품을 아주 하찮게 생각하기 때문에 제품의 장점을 전혀 보지 못한다. 그러나 광고를 본 후에 샘플을 직접 신청한 사람들은 다르다. 광고를 통해 제품의 특성과 장점을 알게 되어 어느 정도 호감이 생겼기 때문이다. 호감이 없으면 샘플을 신청하지 않았을 것이다. 또한 광고에서 말한 장점을 직접 확인해 보려는 적극성도 보인다.

제품의 이미지는 광고에서 매우 중요하다. 똑같이 생긴 제품 5개를 놓고, 5명에게 각자 하나씩 고르라고 하자. 이때 한 개의 제품만 장점을 설명해 주면, 5명 모두 그 제품을 고를 것이다.

이미지 때문에 호감이 생길 수도 있고 거부감이 생길 수도 있다. 이를 잘 활용하면 브랜드에 대한 지지도를 높일 수 있다는 뜻이다. 일부 품목에서는 이것이 유일한 광고 전략이 될 수도 있다.

서로 이웃에 자리 잡은 두 기업이 할부 거래로 여성 의류를 판매했다. 경제적으로 어려운 여성들에게 좋은 옷을 공급한다는 것이 광고의 취지였다. 둘 중 오래된 기업은 고객을 궁핍한 사람들로 취급하여 실용성만을 강조하는 매우 직설적인 표현을 사용했다.

그러나 신생기업은 품위 있고 당당한 중년 여성을 내세웠다. 그녀는 브랜드의 얼굴과 같았다. 광고에 그녀의 사진이 등장했으며 모든 광고지에 그녀의 서명을 사용했다. 그리고 고객에게 편안한 친구처럼 따뜻하게 다가섰다. 지갑 사정 때문에 한껏 멋을 부릴 수 없는 여성들의 심정을 누구보다 잘 헤아려 주었다. 오래전부터 이런 고객을 위해 좋은 옷을 만들겠노라 다짐했으며, 장기 할부 결제를 기꺼이 도입할 생각이었다. 장기 할부 결제는 신생기업의 성공 가능성을 예견한 후원자의 지원 덕분이었다.

두 기업의 결과가 어떻게 달라졌는지 굳이 말하지 않아도 잘 알 것이다. 오랫동안 여성 의류를 생산해 오던 기업은 문을 닫았다.

　신생 의류기업을 후원해 준 사업가는 가정용 가구 제조업자로서 할부 결제의 장점을 잘 알고 있었다. 장기 할부 결제는 자신의 사업을 위한 투자였다. 카탈로그를 마구잡이로 배포하는 것이 매출 신장에 전혀 도움이 되지 않다는 것을 경험한 그는 장기 할부로 의류로 구매한 고객들을 타깃으로 활용했다.

　그는 의류를 구입한 기혼 여성 고객에게 다음과 같은 편지를 보냈다.

　'○○의류회사 관계자로부터 귀하가 우수 고객이라는 말을 들었습니다. 귀하는 할부금 납부를 한 번도 어긴 적이 없다고 하더군요. 그래서 저희 회사의 고객 리스트에 귀하의 이름을 올려 두었습니다. 편리한 시간에 언제든지 찾아주십시오. 가구가 필요하실 때 꼭 저희 브랜드를 사용하십시오. 선금은 받지 않겠습니다. 귀하는 ○○의류에서 추천받은 고객이므로 별도의 조사 없이 믿고 거래하겠습니다.'

　누구나 이런 편지를 받으면 기분이 좋을 것이다. 예상대로 편지를 받은 고객들은 가구를 구매할 일이 생기자 편지를 보낸 브랜드를 선택했다.

　광고에서 심리학을 응용하는 데에는 끝이 없다. 어떤 사람들은 본능적으로 인간의 심리를 파악하지만, 대부분은 경험을 통해 배운다. 우리도 대부분의 심리학 지식을 다른 사람의 성공담과 실패담을 통해서 배운 것이다. 좋은 방법이 있으면 잘 기록해 두었다가 적절한 기회에 활용한다.

　이런 점은 매우 중요하다. 동일한 내용이라도 어떻게 구성하느냐에 따라 수익이 몇 배나 달라질 수 있다. 비즈니스 경험은 광산과 같아서 금맥을 발견할 때까지 열심히 파헤쳐야 한다.

진부하고 평범한 말은 물에 물 탄 듯 술에 술 탄 듯 아무런 효과가 없다. '세계 최고를 자부합니다', '현존 최저가'와 같은 말은 사람들이 이미 귀에 못이 박히도록 들은 말이다.

이렇게 최고를 남발하는 광고는 제 발등을 찍는 것이다. 과장하는 경향, 대수롭지 않게 진실을 왜곡하는 태도, 어딘가 모르게 믿음이 가지 않는 표현에 호감을 느낄 사람은 없다. 그런 표현 한두 가지 때문에 소비자는 그 광고 전체를 외면할 수도 있다.

시(詩)에서는 언어 파괴가 어느 정도 허용된다. 사람들은 광고에서도 이와 비슷한 현상이 용인된다는 것을 알고 있다. '비교를 불허하는 탁월한 품질'이라는 표현에 굳이 이의를 제기하는 사람은 없지만, 다른 브랜드도 품질이 그리 뒤떨어지지 않는다는 사실을 다들 알고 있다. 영업사원은 자기가 아는 범위 내에서 좋은 표현을 모두 동원하며 약간의 과장을 하는데, 그것은 열정이라는 이름으로 용서받는

 못 파는 광고는 쓰레기다

다. 상황이 이렇다 보니 평범한 표현은 들어설 자리가 없다. 광고에서 최고라는 표현을 남발하는 기업은 소비자들이 광고의 나머지 표현마저 곧이곧대로 믿어주지 않을 것을 각오해야 한다.

그러나 구체적인 주장은 이러한 진위 판단과 별개의 문제가 된다. 일단 광고는 대중에게 공개되는 것이므로 함부로 거짓 주장을 늘어놓지 못한다. 광고에 대한 관심이 커지는 이유 중에는 광고가 진실만을 다룬다는 믿음이 있기 때문이다.

따라서 구체적인 진술은 별다른 의심 없이 사람들의 믿음을 얻는다. 특히 수치 자료를 제시하면 신뢰를 얻을 수 있다. 구체적인 사실 관계를 언급하는 것도 도움이 된다.

지면 광고든 일대일 영업활동이든 이 점은 매우 중요하다. 구체적일수록 소비자의 신뢰가 높아지기 때문이다. 텅스텐램프가 탄소램프보다 훨씬 밝다고 광고해도 의구심을 가지는 사람이 있기 마련이다. 그러나 텅스텐램프가 3배 이상 밝다고 하면 소비자들은 테스트를 통해 알아낸 사실로 인정한다.

‘우리 제품은 가격을 내렸습니다’라는 광고는 강한 인상을 줄 수 없다. ‘우리 제품은 가격을 25% 내렸습니다’라고 해야 광고 효과가 확실하게 나타난다.

저소득층 여성 고객을 겨냥한 의류통신판매 업체가 있었다. ‘국내 최저가’라는 광고는 오래 전에 이 업체가 시작했으나 경쟁업체들이 금방 따라 하기 시작했다. 그래서 이 업체는 다른 의류업체보다 무조건 싸게 판다는 전략으로 바꿨다. 하지만 이번에도 경쟁업체들이 보란 듯이 따라하는 것이었다. 그 때문에 무슨 말을 해도 다른 의류업체들과 차별성을 얻지 못한 채 진부하다는 평가만 얻었다.

그러던 중 유능한 광고전문가의 조언에 따라 ‘우리의 순수익은 3%

홉킨스가 1918년 만든 팜올리브 쉐이빙 크림 광고. '250배로 증가하는 비누. 캐시디의 250배의 거품을 그대로 반영한다'는 카피와 관련 이미지로 구성되어 있다.

에 불과합니다'로 바꿨다. 이것은 매우 구체적인데다 대중들을 깜짝 놀라게 했다. 사업 규모로 볼 때 최저가로 판매하는 것을 의심할 이유가 없었기 때문이다. 또한 순수익이 3%보다 더 낮은 것은 불가능했다. 이렇게 차별성이 확보되자 매출이 눈에 띄게 늘어났다.

한때 자동차업계는 분수에 넘치는 수익을 거둔다는 이미지가 강했다. 그러던 와중에 어떤 자동차업체가 유능한 광고전문가의 조언에 따라 '우리 기업의 수익은 9%입니다'라고 선언했다. 그리고 1,500달러 자동차의 겉으로 보이지 않는 부품의 실제 비용을 조목조목 공개했다. 운전자가 쉽게 확인할 수 있는 부품을 전부 제외하고도 부품가액은 735달러나 되었다. 이 광고는 당시 자동차업계에 센세이션을 일으킬 정도로 큰 성공을 거두었다.

면도용 비누 광고에는 으레 '풍부한 거품', '얼굴에 말라붙지 않아요', '수염이 금방 부드러워집니다'라는 표현이 등장했다. 어느 제품인지 구분하기 어려울 정도로 모두 비슷했다.

그러던 중에 새로운 브랜드가 등장했다. 모든 고객이 이미 특정 브랜드를 사용하고 있는 상황에서 신규 고객을 확보하기란 여간 어려운 일이 아니었다. 그러나 이 브랜드는 '거품이 250배로 늘어납니다', '1분 만에 수염이 부드러워집니다', '부드러운 거품이 얼굴 위에 10분간 지속됩니다', '130가지 방식을 테스트하고 비교해서 만들었습니다'와 같이 구체적인 사실을 내세웠다. 덕분에 모두가 어려워하는 면도용 비누 광고 분야에서 단시간에 전무후무한 성공을 이루었다.

면도가 순식간에 끝난다는 말은 양날면도기 광고에서 오랫동안 사용된 문구였다. 그런데 어느 기업은 면도 시간이 78초면 충분하다는 광고를 만들었다. 실제 테스트를 거친 구체적인 수치를 언급하자 일순간에 판매량이 급증했다.

과거에 맥주 광고는 너나없이 '순수'를 강조했다. 하지만 이런 광고는 소비자들에게 강한 이미지를 남기지 못했다. 글자를 크게 해 봐도 소용이 없었다. 이런 광고에 수백만 달러를 쏟아 붓던 중, 어느 브랜드가 필터처리한 공기로 맥주를 식히는 제조실을 광고에 등장시켰다. 통유리로 된 제조실에서는 맥주 한 방울 한 방울이 필터에 걸러졌다. 맥주병을 기계로 4번 세척하며 깨끗한 지하수를 얻기 위해 1,200미터 이상 파내려가고, 1,018번의 실험을 거쳐 완성한 이스트를 반복 배양해서 사용하기 때문에 타 브랜드와 비교할 수 없는 깊은 맛이 난다고 설명했다. 사실 다른 맥주도 공정 과정은 동일했다.

광고에 언급한 내용은 아주 기본적인 맥주 제조 방법이었다. 그러나 '순수한 맛'이라는 진부한 광고가 아니라, 실제 제조 과정을 소비자들에게 보여준 것은 이번이 처음이었다. 이 광고는 맥주 광고 역사에서 둘도 없는 성공 사례로 기록되었다.

'전 세계에서 사용되는 제품'이라는 말은 자주 접할 수 있다. 그런데 어느 광고에 '52개국에서 사용되는 제품'이라는 문구가 등장했다. 그 후로는 이와 비슷한 광고가 셀 수 없이 쏟아져 나왔다.

광고 문구가 지면에서 차지하는 비율은 다 비슷하다. 그러나 구체적인 문구는 그렇지 않은 것보다 몇 배의 효과를 낸다. 광고에 꼭 언급해야 할 사항이라면 강한 인상을 주는 방식으로 제시하는 것이 좋다.

이런 결과는 우연에 맡길 것이 아니라 하나하나 연구하고 조사해야 한다. 지면 광고에서는 단어 하나가 10달러 정도 들기 때문에 여러 모로 비용 부담이 크다. 영업사원이 고객을 직접 대할 때에는 이런 저런 이야기를 많이 해도 손해가 되지 않는다. 그러나 수백만 명의 고객에게 다가서는 광고는 비용 부담이 크므로 한마디 한마디에 신경을 써야 한다.

진부하고 일반적인 문구는 광고에 넣을 가치가 없다. 그것은 마치 상대방의 건강에 관심이 없으면서 건성으로 '잘 지내시죠?'라고 묻는 것과 같다. 지면 광고는 구체적이고 의미 있는 문구로 채워야 한다.

   못 파는 광고는 쓰레기다

어떤 주장을 펴든 카피는 완결된 스토리로 제공해야 하는데, 결과를 분석해 보면 효과가 유독 두드러지는 카피가 무엇인지 알 수 있다. 그렇지만 다양한 카피의 내용이 합쳐져서 종합적인 반응을 이끌어내야만 한다. 결과적으로 모든 카피의 효과는 평균적으로 나타날 수밖에 없다.

어떤 광고는 간결함을 위해 한 번에 한 가지 주장만 제시하거나 시리즈물로 제작한다. 그러나 이런 시리즈 광고는 절대 효과가 없다. 이보다 더 심각한 실수를 범하는 광고는 찾아보기 어렵다. 하지만 고객이 광고에 관심을 보이는 순간, 모든 목표를 실행할 절호의 기회를 맞이한다. 이때 긍정적인 요소를 모두 보여주고 제품의 모든 특성을 망라해야 한다. 사람마다 호감을 갖는 특징이 다르기 때문이다. 만약 한 가지 특성을 생략하면 그 특성을 좋아하는 고객은 놓칠 수밖에 없다.

사람들은 단일 상품에 대한 시리즈 광고를 제대로 보지 않는다. 동일한 뉴스를 두 번 보는 사람이 없는 것과 같은 원리다. 광고를 처음 읽는 순간 호감을 갖느냐 거부감을 갖느냐가 결정되며, 거부감을 가질 경우 색안경을 끼고 후속 광고를 보게 된다. 따라서 일단 고객이 호감을 보이면 그 마음을 계속 유지할 수 있도록 중요한 주장을 끊임없이 내놓아야 한다.

유능한 광고전문가는 이 점에서 실수가 없다. 그는 다양한 카피를 비교하고, 실제 광고를 집행해 고객에게 가장 유리한 헤드라인을 찾아낸다. 시간이 흐르면 쓸 만한 주장이 쌓여서 자산이 된다. 그가 만드는 광고에는 이러한 자산이 어김없이 사용된다.

다시 한 번 말하지만, 대다수의 고객은 내용을 한 번만 읽는다는 것을 잊지 말아야 한다. 그 한 번의 기회에 고객에게 필요한 내용을 전달하지 못하면 기회는 다시 오지 않는다.

그런가하면 몇 년이 흘러도 달라지지 않는 광고가 있다. 어떤 통신판매 광고는 몇 해가 흘러도 글자 하나 바뀌지 않는데 수익이 그대로 유지된다. 일반 광고 중에도 비슷한 경우가 있다. 가장 좋다고 알려진 방법을 모두 동원하여 완벽의 경지에 오른 것이다. 광고 제작자들도 고객이 동일한 광고를 두 번 보리라 기대하지 않는다. 광고를 통한 수익의 대부분은 새로 발굴된 고객에서 나오는 것이다.

모든 광고는 새롭게 발굴한 고객을 중시한다. 제품을 이미 사용하는 고객은 해당제품의 광고를 눈여겨보지 않는다. 이미 광고를 보고 구매를 결정했기 때문이다. 그들이 사용하는 제품에 독성이 있다는 광고가 몇 달간 이어져도 아마 눈치 채지 못할 것이다. 따라서 광고에서 단 한 줄이라도 기존 고객을 겨냥한 문구를 넣는 것은 낭비다.

　　　　　　　　　　　　　　　　　　　　못 파는 광고는 쓰레기다

우여곡절 끝에 자동차 회사를 인수하고, 천막 공장에서 제품을 생산해 성공을 거둔 풀스토리로 주목을 받은 오버랜드자동차 광고

헤드라인에 언급할 만큼 중요한 것이 아니라면 과감하게 배제해야 한다. 광고의 목표는 항상 신규 고객을 확보하는 것이어야 한다.

광고를 읽는다는 것은 기본적인 관심의 표현이다. 관심이 없는데 광고를 다 읽을 리 만무하다. 그러므로 당신의 이야기에 귀를 기울이는 고객을 만났을 때 최선을 다해야 한다. 이 순간에 고객을 잡지 못하면 구매할 확률은 0%에 가까워진다.

어떤 영업사원이 정신없이 바쁜 고객의 사무실을 방문했다고 가정해 보자. 그는 찾아갈 때마다 번번이 퇴짜를 맞을 수 있다. 하지만 어쩌다 한 번 초대를 받게 된다면 마지막 기회라 생각하고 최선을 다해야 한다.

여기에서 간결성의 문제가 대두된다. 사람들이 긴 글을 잘 읽지 않는다는 말을 귀에 못이 박히도록 들었을 것이다. 그러나 소위 말하는 잘 나가는 광고를 분석해 보면 사람들이 꽤 많은 양의 카피를 읽는다는 것을 알 수 있다. 그래서 어떤 경우에는 광고만으로는 성이 차지 않는 고객에게 더 많은 정보를 주고자 책을 내기도 한다.

따라서 간결성을 유지하는 것이 무조건 좋다고 말하기는 어렵다.

껌을 광고할 때에는 한 문장으로 풀 스토리를 전하는 것이 가능할지 모른다. 크림 오브 휘트(Cream of Wheat)도 마찬가지다. 그러나 길이보다는 스토리의 완결성이 더 중요하다.

어떤 사람이 자가용을 사려고 한다. 가격은 크게 개의치 않는다. 그는 자부심을 높여줄 차가 아니면 거들떠볼 생각도 없다. 사업가로서 체면 유지에 어울리는 차를 찾고 있기 때문이다.

그는 아마 롤스로이스를 마음에 두고 있을지 모른다. 피어스 애로우(Pierce Arrow), 로코모빌(Locomobile) 등도 고려 대상이긴 하다. 유명한 자동차 브랜드이긴 하지만 그에 대해 아는 것이 전혀 없다. 피어스-애로우 등의 광고는 너무 짧기 때문이다. 이들 브랜드는 다른 자동차와 비교하여 더 나은 점을 일일이 설명하는 것 자체가 브랜드의 품위에 맞지 않는다고 생각할지 모른다.

하지만 마몬(Marmon) 광고에는 풀 스토리가 들어있다. 브랜드에 대한 기사와 책도 많다. 이렇게 다양한 경로로 정보를 얻은 후에 마몬 자동차를 구입한 고객은 전혀 후회할 일이 없다. 그런데 고객이 나중에 다른 자동차에 대한 세세한 설명을 듣고 호감이 생겼다. 가격이 마몬의 3배지만 조금 더 일찍 알았더라면 마몬을 선택하지 않았을 것이라고 말한다. 제품에 대한 정보가 마몬보다 더 충분했기 때문이다. 따라서 이런 분야에서는 말을 아끼거나 브랜드만 내세우는 것은 적합하지 않다.

자동차는 최소 몇 년을 생각하는 투자 대상이며 거금을 지출하는 것이다. 자동차를 구매하는 고객은 도움이 된다고 생각되는 내용이라면 아무리 많아도 다 읽어볼 것이다.

다른 것도 마찬가지다. 주부들이 아침식사용 식품이나 치약, 비누 등의 브랜드를 바꾸게 할 때에도 동일한 접근법이 필요하다. 사용

중인 제품에 여러 해 익숙해져 있기 때문에 이를 바꾸게 하려면 많은 노력이 필요하다.

새로운 브랜드를 구매하게 하는 것은 결코 쉬운 일이 아니다. 직접 고객을 찾아가서 설득해 보면 이 말에 공감할 것이다. 영업사원의 등쌀에 못 이겨 한 번 구매하는 것은 가능할지 모르지만, 새로운 브랜드를 지속적으로 사용하는 것은 별개의 문제다. 그래서 고객을 직접 찾아다니는 영업사원들은 말을 아끼지 않는다. "한마디만 드리고 가겠습니다"라든가 제품명 또는 제품의 장점 한 가지만 소개하고 돌아서는 일은 생각도 못할 일이다.

광고의 결과를 추적해 보면 동일한 결론이 나온다. 간결한 광고가 반드시 성공한다는 증거는 어디에도 없다. 글이 다소 길어지더라도 풀 스토리를 담은 광고가 만족스러운 결과를 산출한다.

결과가 추적되지 않은 광고를 잣대로 삼아서는 안 된다. 정확한 자료도 없이 자신의 느낌대로 판단하고 행동하는 사람을 따라 해서도 안 된다. 남들이 가지 않은 새로운 길이라고 해서 앞뒤 가리지 않고 뛰어드는 것도 좋지 않다. 상식을 벗어나지 않는 것이 좋다. 누가 무슨 말을 하더라도 결과에 대한 분석으로 뒷받침되지 않은 주장에는 귀를 기울일 필요가 없다.

9장

광고의 기술
Art in Advertising

광고에 사진을 넣으려면 비용이 많이 든다. 사진 작업에 드는 비용도 있지만 사진이 차지하는 공간은 많은 비용을 필요로 한다. 사실 광고의 3분의 1 내지 절반은 사진 효과에 달려 있다. 광고는 비용을 많이 들인 만큼 효과가 나와야 한다. 그렇지 않으면 밑 빠진 독에 물 붓기로 끝나고 만다. 그래서 광고의 기술은 매우 중요하다.

그러나 재미를 준다는 이유만으로 사진을 쓰려는 것은 옳지 않다. 사진이 관심을 끌거나 광고를 꾸미는 도구가 되어서도 안 된다. 이 점은 다른 챕터에서 다시 설명할 것이다. 광고의 목적은 즐거움을 주거나 대중의 마음을 달래거나 웃기는 것이 아니다. 대중에게 웃음을 주려고 광고를 만드는 것이 당신의 원래 의도는 아닐 것이다. 광고는 수익 창출이라는 진지한 목표가 있기에 목적에 부합하는 특정 그룹을 겨냥해 제작해야 한다.

그러므로 수익 발생에 도움이 될 만한 사람들만 광고에 끌어 들여야 한다. 그러려면 동일한 공간에 사진을 넣었을 때와 글을 넣었을 때를 비교하여, 사진을 넣는 것이 확실히 매출에 도움이 될 때에만 사용해야 한다.

앞에서 이미 언급했듯이 통신판매 광고는 과학적인 방법으로 사진을 사용한다. 큰 사진을 넣기도 하고 작은 사진을 넣기도 한다. 그런가 하면 아예 사진을 쓰지 않는 광고도 있다. 한 가지 주목할 만한 사실은 이러한 광고 중에 어느 것도 디자이너의 필요에 의해서가 아니라, 결과 분석을 통해 도출된 확실한 근거에 따라 사진을 사용한 것이었다.

어느 분야를 막론하고 모든 광고에는 이와 동일한 원리를 적용해야 한다. 자신의 분야에 맞는 원리가 없다면 테스트를 통해 원리를 찾아내야 한다. 결과에 대한 확신도 없으면서 무작정 거액을 투자하는 것은 어리석은 짓이다.

많은 광고에서 사진은 매우 중요한 역할을 한다. 대표적인 예로 애로우 컬러(Arrow Collars, 미국의 유명 카피라이터인 어네스트 엘모 컬킨스가 1905년에 만든 애로우 칼라 & 셔츠사의 광고)와 같은 의류 브랜드에서는 사진이 가장 효과적인 요소라는 것이 입증되었다. 의류를 직접 보여주는 것도 좋지만, 사람들이 동경하는 환경과 많은 대중의 존경과 부러움을 한 몸에 받고 있는 유명인이 등장하는 것도 광고 효과를 극대화시켰다. 이 옷을 입으면 모델처럼 살 수 있다는 메시지를 은연중에 고객들의 마음에 심었기 때문이다.

통신교육기관의 광고도 마찬가지였다. 그들도 엄격한 테스트 결과에 입각한 광고를 사용한다. 사회적으로 명망 있는 지위에 올랐거나 한창 출세가도를 달리고 있는 모델을 내세우면 광고 메시지의 설득력이 크게 높아진다.

미용 제품의 광고도 동일하다. 누가 봐도 인정하지 않을 수 없는 미인을 내세우는 것만큼 확실한 광고가 없다. 멋진 남성을 보여주는 것도 비슷한 효과를 낸다. 여자들이 아름다움을 추구하고 가꾸는 결정적인 이유가 바로 남자이기 때문이다. 아름다움이라는 무기를 사용할 때 어떤 최상의 결과가 오는지 보여주는 광고는 실패할 이유가 없다.

광고에 기이한 사진을 사용하는 것은 권장하고 싶지 않다. 이는 고객을 깔보는 행위이며 기업이나 브랜드의 이미지에도 심각한 타격을 줄 수 있다. 광대를 보고 후원자가 되려는 마음을 가지는 사람은 없다. 세상에는 절대로 남들 앞에서 우습게 만들어서는 안 되는 것이 두 가지 있다. 하나는 비즈니스이고 다른 하나는 자신의 가정이다.

기이한 사진은 생각보다 심각한 해를 초래할 수 있다. 광대 모자를 눌러 쓰고 거리에 서 있으면 길 가던 사람들이 모두 쳐다볼 것이다. 하지만 광대 모자를 눌러 쓴 사람이 파는 제품에는 아무도 손을 대지 않을 것이다.

게다가 기이하고 독특한 사진은 오히려 제품에 대한 관심을 앗아가는 부작용도 있다. 제품을 판매하려고 돈을 들여서 광고에 사진을 넣은 것인데, 아무도 제품에 눈길을 주지 않는다면 무슨 소용이 있겠는가? 광고의 요점을 헤드라인에 담으면 된다고 생각할 수도 있다. 하지만 헤드라인이 사진에 가려지는 것은 자멸 행위다.

제품을 살 만한 사람들의 관심을 얻는 것이 가장 중요하다. 매출에 아무런 보탬이 되지 않는 대중의 환심을 얻는 것은 의미가 없다.

세일즈맨이 눈길을 끌려고 일부러 튀는 옷을 입는 것은 어리석은 짓이다. 옷 때문에 그를 쳐다보는 사람은 많겠지만, 그들 중에서 구매 의사가 있는 사람을 찾아보기란 매우 어렵다. 정신이 온건하고 허튼 돈을 쓰지 않는 소비자의 대다수는 그런 판촉 방법을 좋아하지 않는다. 특이한 방법으로 시선을 자극할 것이 아니라, 소비자의 신뢰와 확신을 얻는 방향으로 광고를 해야 한다.

사진은 상품 판매에 반드시 도움이 되어야 한다. 동일한 디자인을 놓고, 사진의 효과가 가장 좋다는 결론이 나올 때에만 사용하고, 그렇지 않으면 다른 것으로 대체한다.

글보다는 사진이 스토리를 전달하는 데 효과적이다. 팝콘제조기인 퍼프드 그레인(puffed grain) 광고는 사진의 효과가 매우 좋았다. 사람들은 사진을 보고 제품에 호기심을 느꼈다. 이 경우에는 사진에 필적할 만한 방법이 없을 정도였다.

사진 때문에 크게 실패한 사례도 많다. 이 책에서도 언급한 바 있다. '사진으로 인한 실패를 어떻게 피할 수 있는가?'라는 질문에 대한 대답은 한 가지다. 다른 질문도 마찬가지겠지만 바로 결과를 비교해 보는 것이다.

아트워크(art work)에 대해서는 지금도 논란이 진행 중이다. 어떤 제품을 광고하느냐에 따라서 대답은 크게 달라질 수 있기 때문이다.

정교한 아트워크를 도입해야 할까, 아니면 일반적인 아크워트로 안심해도 되는 걸까? 어떤 광고주는 사진 1컷 당 2,000달러까지도 아낌없이 투자한다. 사진을 넣을 지면이 크기 때문에 당연한 비용이라고 생각한다. 그에 비하면 아트워크의 비용은 아무것도 아니다. 그래서 사람들은 아트워크에 돈을 투자하는 것은 그만한 가치가 있다고 생각한다.

하지만 일각에서는 아트워크 기술자가 매우 드물다고 지적한다. 이 분야의 권위자는 손에 꼽을 정도이지만, 그들은 비용을 거의 들이지 않고도 아이디어를 능수능란하게 표현한다. 특히 통신판매 광고업자들은 대체로 장인 수준의 경지에 올라서 있다. 그러나 이 문제는 그리 심각한 것이 아니다. 분명히 아트워크는 중간 수준이든 고도의 수준이든 그만한 효과를 발휘한다.

모든 광고에 새로운 사진을 넣어야 할까? 아니면 같은 사진을 계속 사용해도 될까? 이 질문에 대한 의견 대립은 매우 팽팽하다. 물론 같은 사진을 그대로 사용하면 비용 부담이 적다. 또한 기업은 항상 신규 고객을 공략하는데, 신규 고객은 예전 광고에 동일한 사진이 사용된 것을 알지 못한다. 알게 되더라도 그것 때문에 발걸음을 돌리는 일은 없다.

흑백 사진보다 컬러 사진이 더 나을까? 지금까지 수집된 자료를 보면 반드시 그렇다고 할 수 없다. 물론 예외도 있다. 어떤 식품은 컬러 사진으로 보여줘야 훨씬 맛있게 표현된다. 오렌지, 디저트 등의 식품 광고를 테스트한 결과 컬러 사진이 훨씬 좋은 반응을 얻었다. 컬러 사진은 실물을 보는 착각을 일으키므로 소비자의 마음에 훨씬 강하게 호소한다. 하지만 시선을 끌거나 재미를 유발하려는 의도로 컬러를 사용하는 것은 바람직하지 않다. 물론 많은 사람들의 관심을 끌긴 하겠지만, 광고주가 정작 원했던 잠재적 소비자는 놓칠 수 있다.

광고의 기본 원리는 여기에도 적용된다. 단지 주의를 끌거나 웃음과 재미를 주려는 시도는 아예 안 하는 것이 낫다. 광고의 원래 목적과 방향이 맞지 않기 때문이다. 최대한 비용을 아껴서 목표 고객을 가장 많이 포섭할 수 있는 방법만 시도해야 한다. 하지만 이것은 문제의 핵심이 아니다. 어디까지나 비용 문제일 뿐, 광고의 결과를 좌지우지하는 것은 아니다.

순간의 실수로 고객이 절반 이상 떨어져 나갈 수 있다. 반대로 작은 변화가 고객을 몇 배로 늘릴 수도 있다. 광고의 기본 원리에 비하면 사소한 비용은 아무것도 아니다. 헛간에서 비즈니스를 하는 사람도 있고 궁전에서 비즈니스를 하는 사람도 있다. 이는 중요한 문제가 아니다. 중요한 것은 누구의 능력이 최대의 효과를 발휘하느냐에 달려 있다.

광고는 비용 부담이 커서 엄두를 내기 힘들지만 가능한 일이 많다. 따라서 비용과 결과를 정확히 분석한 자료를 활용해서 모든 광고의 제작 방법을 비교, 분석해야 한다.

사람의 습관을 바꾸려면 비용 부담이 크다. 따라서 습관을 바꾸려는 광고는 진지하게 고려해야 한다. 러시아 농부에게 면도용 크림을 판매하려면, 먼저 면도의 필요성을 인지시켜야 한다. 하지만 막대한 비용이 들 것이다. 그런데도 수많은 광고주들이 불가능한 일에 도전하고 있다. 보다 심각한 것은 광고주들이 이런 문제를 신중하게 고려하지도 않을뿐더러, 결과를 추측하거나 파악하는 것에도 관심이 없다는 것이다.

예를 들면, 치약을 광고하기 위해 많은 지면을 할애해서 양치를 잘 하라고 교육할지 모른다. 그렇게 하려면 돈이 만만치 않게 든다. 지금까지의 테스트를 종합해 보면, 고객의 생활 습관을 바꾸는 비용은 1인당 20달러 내지 25달러로 추정된다. 이처럼 고객의 습관을 바꾼다는 것은 어려움이 많이 따르는 일이다.

대부분의 광고주는 고객의 습관을 바꾸기 위한 투자를 엄두조차 낼 수 없는 형편이다. 더불어 평생이 걸려도 매출 수익으로 투자비용을 회수하지 못할 가능성도 있다. 그래서 테스트를 통해 이런 사실을 발견한 광고주들은 대중을 교육할 시도조차 하지 않는다.

나는 단 한 편의 광고도 습관을 바꾸려는 시도를 하지 않았다. 내가 성공한 비결은 모든 광고의 결과를 면밀히 추적하고 철저히 원칙에 충실한 것이었다.

다른 치약 제조사는 고객들이 칫솔을 바꾸도록 유도하는 데 막대한 비용을 투자했다. 그 결과 신규 고객이 새로운 습관을 갖도록 할 수 있었지만, 새로 창출된 고객은 모든 회사가 나눠가진 꼴이 되었다. 매출은 늘었지만 비용대비 효용은 초라할 뿐이었다.

어느 광고유통업체는 오랜 시간에 걸쳐 사람들에게 오트밀 조리법을 알려주었다. 그러나 큰 변화를 얻지 못했다. 오트밀을 모르는 사람은 없었다. 오랫동안 어린이에게 좋은 식품으로 알려져 있었고 의사들도 오트밀을 건강식으로 권했기 때문이다. 그러나 오트밀을 먹지 않는 사람들은 여전히 요지부동이었다. 그들의 무관심을 깨뜨릴 방법이 없었다. 다각도로 계산해 보아도 수익보다 비용이 많은 프로젝트였다.

이와 비슷한 이유로 광고를 포기하는 사례는 늘 있었다. 불가능한 목표에 모든 것을 투자하는 것은 생각도 못할 일이기 때문이다. 그래서 광고의 일정 부분을 할애해 그 점을 언급하는 경우가 있다. 그러나 규모를 줄여도 여전히 밑 빠진 독에 물붓기이며 바람직한 시도가 아니다.

　오렌지나 건포도를 재배하는 농가는 단독으로 농산물의 소비량을 늘리려고 하지 않는다. 그렇게 하려면 수익의 몇 천 배에 해당하는 비용이 들기 때문이다. 하지만 관련 농가가 모두 힘을 합쳐서 소비량 증진을 유도하는 것은 효과적일 수 있다. 바로 여기에 광고가 발전할 수 있는 커다란 가능성이 숨어 있다. 수익성이 보장되는 범위 내에서 특정 식품의 평균 소비량을 늘리는 것이다. 이것은 물론 모두가 한마음으로 협조할 때 가능한 일이다.

　하나의 광고로 비타민이나 살균제를 사용하도록 소비자를 교육하는 것은 불가능한 일이다. 이는 관계당국이 나서서 대규모 공익광고 캠페인을 실행해야 한다. 이처럼 생활습관을 변화시키는 것은 어려운 일이다. 하지만 어려움을 극복하고 생활 습관[47]을 변화시켜 만족감을 느낀 고객들을 공략하여 성공을 거둔 사례는 많다.

47　습관 사람들의 습관을 변화시켜 성공한 대표적 광고는 홉킨스가 만든 펩소던트 치약 광고를 꼽을 수 있는데, 선키스트(Sunkist) 오렌지 광고는 인류의 오랜 습관은 물론이고, 오렌지 산업의 역사를 바꾼 혁명적 광고라고 할 수 있다. 1910년대 미국의 오렌지 농가는 극심한 과잉생산과 소비침체에 시달렸다. 홉킨스는 세계 최대 오렌지생산조합인 선키스트로부터 소비촉진 캠페인을 의뢰받고 고민에 빠졌다. 소비자들이 새콤달콤한 오렌지를 좋아하지만, 껍질에 흠집을 낸 다음 손으로 까먹는 것에 불만이 많았기 때문이었다. 오렌지를 먹는 유일한 방법은 풍부한 오렌지의 과즙으로 손이 끈적거린다는 단점이 있었다. 이러한 고질적 문제점을 해결한 홉킨스의 역발상은 '과즙이 풍부하니 음료로 만들어 마시게 하자'는 것이었다. 홉킨스는 1916년 '오렌지를 마시자(Drink Orange)'라는 헤드라인의 광고를 제작했다. 이 광고는 미국 내 오렌지 매출이 50% 이상 상승할 정도로 큰 반향을 불러일으켰다. 또한 오렌지를 과즙으로 만들어 마시는 습관은 금방 퍼져나갔고, 마침내 기업형 오렌지주스 산업을 출범시켰다. 한 편의 광고로 인류의 오랜 습관을 바꾼 것인데, 홉킨스가 지향했던 광고 철학이 담긴 대표작이라고 할 수 있다.

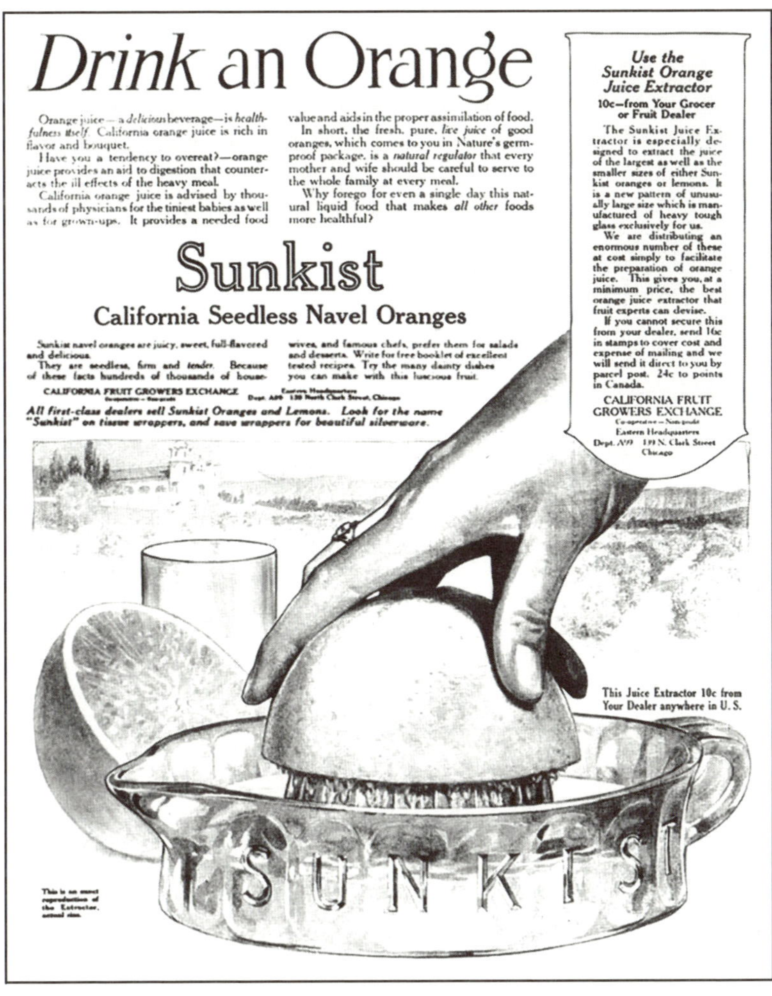

홉킨스가 1916년 제작한 선키스트광고. '오렌지를 마셔라'라는 헤드라인에 '선키스트 오렌지 주스 추출기를 사용해보십시오. 주변 슈퍼나 과일상에게서 10센트에 구입할 수 있습니다. 주스 추출기는 모든 크기의 선키스트 오렌지와 레몬을 사용할 수 있도록 디자인되었습니다. 탄탄한 유리로 제작된 특대 사이즈 추출기입니다. 저희 선키스트는 고객들을 위해 어마어마한 양의 추출기들을 나눠드리고 있습니다. 최저 가격으로 전문가들이 개발한 최고의 추출기를 드리고 있습니다. 만약 근처 매장에서 추출기를 구할 수 없는 경우에는, 우송 가격을 포함하여 16센트에 해당하는 우표를 보내주시면 귀하에게 직접 보내드리겠습니다. 캐나다 배송은 24센트입니다'라는 카피와 주스추출기 이미지로 디자인되어 있다.

새로운 욕구를 창출하거나 유행을 불러일으키는 것은 신중함이 요구된다. 뿐만 아니라 창출된 욕구를 충족시킬 방법을 제시하는 시기 선정도 매우 중요하다. 이스트와 방부제 광고를 보면 그 점이 쉽게 이해될 것이다.

매년 유행에 따라 새로 등장하는 제품을 통해 새로운 욕구를 자극할 수 있다. 그러나 유행을 창조해 맛을 개발하고 신뢰도를 얻는 것과 이를 통해 수익을 발생시키는 것은 별개의 것이다.

어떤 품목은 국내 가정의 절반 이상이 구매할 것으로 예상된다. 다킨 플루드(Dakin fluid)라는 살균제가 바로 대표적인 상품이라고 할 수 있다. 그러나 소비량이 많지 않아서 1병으로 몇 년간 쓸 수 있으며, 고객이 부담하는 비용은 고작 1달러 50센트에 불과하다. 즉 고객 1인당 수익으로는 10년이 지나도 새로운 고객을 얻는 비용을 넘지 못한다.

통신판매로 단일 제품을 광고하면, 인기 상품이라고 해도 고객 1인당 수익은 2달러 50센트를 넘지 않는다. 단일 품목을 광고할 때는 이점을 반드시 고려해야 한다. 따라서 통신판매 광고처럼 수익을 추적해 보면 지금 시행되는 대다수의 광고는 제살 깎아먹기라는 것을 알게 된다.

다른 광고를 무작정 따라하다가 낭패를 보는 경우도 있다. 어떤 품목은 질병 예방 효과를 포함하여 여러 가지 용도로 사용된다. 그러나 예방 효과가 아무리 뛰어나도 사람들은 그 점에 매력을 느끼지 못한다. 많은 사람들이 질병을 치료하는 데에는 관심이 많으나 예방에는 무심하다. 지금까지 실패한 수많은 광고를 생각해 보면 이 사실을 부인할 수 없을 것이다.

어떤 브랜드는 예방 효과를 강조하는 광고에 거액을 투자한다. 아마 다른 효과를 광고했더라면 매출이 몇 배나 많았을 것이다. 같은 광고라도 헤드라인의 한마디를 달리하는 것으로 10배의 수익 차이를 낼 수 있다. 이런 것도 모르고 전혀 엉뚱한 길로 치닫는 광고주를 보면 안타깝기만 하다.

충치를 예방해 주는 한편 미백 효과도 주는 치약이 있다. 물론 충치 예방보다 미백 효과가 여러 배 광고 효과가 크다. 치약 광고로 성공한 사례를 보면 헤드라인에 충치와 같은 질병은 언급하지 않는다. 그런 헤드라인은 아무런 효과가 없다는 점이 이미 테스트를 통해 입증되었기 때문이다. 그럼에도 불구하고 아직도 상당수의 광고들이 매출 증대와는 관련 없는 문제 해결을 강조한다. 테스트 결과를 분석하거나 비교한 적이 없기 때문일 것이다.

어떤 비누가 습진을 치료하고 동안피부로 만들어 준다면 어떨까? 습진을 치료해 준다는 말에 귀가 솔깃할 사람은 100명 중 1명이지만, 동안피부가 될 수 있다는 것에는 거의 모든 사람의 관심을 끌 것이다. 오히려 습진을 치료해 준다는 것이 미용 비누의 이미지를 훼손할 수 있다.

천식에 아주 잘 듣는 약으로 효과를 본 사람은 광고만 하면 대성공을 거둘 것이라고 생각한다. 하지만 이 점에 대해서는 아직 통계 자료가 없다. 일단 천식 환자가 얼마나 많은지도 알려져 있지 않다. 100명당 1명 정도로 천식을 앓는다고 가정할 경우, 천식환자가 제 발로 찾아오지 않는 한, 최소 100명에게 광고를 해야 한다. 그러면 5명 중 1명을 겨냥하는 광고에 비해 비용은 20배가 된다. 이렇게 광고비용이 많이 들면 실패할 가능성이 크다. 바로 이런 이유 때문에 새로운 광고를 준비하는 광고주라면 여러 사람의 조언을 최대한 많이 구해야 한다.

그러므로 광고의 핵심 요소로 내세우기에는 부족한 특성이라도 충분히 검토해야 한다. 그러나 그런 특성은 특정 집단에만 해당될 수 있다. 만약 목표 고객의 4분의 1을 공략할 수 있다면 어떨까? 그렇다면 헤드라인에 약간 반영할 방법이 있을 것이다. 또한 모든 광고에서 가능한 요소를 함부로 배제해서는 안 된다. 단순한 추측에 맡기지 말고 테스트 결과를 포함한 실제 정보를 활용해야 한다.

테스트 결과를 모르고서는 과학적 광고를 시도할 수 없다. 그렇게 해야 실패의 위험이 없고 수익을 최대화할 수 있다.

아마 광고에 실패했거나, 어둠 속을 헤매느라 잃어버린 비용을 계산해 보면 국가부채를 모두 갚고도 남을 것이다. 광고업계가 묘지로 변해버려 꿈에 부풀었던 수많은 사람들이 눈물을 흘린다고 해도 새로운 지식에 눈을 뜨면 밝은 미래가 열릴 것이다.

광고로 성공하려면 먼저 해당 분야의 완벽한 지식을 갖추어야 한다. 그러므로 광고회사는 리서치가 필요한 모든 분야에 대한 자료를 갖추어야 한다. 광고인들은 어떤 문제에 부딪히면 몇날 며칠씩 책을 파고드는 일도 마다하지 않는다. 그런데 예상 외로 수많은 책을 읽어도 정작 새로운 정보는 많지 않을 것이다. 그래도 가까스로 찾은 단 한 가지의 새로운 사실이 성공으로 가는 도약판이 될 수 있다.

나는 커피에 대한 책은 모조리 읽었다. 관련 의학 도서까지도 섭렵했다. 광고할 제품은 카페인이 없는 커피였다. 수천 건의 논문을 뒤지다가 과학 기사에서 광고에 쓸 만한 사실을 알아냈다. 커피는 두 시간 후에 카페인 각성 효과가 나타난다는 것이었다. 사람들이 정신을 차리려고 커피를 찾지만 그들이 느끼는 상쾌함은 카페인 효과가 아니었다. 카페인을 없애도 여전히 커피를 찾을 거라는 결론이

나왔다. 카페인은 고유한 향이나 맛이 없기 때문에 커피의 풍미를 전혀 손상시키지 않았다.

카페인이 없는 커피 광고는 수년 전에 등장했다. 이론적인 배경을 폭넓게 조사하지 않았더라면 카페인이 없는 커피 광고를 어떻게 바꿔야 할지 막막했을 것이다.

치약 광고를 맡았을 때에도 딱딱하고 어려운 과학적인 자료를 폭넓게 조사했다. 그렇게 하지 않았더라면 치약 광고로 수백만 달러를 버는 것은 꿈도 꾸지 못했을 것이다. 사실 내가 만든 치약광고는 아직도 전설적인 광고로 통한다.

천재란 고통을 감내하는 예술가다. 광고를 하는 사람은 밤새워 공부하지 않고서는 결코 발전할 수 없다.

식품 광고를 하기 전에는 130명의 인원을 확보하여 모든 계층의 소비자를 대상으로 몇 달에 걸쳐 사전 조사를 벌였다. 다른 제품을 광고할 때에는 의료진 1만2,000명에게 편지를 보냈다. 소비자의 시각을 알아내기 위해 수만 명을 대상으로 설문 조사를 실시하는 것은 당연한 일이었다.

아세틸렌 가스 장비의 광고를 만들 때는 연봉 2만5,000달러의 대우를 받았음에도 불구하고 몇 달씩 농장을 찾아다녔다. 트랙터 광고가 들어왔을 때에도 마찬가지였다. 쉐이빙 크림 광고를 할 때는 남성 고객 1,000명을 대상으로 설문 조사를 실시해 고객들이 가장 중요하게 여기는 특징을 알아냈다.

포크 앤 빈의 광고를 맡았을 때는 수천 가구를 대상으로 방문 조사를 실시했다. 그때까지 포크 앤 빈의 광고는 전부가 '우리 브랜드 제품을 구매하세요'라는 식이었다. 포크 앤 빈을 먹는 사람들 중에 통조림을 사 먹는 비율은 4%에 그쳤다. 나머지 96%는 집에서 직접 요리하는 편이었다.

문제는 특정 브랜드의 매출을 늘리는 것이 아니라 대상 고객이 4%밖에 되지 않는다는 점이었다. 실질적으로 매출을 늘리려면 집에서 요리를 하는 고객들도 통조림을 구매하게 만들어야 했다. 그 점을 알지 못했다면 포크 앤 빈 광고는 그만큼 성공하지 못했을 것이다.

고객들만 조사한 것이 아니라 딜러도 조사 대상에 포함시켰다. 또한 경쟁업체의 판매 현황을 면밀히 조사했다. 비슷한 제품의 광고가 이미 나와 있으면 글자 하나까지도 놓치지 않고 모두 분석했다. 그래서 경쟁업체의 광고 전략을 기본으로 삼아 이를 능가할 광고를 구상했다. 관련 자료를 수집하는 부서와 적극적으로 협력하여 광고하려는 제품에 대한 자료를 빠짐없이 건네받았다. 고객이나 딜러가 남긴 의견도 모두 공유했다.

광고를 제작하다 보면 제품에 따라 총 소비량을 알아야 할 경우가 생긴다. 소비자 1명의 연간 지출을 알아야 투자할 가치가 있는지 판단할 수 있기 때문이다. 또한 총 소비량을 알면 과잉광고도 방지할 수 있다.

우리 제품에 관심을 보이는 독자가 몇 퍼센트를 차지하는가도 중요한 문제였다. 이 자료는 계층별로 분리해서 수집했다. 지역에 따라서 비율이 다르게 나타난다는 점도 간과할 수 없었다. 이렇게 불필요하게 낭비되는 곳을 찾아내면 광고비를 크게 절감할 수 있었다.

따라서 본격적인 광고를 하기 전에 막대한 분량의 자료를 수집, 분석하는 것은 필수적인 단계다. 광고가 아니라 실험을 위해 자료를 수집할 때도 있었다. 효과적인 실험을 하려면 인력과 시간 소모가

홉킨스가 극찬한 미드사이클의 1920년도 광고. 미드사이클은 수년간 축적된 결과를 바탕으로 사진, 헤드라인, 카피, 공간 활용도 등을 광고에 담아냈다.

크기 때문에 사전 준비가 매우 중요했다.

화학자를 고용해서 특정 주장의 진위를 가릴 때도 있었다. 광고를 만들 때에는 철저히 조사하여 진실만 전달해야 하기 때문이다. 진위 여부는 광고에서 매우 중요한 사안이다. 거짓으로 밝혀지는 순간 그 광고는 부메랑처럼 되돌아와서 광고유통사와 제조 기업을 단번에 쓰러뜨릴 수 있다. 수년간 지속된 광고가 뒤늦게 거짓으로 드러나는 경우를 보면 새삼 경각심을 느끼게 된다. 더불어 진실성이 부족한 광고는 원하는 광고매체를 선택할 기회도 얻지 못한다. 지면을 판매하는 신문사나 잡지사에서 허위 사실이나 과대 표현이 들어간 광고의 게재를 꺼리기 때문이다.

광고로 강한 인상을 남기려고 한다면 언성을 높이는 것보다 정확성을 기할 때 더 큰 효과를 얻을 수 있다. 구체적인 수치를 얻기 위

못 파는 광고는 쓰레기다

해서 적지 않은 비용을 들여 실험을 하는 이유가 여기에 있다. 예를 들어 어떤 음료는 영양학적으로 매우 이롭다고 알려져 있었다. 그러나 단지 몸에 이롭다는 말은 설득력이 부족했다. 연구소에 의뢰해보니 1파인트(pint, 부피를 재는 단위로 1 미국 액량 파인트는 473.176473밀리리터이고 대체로 2컵 분량)당 425칼로리를 낸다는 점을 알게 되었다. 영양학적으로 1파인트가 계란 6개와 맞먹는 것이었다. 이렇게 구체적인 자료를 제시하자 많은 사람들이 호응을 보였다.

과학적인 세부사항은 반드시 심의 과정을 거치게 된다. 광고를 만들 때 아무리 꼼꼼하게 검토했다 하더라도 분석 결과를 만드는 과정에서 실수를 범할 수 있다. 그래서 모든 광고는 권위 있는 기관에서 심의를 받아야 한다.

사전 지식이 전혀 없는 사람이 광고 한 편을 만들려면 일이 얼마나 많은지 모른다. 아마 속사정을 알고 나면 입이 떡 벌어질 것이다. 겉으로는 단순해 보이는 것이 광고지만, 옳고 그름이 분명한 대중에게 어필하려면 분명하고 솔직해야 한다. 따라서 다양한 분야의 자료와 어마어마한 분량의 정보, 여러 달에 걸친 조사가 뒷받침되어야 한다. 그러므로 게으른 사람은 결코 광고인으로 존재할 수 없다.

전쟁에서 원한만 빼면 모든 것은 광고와 같다. 체스 게임도 광고에 적절한 비유가 된다. 상대방의 성을 빼앗으러 나가는 것은 경쟁업체가 장악한 시장(거래처)을 차지하러 가는 것과 다를 바 없다. 따라서 지식과 기술이 필요하다. 훈련을 받고 경험을 쌓아야 하며 적절한 장비도 갖추어야 한다. 전장에 나가는 군인은 총알도 충분히 준비해야 하고, 전투력을 증강하려면 고도의 전략도 필요하다. 앞서 말했듯이 정보 파트는 매우 중요하다. 이는 딜러와의 협력을 말하는 것인데 이 부분은 별도로 다루기로 한다.

종종 새로운 광고를 준비하다보면 브랜드 네임이라는 문제가 대두된다. 이보다 더 중요한 것이 없다는 말도 일리가 있다. 브랜드 네임만 잘 지어도 광고가 거의 완성된 것이라고 할 수 있기 때문이다.

슈레디드 휘트(Shredded Wheat), 크림 오브 휘트 (Cream of Wheat), 펍드 라이스(Puffed Rice), 스피어민트 껌(Spearmint Gum), 팜올리브 비

누(Palmolive Soap) 등에서 알 수 있듯이 브랜드 네임은 제품에 대한 모든 것을 보여줄 수 있다.

브랜드 네임은 막강한 힘이 된다. 매장의 상품 진열대에서 브랜드 네임은 가장 잘 보이는 위치에 놓인다. 브랜드 네임이 제품의 성공에 핵심적인 역할을 한 사례도 많다. 그런가 하면 브랜드 네임 때문에 발목을 잡힌 경우도 있다. 토스트 콘 플레이크(Toasted Corn Flakes)를 생각해 보라. 비슷한 제품이 너무 많이 쏟아져 나와서 토스트 콘 플레이크를 처음으로 출시한 기업이 설 자리를 잃어버린 것이다.

홉킨스가 만든 펍드 라이스 광고

아무런 의미가 없는 단어로 브랜드 네임을 만들어서 성공한 사례도 많다. 코닥(Kodak), 카로(Karo), 마쯔다(Mazda) 등은 대표적인 사례다. 그들은 독보적인 브랜드로 자리 잡았다. 다른 기업이 브랜드 네임의 영향력을 빼앗아 갈까봐 전전긍긍하지 않아도 된다. 스토리가 있는 브랜드 네임의 가치는 수백만 달러를 오르내린다. 이런 이유로 브랜드 네임을 개발하기 전에 어마어마한 조사가 진행되는 것도 놀라운 일이 아니다.

가격을 정하는 것도 전략이다. 지나친 고가 전략은 거부감을 일으키며 고객층을 좁힐 우려가 있다. 추가 수익을 얻으려고 비용을 투자했으나 배보다 배꼽이 더 커지는 경우도 있다.

잘 알려진 사실이지만 최대 수익을 얻는 방법은 이윤을 낮게 잡고 대량 판매하는 것이다. 즉, 박리다매(薄利多賣)는 효과적인 전략의 하나다.

전체 고객의 10%에게만 어필하는 가격은 판매비 증가라는 역효과를 낼 수 있다. 캠벨 수프(Campbell's Soups), 팜올리브 비누, 카로 시럽(Karo Syrup), 포드 자동차 등이 대표적인 사례다.

그런가 하면 고가 정책이 반드시 필요한 분야도 있다. 고객 1인당 매출이 적으면 상대적으로 이윤이 높아야 한다. 예를 들면 티눈약(corn plaster)의 가격을 요리조리 따지는 사람은 없다. 어차피 자주 쓰는 것이 아니기 때문이다. 티눈약은 수요가 많지 않으므로 제조업체는 어쩔 수 없이 이윤을 많이 남겨야 한다.

어떤 상품군은 가격이 높아야 오히려 고객이 관심을 보인다. 가격으로 제품을 판단하기 때문이다. 일반 제품보다 비싸면 품질도 그만큼 좋다고 여기는 것이다. 그러므로 전략에서 가격에 대한 질문은 항상 중요한 요소다.

경쟁업체도 고려하지 않을 수 없다. 따라서 구체적인 경쟁 상대부터 파악해야 한다. 가격, 품질을 비롯한 당신의 광고 전략에 대응하는 상대방의 전략은 어떠한가? 경쟁업체를 누를 만한 방법은 있는가? 일단 우위를 선점한 후에는 어떻게 지켜갈 것인가? 경쟁업체는 시장 내에 얼마나 뿌리 깊이 자리 잡고 있는가?

어떤 분야는 파고 들어가는 것이 거의 불가능하다고 여겨진다. 새로운 관습을 창출하여 고객들을 자신들의 방식으로 길들여 놓은 분야는 변화를 시도하기 어렵다. 시장 전체를 장악하고 있어서 비집고 들어갈 틈도 찾기 어렵다. 규모로 보나 수익으로 보나 그들과 경쟁하는 것은 숨이 막힐 정도로 버거운 일이다.

 못 파는 광고는 쓰레기다

그러나 어떤 분야일지라도 한 순간도 쉬지 않고 침략당하고 있다. 지면 광고로 공략하거나 누가 봐도 확실한 장점을 내세워 호시탐탐 넘보는 기업들이 꼬리에 꼬리를 물고 있다.

다른 분야의 상황도 그리 나을 것이 없다. 면도용 크림 신제품을 생각해 보자. 거의 모든 고객이 이미 경쟁업체의 제품을 불만 없이 사용하고 있다. 자기가 선호하는 브랜드도 이미 정해져 있다. 이처럼 오랫동안 익숙한 제품을 바꾸게 하려면 거부하기 어려울 정도로 강한 유인책이 필요하다.

운이 좋아 성공하기를 기대해서는 안 된다. 대중을 겨냥하여 누구라도 걸릴 것이라는 안이한 판단으로 팔을 뻗쳐서는 아무도 잡지 못한다. 경쟁 브랜드를 사용하는 개개인, 기존 고객의 평균 특성을 고려해야 한다. 좋아하는 비누가 있는 소비자에게 다른 비누를 써보게 하려면 어떤 방법을 동원해야 할까? 고객을 직접 만나면 뭐라고 말할 것인가? 고객 한 사람을 얻겠다고 수천 명을 따라다닐 수는 없는 노릇이다.

내세울 만한 특징이 없는 제품도 있다. 품질은 좋지만 경쟁제품과 비교하면 도토리 키 재기일 수도 있다. 이 정도면 시장에서 어느 정도 자리 잡을 거라고 생각하지만 처음에는 고객을 유인할 방법이 마땅치 않다. 따라서 다른 제품에 없는 인상적인 것을 찾아내서 알려야 한다. 사람들은 이유 없이 습관을 바꾸지 않는다. 그들이 움직일 이유를 주거나 매력을 보여주어야 한다.

기존 브랜드를 바꾸게 하는 것은 쉬운 일이 아니다. 이러한 변화는 거래 규모에 많은 영향을 주기 때문에 브랜드를 처음 출시할 때 반드시 고려해야 한다. 발생 가능성을 모두 예측하고 방어책을 미리 마련하는 것이 현명한 일이다.

많은 기업이 엄청난 수요를 창출한다. 그러나 출발 시점에 몇 가지의 허점이 있기 때문에 수익을 거둘 무렵에 상당 부분을 놓치고 만다.

바셀린(Veasline)을 예로 들어 보자. 바셀린은 새로운 수요를 창출했고, 초반부터 지혜롭게 대처한 덕분에 수요에 대한 독점을 유지했다. 만약 이 제품에 페트롤리움 젤리라는 이름을 붙였다면 독점이익은 사라지고 다른 경쟁사와 시장을 나누는 전혀 다른 결과가 나왔을 것이다.

젤-오(Jell-O), 포스텀(Postum), 빅트롤라(Victrola), 코닥(Kodak) 등은 제조사가 직접 만든 브랜드 네임으로 이제는 보통 명사처럼 널리 사용되며 사전에도 등재되었다. 제품 이름으로만 사용된 신조어(新造語)지만 이제는 일반 명사가 되었다.

하지만 로얄 베이킹 파우더(Royal Baking Powder)와 토스트 콘 플레이크와 같은 브랜드는 새로운 분야를 개척하는 데 성공했지만, 경쟁 브랜드에 자리를 내주고는 다시 일어서지 못했다. 홀릭 몰티드 밀크(Horlick's Malted Milk)도 마찬가지다.

한편 딜러의 태도도 잘 살펴야 한다. 딜러들은 제품의 종류를 줄이는 한편 동종 제품을 피하여 재고를 축소하려는 경향이 두드러진다. 만약 당신의 제품에 이러한 경향이 나타나면 어떻게 할 것인가? 비켜갈 방법은 있는가?

유통 문제 또한 규모가 크고 매우 중요하다. 딜러가 많지 않은 제품을 광고하는 것은 군인이 총알을 그냥 버리는 일이다. 이 점은 별도의 장에서 다루기로 한다.

지금까지 언급한 것은 광고인들이 해결해야 하는 많은 고민거리 중 하나에 불과하다. 그래서 경험이 중요하다는 것이다. 한 번의 부주의로 수백만 명의 고객을 잃을 수도 있다. 전략을 한 번 잘못 쓰면 성공에서 영영 멀어질 수도 있다. 방법을 바꾸면 비용이 반으로 줄 뿐만 아니라, 처리하는데 힘도 훨씬 적게 든다.

성공할 준비가 부족한 광고는 물을 콸콸 틀어서 하수구로 내버리는 것과 같다. 의욕은 넘치는 데 여러 가지 요소들을 효과적으로 사용하지 못하는 것과 다름없기 때문이다.

광고는 얼핏 쉬운 것처럼 보인다. 그래서 수많은 사람들이 자기도 광고를 만들 수 있다고 주장한다. 실제로도 그런 여지가 있는 것처럼 보일 수 있다. 그래서 그런지 수많은 광고가 엉뚱한 방향으로 가고 있다. 그러나 아는 사람은 다 안다. 광고는 고층 건물을 짓는 것 못지않게 복잡하고 중요한 문제들이 많이 관련되어 있다는 것을 말이다.

어떤 영업사원도 제품 자체만큼 좋은 홍보효과를 거둘 수 없다. 제품은 전반적인 이미지, 주변 환경을 모두 포함한다. 그렇기 때문에 샘플은 더없이 중요하다. 아무리 비싼 샘플이라도 판매방식 중에서 가장 비용이 적게 든다. 영업사원이 샘플 없이 제품을 파는 것이 힘든 것처럼 광고도 샘플을 활용하지 못하면 힘들다.

식품과 같은 생필품에는 샘플 전략이 많이 사용되지 않는다. 그러나 방법을 연구하면 거의 모든 분야에서 샘플을 활용할 수 있다. 의류는 이미 샘플을 시도했으며 음반(record)도 샘플을 시도하는 중이다.

샘플은 여러 가지 용도로 활용할 수 있다. 일단 광고에 '무료'라는 말을 쓸 수 있다. '무료'는 많은 사람들의 이목을 끄는 효과가 있다. 소비자의 입장에서는 공짜로 주는 것이라면 굳이 마다할 이유가 없기 때문이다. 샘플은 광고에 추가 비용을 들이지 않고도 사람을 끌어 모으는 효과가 있기 때문에 결국 투자한 비용은 충분히 회수하게 된다.

샘플은 즉각적인 행동을 이끌어낸다. 광고를 읽자마자 당장 사야 겠다고 생각하는 사람은 많지 않다. 그러나 제품에 대해 더 알아보 려는 의사가 있으면 쿠폰을 오려 두었다가 적절한 기회에 우편으로 보내거나 매장에서 샘플 교환을 신청한다. 쿠폰이 없었다면 광고 전체를 금방 잊어버렸을 것이다.

샘플 전략으로 잠재 고객의 이름과 주소 등을 알 수 있다. 뿐만 아니라 광고에서 미처 언급하지 못했던 자세한 정보를 제공하여 소비자를 적극적으로 설득할 수 있다.

사람들은 한 번 살펴본 광고를 다시 보지 않는다. 그런 상태로 6개월 정도 지나면 광고를 잊어버리기 쉽다. 그러나 기업이 연락을 취하면 기억을 자극할 수 있고, 새로운 정보를 제공하면 고객의 마음도 사로잡을 수 있다. 이렇게 샘플은 광고비가 낭비되는 것을 막아준다는 의미에서 제 몫을 톡톡히 해낸다.

때로 작은 샘플로는 테스트 효과를 제대로 내지 못한다. 따라서 비용이 더 들지만 풀 사이즈 패키지를 샘플로 사용하는 게 더 좋다. 쿠폰을 가져오면 매장에서 풀 사이즈 패키지를 제공하는 방법인데, 적지 않은 시간을 필요로 하는 테스트 방법이다.

테스트에 드는 비용이 늘어난다고 불평하는 사람이 있을지 모른다. 그러나 어차피 잠재적 소비자의 관심을 끌려면 돈이 들기 마련이다. 한 사람의 소비자가 샘플을 신청하게 만들기까지 50센트를 썼는데 15센트를 더 쓰는 것을 아까워한다면, 구매 결정을 내리려는 소비자를 놓치게 된다. 이는 현명한 대처법이 아니다.

샘플은 광고의 효과를 높여준다는 의미에서도 결코 돈이 아깝지 않은 방법이다. 샘플은 소비자의 관심에 대한 척도다. 광고주 역시 헤드라인과 집행계획, 그리고 샘플 전략 등으로 다른 광고와 비교하여 많은 점을 배울 수 있다.

광고에 대한 비교 분석은 기업의 예산 절감에 큰 도움을 준다. 제 아무리 경험이 많고 똑똑한 사람이라도 광고의 어떤 점이 가장 효과적인지 판단할 수 없다. 제대로 된 기준이 없으면 동일한 수익을 얻는 데 필요 이상의 비용을 들이게 된다. 그러나 샘플은 단 한 번의 시도로도 구체적인 결과를 보여주기 때문에 몇 배의 예산 절감 효과를 낸다.

샘플을 제공하려면 소비자 편의를 위해 유통 경로를 넓혀야 한다. 따라서 소비자의 인정을 받기 전에 유통망을 넓히는 것은 기업에 매우 유리하다.

샘플에 들어가는 비용을 아끼려다 광고 전략 전체를 망치는 경우도 허다하다. 비용 부담을 두려워하거나 푼돈에 인색한 광고는 샘플 제공에 들어가는 비용으로 10센트를 받거나 도장 몇 개를 받아와야만 제공하는 경우다. 이렇게 하면 반응을 이끌어 내는 비용을 다소 절감할 수 있을지 모른다. 하지만 샘플을 무료로 제공할 때와 그렇지 않을 때를 비교하면 소비자의 반응이 얼마나 달라질지 생각해 보기 바란다.

샘플을 유료화하면 소비자의 반응이 줄어든다. 게다가 광고에 '무료'라는 단어도 사용할 수 없다. 이미 설명했듯이 '무료'라는 말 한마디면 샘플 비용을 충당하고도 남을 정도로 고객을 많이 모을 수 있는데 말이다.

비용 부담에 못 이겨서 하나를 사면 하나를 더 주거나, 구매금액의 일정 부분을 할인해 주는 기업도 있다. 그러나 결과를 분석해 보면 이 방법도 샘플 투자와 달리 원금조차 회수하지 못한다. 고객이 브랜드를 바꾸기로 마음먹지 않은 이상, 정가에 구매하게 하는 것이나 반값에 구매하게 하는 것은 동일하게 어려운 일이다.

소비자의 마음을 설득하는 것이 광고인(판매자)의 주된 목표라는 것을 한시도 잊어서는 안 된다. 소비자의 입장에서 제품에 대한 관심을 표현하는 것이 부담스럽게 느껴지면 안 된다. 영업 활동에 이만큼 투자했으니, 소비자가 당연히 그 비용을 부담해야 한다는 식의 접근법은 바람직하지 않다. 열의 아홉은 그런 접근법을 거부할 것이다.

샘플을 요청하는 데 드는 비용은 제품마다 다르다. 이것은 기업이 겨냥하는 고객층이 얼마나 넓은가에 달려 있다. 모든 계층의 고객에게 적용되는 제품이 있는가 하면 특정 고객층만 공략하는 제품도 있다.

뉴욕 시에서 무가당 연유(無加糖煉乳) 광고를 딱 한 번 했는데 샘플 신청이 146만 건이나 들어왔다. 그런데 초콜릿 우유는 발행된 쿠폰의 20%만 회수되었다. 아무래도 소비자 범위가 넓지 않은 제품은 쿠폰에 대한 반응율도 낮은 것 같다.

샘플 제품 요청에 드는 비용도 중요한 문제다. 판매량이 절반이라고 해서 제품에 쏟는 노력도 절반으로 줄여서는 안 된다. 제품에 대한 문의가 오는 것은 고객이 광고를 읽었으며, 제품에 관심이 생겼다는 뜻이다. 제품을 직접 사용해 보기를 원하거나 제품에 대해 더 많이 알아보려는 고객이 눈앞에 있다면 절대로 홀대하지 말아야 한다.

고객이 이용하는 문의 방법에 따라 샘플 제공 비용이 달라진다. 고객이 직접 쿠폰을 우편으로 보내고, 샘플 역시 우편으로 배송하면 반응율이 낮다. 매장에서 쿠폰을 샘플로 바꿔가는 고객 수는 이보다 네 배 정도 많다.

현재 내가 광고를 하고 있는 제품의 경우, 우편으로 샘플을 요청하는 고객 1인에게 투자하는 비용이 평균 70센트다. 가까운 매장에서 쿠폰을 샘플로 교환할 경우에는 고객 1인당 비용이 18~22센트에 불과하다.

또한 고객의 입장에서 우편으로 샘플을 요청하는 것은 매우 번거로운 일이다. 우표도 사야하고 손수 글을 써야 하기 때문이다. 그래서 고객들은 차를 몰고 매장에 가는 편을 택한다. 그러므로 가능하다면 가까운 매장에 샘플을 비치하는 것이 바람직하다.

한 가지 제품에 대해 3가지 방법을 제시하는 테스트를 해 보았다. '우편, 전화, 직접 방문'이라는 세 가지 옵션을 제시하자, 전체 응답자의 70%가 전화로 샘플을 요청했다. 우편보다는 전화가 훨씬 편리하고 부담이 없다는 뜻이다.

때로는 매장마다 샘플을 미리 준비해 두는 것이 불가능하다. 이럴 때에는 주요 매장으로 샘플 교환 서비스를 제한할 수 있다. 해당 매장은 방문 고객이 늘어나므로 제안을 마다할 리 없다.

각 매장은 쿠폰이 들어오자마자 광고주에게 보내야 한다. 그래야 제품에 대한 고객의 관심이 사라지기 전에 마케팅을 전개할 수 있다.

샘플만 받아 쓰는 얌체 고객도 있다. 일부 고객들은 샘플을 받는 데 혈안이 되어 있다. 그러나 이런 고객은 소수이므로 기타 비용 정도로 생각하면 된다.

'1가구 당 샘플 하나만 드립니다'라고 못 박으면 샘플을 많이 받아가려는 고객을 미리 차단할 수 있다. 눈속임으로 샘플을 많이 받아가는 경우도 있는데 그들이 실제 고객이 될 확률은 매우 낮다. 그들의 손에 들어간 샘플은 아깝지만 고객을 잃은 것은 아니므로 안심하기 바란다.

　　　　　　　　　　　　　　　　　못 파는 광고는 쓰레기다

오랫동안 다양한 제품에 대하여 풀 사이즈 패키지를 무료로 제공해보았다. 패키지 원가는 10~50센트였다. 특정 지역을 선택하여 무료 샘플을 몇 개씩 받아가는 사람들을 세어보았는데, 낭비된 무료 샘플보다 이를 추적하는 데 드는 비용이 훨씬 컸다.

어린 아이들은 무료 샘플을 매우 좋아한다. 그러나 아이들의 손에 들어가는 샘플은 매출로 이어지지 않으므로 처음부터 '성인 고객에게만 샘플을 드립니다'라고 공지하는 것이 좋다. 아이들이 우편으로 샘플을 신청할 확률은 낮으므로 매장에서 받아가는 샘플만 차단하면 된다.

가까운 매장 어디에서나 풀 사이즈 패키지로 교환할 수 있는 쿠폰 광고를 낼 때 주의할 점은 특정인이 샘플을 많이 받기 위해 신문을 여러 부 구입하지 못하게 행사기간을 미리 알려주지 않거나, 대량구매가 어려운 일요일자 신문에 주로 광고를 한다.

그렇다고 분별 없이 샘플을 나누어주는 방법은 권하고 싶지 않다. 집집마다 샘플을 나누어주면 다른 광고지와 섞여서 대문 앞에 수북이 쌓이는데, 이런 샘플은 결코 매출로 이어지지 않는다. 주부들의 손에 들어갈 확률이 낮고 설령 발견돼도 호감을 얻기 어렵다. 제공 방법 자체가 그 제품의 가치를 떨어뜨렸기 때문에 주부의 눈에는 싸구려 제품으로 보일 뿐이다.

매장에서 제품을 진열하는 방식에도 주의해야 한다. 조금만 비용을 투자하면 고객의 반응은 크게 달라질 수 있다.

의외로 이 점을 모르는 광고유통업체들이 많은 것 같다. 대개의 광고유통업체들은 샘플 수천 개를 매장마다 공급하고, 제공하는 방식은 알아서 하도록 내버려둔다. 이러한 방식의 결과를 추적해 보면 가슴을 치고 후회할 것이다.

샘플은 관심을 보이는 사람에게만 주어야 한다. 관심이 있으리라 추정되는 사람이 아니라, 관심을 적극적으로 표현한 사람을 뜻한다. 광고를 제대로 본 사람도 포함된다. 제품에 대한 긍정적인 인상을 심어주고 기대를 갖게 만드는 것도 중요하다. 이런 분위기에서 제품을 사용해야 사람들은 '광고대로 정말 좋은 제품이구나'라고 느낄 것이다.

고객 1인당 비용을 산출하는 것의 필요성이 여기에서 또 한 번 대두된다. 이것 외에는 광고 효과를 정확히 알아볼 방법이 없다. 샘플을 사용하면 광고비가 두 배로 늘어나는 것처럼 보인다. 광고보다 샘플에 드는 돈이 더 많을지도 모른다. 그러나 제대로 활용하기만 하면 신규 고객을 얻는 데 이보다 더 저렴한 방법은 없다고 말할 수 있다. 광고의 궁극적인 목적이 신규 고객 확보라는 점을 항상 기억하기 바란다.

샘플이 아무런 효과가 없다는 주장은 편견에서 비롯된다. 지면 광고에만 전적으로 투자하는 광고유통업체는 샘플을 거부하는 경향이 있다. 그러나 누가 뭐라고 하던 간에 테스트 결과를 신뢰해야 한다. 도시 두 곳을 선정한 다음 샘플을 제공하는 것과 그렇지 않은 것을 테스트를 해 보면 효과를 손쉽게 증명할 수 있다. 샘플을 적절히 활용하기만 한다면 고객 1인당 비용이 늘어날까봐 전전긍긍할 필요가 없을 것이다.

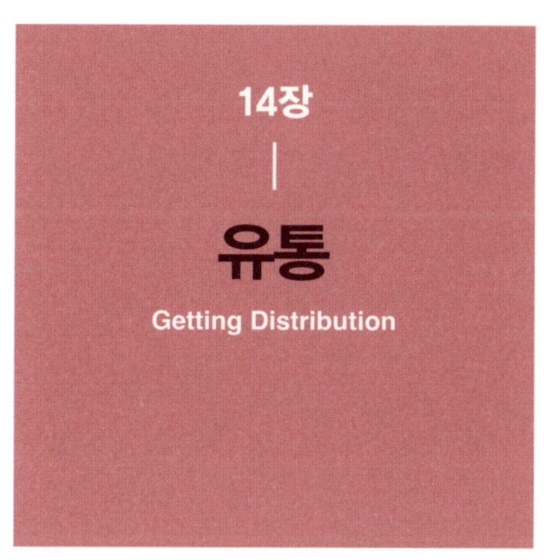

대부분의 광고주에게 유통은 큰 고민거리다. 유통을 해결하지 않으면 전국 규모의 광고는 꿈도 꿀 수 없다. 특히 신생기업의 제품은 유통망의 부족으로 손익을 맞추기가 정말 힘들다.

그렇다고 딜러를 압박해 재고를 억지로 늘리게 하는 방법은 비용 부담이 크다. 전국 매장에 영업사원을 투입하는 것도 비용이 만만치 않다. 광고만 믿고 인지도가 없는 제품의 재고를 확보하도록 딜러를 설득하는 것도 불가능하다. 그들은 수많은 제품이 소비자에게 외면당하고 기업이 약속을 밥 먹듯이 어기는 일을 수없이 겪어봤기 때문이다.

유통을 활성화할 방안을 여기에서 모두 다루기란 어려운 일이다. 기업마다 유통 방법이 수십 가지가 넘을 것이다. 어떤 기업은 먼저 통신판매를 통해 고객 인지도를 높인 후에 각 지역 매장에 재고를 보급하는 방식을 선택한다. 샘플 등의 방법으로 소비자에게 제품을

무료 패키지 쿠폰으로 단기간에 전국적인
유통망을 확보하면서 신규 고객을 창출한
팜올리브 광고

알린 후에 재고를 보유한 일부 매장을 방문하도록 유도하는 기업도 있다.

유명 브랜드를 보유한 기업은 일정량의 매출을 보증하는 조건으로 전국 대부분의 매장이 재고를 확보하도록 유도한다. 주요 도매상에 제품을 보급한 다음 소매상들이 필요할 때 언제든지 주문하게 하는 방법도 있다. 전국 각 매장에 재고가 확보되기 전까지 광고에 제품을 구매할 수 있는 특정 매장을 따로 안내할 수도 있다.

유통에 관해서는 문제점도 많고 좋은 방법도 많다. 그러나 폭넓게 활용되지 않는다는 단점 때문에 이 책의 지면을 할애하지 않기로 한다. 여기에서는 식품이나 생필품처럼 고객층이 넓고 반복 구매가 이루어지는 제품만 다루기로 한다.

기업들은 흔히 지역별 광고에 가장 먼저 손을 댄다. 제품의 특성상 잡지 광고가 가장 잘 맞는다는 것을 알면서도 그렇게 한다. 일단 도시 단위로 유통망을 차차 넓힌 후에 전국 단위 광고를 시도하는 것이다.

광고에 우리 제품의 재고를 확보한 매장을 직접 언급할 때도 있다. 아울러 새로운 매장이 재고 확보에 동의하면 광고에 추가한다. 광고에 재고를 확보한 특정 매장이 언급되면 대다수의 딜러들이 자기 매장도 판매점 리스트에 올리려 하는 효과도 있다. 따라서 처음부터 광고에 매장을 넣어주겠다고 하면 대다수의 딜러들의 동의를 얻을 수 있을 것이다.

초기 광고에 언급되는 매장의 숫자가 많고 적음은 중요하지 않다. 이 방식을 이용해 광고가 좋은 반응을 얻으면 나머지 매장들도 행동을 서두를 것이다. 그러면 비교적 빠른 시일 내에 지역 내의 모든 딜러가 재고를 확보하게 된다.

그런 의미에서 13장에서 살펴본 샘플 활용 방안은 유통망 확대에 도움이 된다. 사실 유통망 확대에 도움을 주는 것만으로도 샘플은 제몫을 했다고 말할 수 있다.

지역 광고를 통해 샘플을 제공할 때에는 쿠폰에 샘플을 교환할 수 있는 매장을 명시해야 한다. 그러면 고객은 더 가까운 매장이 있어도 쿠폰에 명시된 매장을 찾아가게 된다. 쿠폰에 매장을 안내하지 않으면, 가까운 매장을 찾았다가 빈손으로 돌아서게 되기 때문이다.

샘플 문의가 들어오면 재고를 보유하고 있는 매장을 안내해 준다. 이렇게 해서 일부 매장이 확보되면 다른 딜러도 재고를 확보하지 않을 수 없다고 느낄 것이다.

어떤 경우에는 거의 모든 매장에 샘플이 준비되어 있으나, 일정 구매 고객에게만 샘플이 제공된다. 패키지 12개 구매 시 샘플 12개를 준다고 하면 어떻게 될까? 모든 매장에 샘플을 받으려는 사람들이 몰려들 것이다. 그러면 매장은 재고를 확보하지 않을 수 없다. 샘플 때문에 고객이 다른 매장으로 발걸음을 돌리는 것을 참지 못할 테니 말이다.

어느 매장에서나 풀 사이즈 패키지로 교환할 수 있는 쿠폰을 발행하면 유통 문제가 매우 간단해진다. 먼저 딜러에게 쿠폰을 포함한 광고의 효과를 자세히 안내한다. 매장을 찾는 고객 중 상당수가 쿠폰을 가져올 것이라는 점도 지적한다. 쿠폰 1개는 1건의 매출, 즉 딜러의 입장에서는 놓치고 싶지 않은 수익을 뜻한다. 이런 조건에도 쿠폰 거래를 마다할 딜러는 없을 것이다. 이처럼 무료 패키지 쿠폰은 제 몫을 톡톡히 해낸다. 비용을 거의 들이지 않고 유통망을 형성할 수 있다.

내로라하는 광고업체 중에는 이 방법을 전국 단위로 적용한다. 잡지에 쿠폰 광고를 내고, 전국 어느 매장에서나 풀 사이즈 패키지와 교환해 주는 것이다. 이때 미리 각 매장에 쿠폰 광고의 효과를 설명해 주고 쿠폰이 실릴 잡지의 종류와 발행부수를 알려주어야 한다.

이렇게 하면 불과 일주일 만에 전국 모든 매장에 샘플을 보급할 수 있다. 그리고 쿠폰 광고가 나가면 샘플 효과가 곧바로 나타난다. 다시 한 번 말하지만 전국 유통망을 형성하는 것이 목적이라면 무료 패키지 쿠폰보다 더 저렴한 방법은 없다. 유통망을 형성하는 것은 물론이고 한 번에 수천 명의 신규 고객을 얻을 수 있기 때문이다. 팜올리브 비누와 펍드 그레인도 바로 이런 방식으로 성공한 제품이다.

신문의 경우 발행부수의 절반은 도심이 아닌 외곽 지역으로 뻗어 나간다. 도심지 매장에서만 쿠폰을 사용하게 하면 쿠폰의 절반은 버리는 꼴이 된다. 가까운 매장이 없는 지역에 사는 사람들은 우편으로 샘플을 신청하도록 안내해야 한다. 우편으로 신청이 들어오면 고객에게 직배송하는 것이 아니라 인근의 매장에 샘플을 보낸 다음 신청자에게 직접 찾아가도록 안내한다. 신청자에게 샘플을 바로 보내주면 신규 고객 한 사람을 얻을지 모른다. 그러나 매장에서 샘플을 찾아가게 하면 매장의 매출 확보와 고객 창출이라는 두 마리 토끼를 잡을 수 있다.

요즘에는 많은 기업들이 영업사원을 한 사람도 쓰지 않고 전국 유통망을 형성한다. 이렇게 하는 데 걸리는 시간은 길지 않다. 다른 방법에 비해 비용도 매우 저렴하다.

어떤 기업은 딜러들에게 샘플을 사은품으로 보낸다. 신규 고객을 창출했다가 다시 잃어버리는 것보다 이 방법이 더 나을지 모른다. 그렇지만 비용 부담이 크다는 단점이 있다. 이렇게 나눠주는 무료 패키지는 광고를 통해 판매해야 한다. 샘플의 정가를 생각해 보면 딜러 한 사람에게 적잖은 돈을 투자한다는 점을 부인할 수 없다. 영업사원에게 샘플을 맡겼다면 훨씬 적은 비용으로 동일한 결과를 얻었을 것이다. 영업사원이 아닌 다른 방법도 마찬가지다. 딜러에게 샘플을 무료로 안겨주는 것은 어떤 방법보다 비용 부담이 크다.

딜러에게 위탁 판매 조건으로 재고를 보내는 방법도 권할 만한 것은 아니다. 대다수의 딜러는 이 방법을 싫어하기 때문이다. 판매되지 않은 제품을 다시 회수하는 것도 번거로운 일이다. 이는 딜러와의 관계를 악화시킨다.

지금까지 살펴본 방법은 가장 효과적이라고 입증된 것이다. 더 좋은 방법이 있을지 모르지만, 이 책을 통해 모든 방법을 일일이 소개할 수 없다는 점을 양해해 주기 바란다.

유통 문제를 해결하기 전에 광고부터 실시하는 것은 바람직하지 않다. 그렇다고 무턱대고 거액을 유통망 확보에 쏟아 붓는 것도 현명한 일은 아니다. 유통 방법은 비용 부담이 적고 시간이 많이 걸리지 않아야 한다. 유통망 확보에 시간을 낭비하면 매출에 직격타를 입을 수 있다. 잠시 주춤하다가 경쟁업체에게 밀리는 일이 없도록 주의하기 바란다.

어떤 문제가 있거나 궁금증은 테스트 광고를 실시하면 저렴한 비용으로 손쉽게 대답을 찾을 수 있다. 모든 의문점에 대한 해답은 회의실에서 탁상공론을 펼칠 것이 아니라, 테스트를 통해 해결책을 찾아야 한다. 최종 심판은 바로 당신의 제품을 구매하는 고객에게 달려 있다.

신제품이 나올 때마다 나름대로 성공을 확신하는 경우가 많은데, 당신과 주변 사람들은 신제품을 좋아해도 대중은 외면할지도 모른다. 경쟁업체의 제품이 더 우수하거나 가격이 저렴할 수도 있다. 또한 이미 경쟁업체의 제품에 대한 선호도가 너무 커서 새로운 고객을 창출하는 비용이 배보다 배꼽이 더 클 수도 있다.

어떤 제품은 한 번 구매하면 오래 사용하기 때문에 재구매가 잘 일어나지 않는다. 또는 구매자의 폭이 넓지 않아서 광고 효과가 미미한 경우도 많다.

광고에는 커다란 변수가 수없이 많이 존재한다. 당신이 비웃었던 광고가 어느 날 갑자기 대성공을 거둘 수 있다. 반대로 당신이 성공을 확신했던 제품이 나락으로 떨어지기도 한다. 사람의 취향이 저마다 다르기 때문에 이런 현상이 나타나는 것이다. 그러나 모든 사람의 욕구를 파악한 다음 이를 토대로 정확하게 평균을 낼 수 있는 사람은 없다.

과거에는 광고주가 자신의 생각대로 움직였다. 그 결과 대부분은 패배를 맛보았고, 성공한 경우도 사실은 소 뒷걸음치다가 쥐 잡은 격이었다. 한때 광고계 전반이 침체된 적도 있었다. 승승가도를 달리던 광고도 하루아침에 무너지는 일이 비일비재했다. 고객 1인당 비용도 모르고, 1인당 매출액도 모르는 상황이었다. 판매비를 회수하기까지 시간이 너무 오래 걸리거나, 아예 회수가 불가능한 경우도 있었다.

이제 우리는 수천 명의 반응을 토대로 수백만 명의 반응을 예측한다. 수천 명에 대한 테스트는 일종의 모험과 같아서 상당한 비용이 들지만 구체적인 결과를 얻을 수 있다. 수천 명을 상대하는 데 드는 비용을 알면 수백만 명을 공략하는 비용도 예측할 수 있다. 수천 명이 구매하는 제품이라면, 수백만 명의 고객에게도 사랑받을 것이라고 확신할 수 있다.

이렇게 제한된 규모로 평균을 산출하면 얼마든지 확대 적용할 수 있다. 비용, 판매량, 수익, 그리고 손실을 회복하는 데 걸리는 시간도 알게 된다. 실패할지 모른다는 두려움에 시달릴 필요도 없다.

일단 서너 곳의 도시에서 테스트를 실행한다. 샘플 사용을 권하거나 무료로 나누어 주어 사용자들을 형성할 수 있다. 이렇게 하면 고객 1인당 비용이 계산된다. 샘플을 써본 사람들이 재구매를 하는지

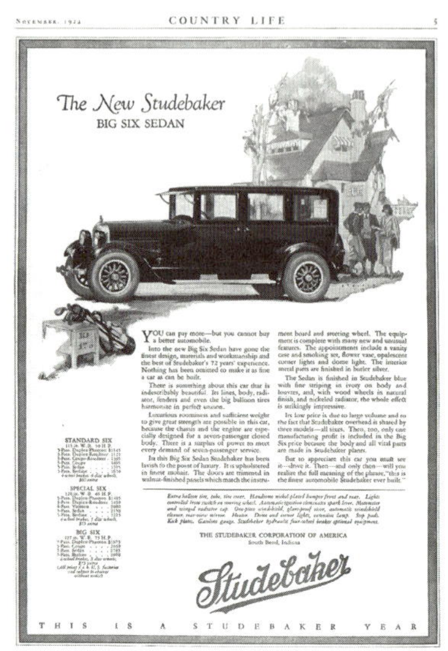

1924년 홉킨스가 만든 스튜드베이커자동차 광고. 홉킨스는 항상 본격적인 캠페인에 앞서 우편 및 지역신문을 이용해 테스트 광고를 실시했다.

지켜보면서 다음과 같은 점에 유의한다.

재구매는 한 번으로 끝나는가? 재구매 시 구매량은 어느 정도인가? 손익분기점을 돌파하려면 시간이 얼마나 걸리는가?

테스트 비용은 대략 3,000달러에서 5,000달러가 든다. 그러나 제품이 큰 호응을 얻지 못해도 테스트 비용을 날리는 것은 아니다. 약간의 매출이 발생할 수도 있다. 거의 모든 테스트가 머지않아 총비용을 회수하고도 남을 수익을 가져온다.

때로는 광고비 지불일자가 되기도 전에 그 이상의 수익이 발생한다. 이것은 매우 이상적인 상황이다. 투자 없이 광고해도 안전하다는 뜻이기 때문이다. 이러한 반응을 얻어 크게 성장한 광고주를 주변에서 많이 볼 수 있다.

어떤 제품은 비용을 모두 충당하고 수익을 얻기까지 3개월 정도 걸린다. 그러나 3개월 내내 불안한 것만은 아니다. 철저한 계산이 뒷받침되면 무모하거나 막연한 비용 지출을 줄일 수 있어 수익 발생을 확신할 수 있다.

구체적인 상황을 생각해 보자. 괜찮은 광고 아이디어가 있지만 전국 규모의 광고는 경제적으로 부담스러워서 엄두를 내지 못한다. 이

못 파는 광고는 쓰레기다

럴 경우, 먼저 몇 개의 중소 도시를 대상으로 테스트를 실시할 수 있다. 이 정도 테스트 비용은 충분히 감당할 만한 수준이며, 위험 부담도 거의 없다. 또한 수천 명의 응답을 통해 수백만 명의 반응도 대략 예상하게 된다. 이제 용기가 생긴다. 합리적인 수준까지 자신의 예상에 따라 광고 범위를 확장할 수 있다. 이러한 접근법은 실패할 우려가 없다. 광고가 잘 되면 수백만 명의 고객을 얻는 것이고, 실패로 끝난다 하더라도 손실이 크지 않으므로 얼마든지 재기할 수 있다.

바로 이 점을 강조하여 알리고 싶다. 지금 유명해진 기업이나 광고는 모두 처음에 테스트 광고부터 시작했다. 누군가 이 방법을 이해하고 수용하면 다른 기업들도 뒤따를 것이다. 대성공을 이룰 가능성이 있는데도 불구하고 용기가 없어서 몸을 움츠리고 있는 기업을 보면 안타까울 뿐이다.

세계 최대의 광고주도 이 방법을 실행하고 있다. 테스트를 통해 히트 상품을 하나씩 찾아내다보니 지금은 26개나 되고, 총수익은 연간 수백만 달러에 이른다.

테스트 광고에는 다른 목적도 있는데, 비즈니스 과정에서 발생하는 수많은 질문을 명쾌하게 해결해 준다.

어느 대형 식품업체는 제품의 형태를 바꾸면 더 잘 팔릴 것이라고 생각하게 되었다. 많은 사람들이 이를 지지했다. 그래서 소비자의 반응을 살피지도 않고, 형태를 바꾸려 했으나 다행히 소비자의 반응을 테스트하자는 우리의 조언대로 보류했다.

몇 개 도시에 쿠폰을 포함한 광고를 냈다. 가까운 매장에 쿠폰을 가져가면 형태가 달라진 신제품을 받을 수 있었다. 이를 통해 고객의 반응을 조사해보니 만장일치에 가깝게 부정적인 평가를 얻었다.

얼마 후에 또다시 형태를 바꾸자는 제안이 나왔다. 하지만 부정적인 반응을 얻은 경험 때문에 누구도 적극적으로 추진을 하지 못했다. 광고주는 테스트에 얽매이지 않으려고 했지만, 다시 수천 명의 여성 고객을 대상으로 테스트를 실시했다. 이번에는 응답자의 91%가 신제품을 선호했다. 제품의 형태를 바꾸자 매출은 몇 배 이상으로 증가했다.

두 번의 테스트에 소요된 비용은 각각 1,000달러였다. 첫 번째 테스트가 아니었다면 어마어마한 손실을 입었을지 모른다. 두 번째 테스트는 막대한 수익을 안겨 주었다.

이미 성공한 광고를 기초로 새로운 방법을 시도하는 것도 바람직하다. 효과가 입증된 광고에 나쁜 영향을 주지 않으면서 효율을 높일 방법을 끊임없이 모색하는 것이다.

어느 식품업체는 5년간 50개 이상의 광고를 시도했다. 조금씩 개선을 시도하자 결과도 크게 향상되었다. 그렇게 5년을 보내고 나니 수십 개의 광고 중에서 가장 확실한 것을 가려낼 수 있었으며, 판매비는 75%나 절감했다. 예전에 가장 좋다고 여겼던 광고보다 네 배나 발전한 것이었다.

통신판매 광고는 비용을 줄이기 위한 새로운 방법을 끊임없이 시도한다. 그렇다면 일반 광고도 이만큼 노력을 기울여야 하지 않을까?

지금 실행 중인 광고 중에 뭔가 부족한 느낌의 광고가 있다고 가정해보자. 노련한 광고전문가가 보기에 광고에는 개선해야 할 여지가 매우 크다. 하지만 그렇게 하기에는 걸림돌이 많다. 그래서 그대로 두기도 하는데, 이 문제도 테스트를 통해 해결할 수 있다. 기존의 광고를 방해하지 않고 몇 개 도시에서 테스트 광고를 실시하는 것이다. 테스트 결과와 기존 광고의 결과를 비교하면 발전 가능성을 찾아낼 수 있기 때문이다.

물론 테스트를 하지 않고서도 그럴듯한 주장은 내놓을 수 있다. 저마다 자신이 잘 할 수 있다고 큰소리칠지 모른다. 그러나 이런 상황에서는 누구의 말을 믿어야 할지 정하기 어려우며, 결정된다고 해도 틀릴 가능성이 크다.

하지만 약간의 테스트 비용으로 구체적인 수치를 얻을 수 있다면, 문제를 확실하게 해결할 수 있다. 이는 광고주는 아무 책임 없이 영업사원에게 '일주일을 줄 테니 가서 증명해 보시오'라고 말하는 것과 같다. 이처럼 과학적 방법을 적용하면 기존 광고의 성과는 크게 달라질 것이다.

어떤 화학자가 아무런 근거 없이 특정 화합물이 최고라고 고집하면 아무도 믿지 않을뿐더러 그동안 쌓아 놓은 신뢰도 완전히 무너진다. 무엇이 최고인지 알아내려면 테스트를 실행해야 한다. 어쩌면 수백 번의 테스트를 거쳐야 할지 모른다. 추측하는 것이 증명될 때까지는 결코 입 밖에 낼 수 없다. 모든 광고주는 과학적 광고를 위해 최선을 다해야 한다. 검증된 과학적 광고만이 최상의 효과를 반증한다.

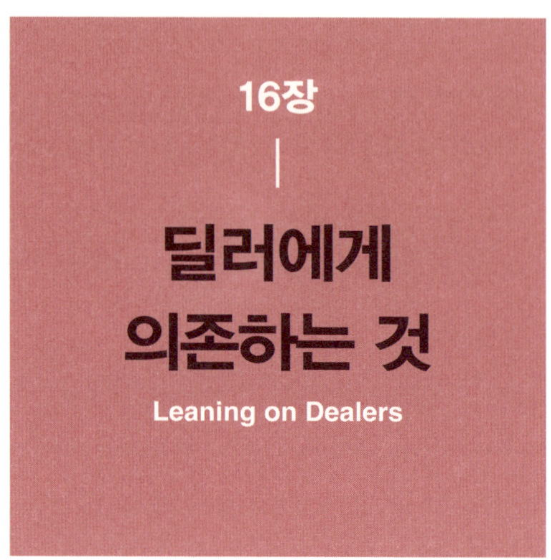

대부분의 경우에 판매에서 딜러[48]의 적극적인 도움을 크게 기대할 수 없다. 일단 그들은 수천 가지의 제품을 다루기 때문에 매우 바쁘다. 그들은 남의 브랜드가 아니라 자신의 브랜드에 우선적으로 집중하기 때문이다. 그러므로 딜러를 통해 판매된 제품에서 발생하는 단일 수익은 그리 크지 않게 된다. 또한 시간이 지나면 할인가로 판매되기도 한다.

딜러는 당신이 생각하지 못한 요청을 할 때도 있다. 필요 이상의 노력에 대해 지원을 요청하거나 할인을 청구할 수도 있다. 이때 대부분의 광고주는 할인을 선택한다. 판매량이 늘어나면 그만큼 더 노

---

48 **딜러** 딜러들 중에는 OEM 방식으로 생산한 제품에 자신의 브랜드를 붙여 판매하는 경우도 많았다. 오늘날 대형유통업체의 전신이라고 할 수 있다. 이들은 특정 지역 내 소매점에 제품을 공급하는 것은 물론이고 대형 매장까지 확보하고 있어 영향력이 상당했다.

  못 파는 광고는 쓰레기다

력하리라는 믿음 때문에 10개를 주문하면 1개를 무료로 주겠다고
제안하는 경우도 있다.

그러나 이런 일은 희귀성이 있는 제품에서 가능한 일이며, 통상적
으로 흔한 일은 아니다. 설령 딜러가 필요 이상의 노력을 기울인다
하더라도 총매출에는 변화가 없다. 그저 이 매장 저 매장을 휘젓고
다니는 횟수만 늘어날 뿐이다.

대부분의 상품에 있어서 새로운 소비자를 창출하지 못한 매출은
큰 의미를 부여하지 않는다. 광고를 통해 신뢰를 얻어 매출을 성사
시키면 그 고객은 평생 고객이 된다. 그러나 주변의 권유에 따라 구
매하는 고객들은 금방 변심한다. 그런 고객들은 다음번에는 또 다른
사람의 권유에 따라 다른 제품을 구매할 확률이 높기 때문이다.

광고주에게 돌아가야 할 수입이 종종 손실되는 경우도 있다. 따라
서 할인이나 사은품을 나눠주는 데 돈을 들이는 것보다 새로운 고객
을 찾는 것이 훨씬 바람직한 투자다.

또한 무료로 제품을 나눠주는 것보다 소액이라도 받아야 한다. 10
개를 구매할 때 1개를 더 준다면 광고 효과가 10% 늘어나야 전체 수
익이 유지된다. 그러므로 딜러가 원하는 대로 매입 조건을 허락해주
면 딜러는 자기가 편한 대로 거래하려 들 것이다.

딜러를 지원한다는 명목 하에 빠져나가는 돈은 한두 푼이 아니다.
그중에는 쇼윈도 상품 진열도 포함된다. 그러나 쇼윈도 상품 진열이
총매출에는 도움이 되지 않는다.

조금만 생각해 보면 이러한 사실은 금방 알아차릴 수 있다. 따라
서 장소를 바꿔가며 여러 가지 방법을 테스트하고 총매출의 변화를
점검해야 한다. 대부분의 경우 상품 진열에 거액을 투자해도 매출이
증가하지 않았다는 점을 알게 될 것이다. 그래서 경험이 많은 광고

주들은 상품 진열에 돈을 낭비하지 않는다.

예전에는 막연히 잘 되기를 바라는 마음으로 인심을 후하게 쓰고, 수익이 발생하기를 기다렸다. 20년 전만 해도 대부분의 광고가 이런 식이었다.

이제는 모든 광고에 테스트가 선행된다. 테스트를 할 때는 비용과 결과를 꼼꼼히 따지고 비교를 해야 하는데, 절차가 생각보다 어렵지 않다. 무엇보다 과학적 비교를 통해 불필요한 비용이 크게 절감된다는 사실을 일깨우는 효과도 있다.

과학적 광고는 기존에 사용되던 수많은 방침과 개념을 바꿔놓았다. 수십 년 동안 통용되던 방법의 허점도 여실히 드러났다. 이 점은 다른 형태의 판매 방식이나 제조비용 분석에도 적용할 수 있다.

모든 광고의 목적은 수익이 발생하는 지점에서 새로운 고객을 확보하는 것이다. 특정 매장에서 자신의 물품을 파는 것이 최종 목표가 되어서는 안 된다. 소비자의 관심사, 그들이 원하는 것을 정확히 파악해야 한다. 고객 한 사람을 유치하는 데 1달러가 든다면, 다른 일로 1달러를 허비할 때마다 고객 한 사람을 놓치는 것이라는 점을 기억해야 한다.

사업은 딜러에게 의존하는 것이 아니라 위와 같은 방식으로 확장해야 한다. 자신의 힘으로 매출을 신장시키고 성공을 이루어야 한다. 딜러에게 제품 주문을 받으면 일종의 만족감을 맛볼 수 있지만, 불필요한 비용이나 의미없는 낭비가 발생한다. 그러므로 시간과 노력, 자금을 가장 효과가 높은 방법에만 투자해야 한다.

신제품으로 대중들에게 강한 인상을 남기려면 기존의 방법과는 다른 방법을 시도해야 한다. 새롭고 신선한 방법이 좋다. 그렇다고 비정상적이고 기상천외한 방법을 말하는 것이 아니다. 평범한 사람들의 시각에서 볼 때 분명한 메시지를 전달 받을 수 있는 방법을 찾아내야 한다.

영업사원도 지면 광고도 마찬가지다. 어떤 독특한 메시지는 상대를 깎아내리고 반감을 조장한다. 그러나 많은 사람들의 환영을 받는 기분 좋은 독특함도 있다. 그런 차별화된 방법이나 지면광고를 보유한다는 것은 행운이다.

때로 광고에 모델로 활용할 광고주의 스타일을 보기 좋게 가꾸어 주려고 노력하는 경우도 있는데, 단순히 겉모습이 아니라 매너와 어조도 매력적으로 변화시켜야 한다. 광고주가 상대하는 사람들을 우선적으로 고려하여 그에 어울리는 개성을 부여해야 한다.

뛰어난 엔지니어인 하워드 커핀과 전문가들을 내세운 차머스자동차 광고

허름하지만 진솔함이 중요한 분야에서는 꾸밈없는 모습을 보여주어야 되고, 호감도에 의해 선택이 좌우되는 분야에서는 좋은 느낌으로, 어떤 분야에서는 권위를 앞세워야 인정받는다.

그런 이유 때문에 종종 우리는 광고에 서명(書名)을 넣는다. 이렇게 하면 개인의 권위를 높여줄 수 있다. 자신이 만든 제품에 강한 자부심을 가진 사람이 하는 말에는 힘이 있다. 가능하다면 광고에도 이러한 효과를 내야 한다. 사회적으로 유명해지면 그가 만든 제품도 절로 인기를 얻는다. 특히 제품의 개선된 효과를 광고할 때, 개발자나 제조자의 이름을 언급하면 광고에 도움이 된다.

그와 동시에 이미 광고 효과가 확인된 부분은 바꾸지 않도록 노력한다. 새로운 광고를 만들기 전에 광고주(모델)가 지금까지 어떤 이미지나 분위기를 연출했는지 유의해야 한다. 새로 만드는 광고는 전체

드라마에서 하나의 배역에 불과하기 때문이다.

성공적인 광고에서 분위기를 바꾸지 않으려면 엄청난 고통을 감수해야 한다. 지금까지 많은 고객을 얻은 방법이라면 앞으로도 많은 고객에게 사랑을 받을 것이다. 그것은 또한 인지도를 넓히는 효과도 있다. 낯선 사람이 다가서는 것보다 잘 아는 사람이 다가서는 것이 좋기 때문이다. 또한 사람들은 브랜드 네임만 기억하는 것이 아니라 외모나 매너도 기억한다. 그러므로 모델이 매번 다른 모습으로 다가서면 결코 신뢰를 쌓을 수 없다.

또한 사람들로 하여금 광고 속의 어필이 의도적으로 만들어낸 허상이라고 생각하게 해서도 안 된다. 세월이 흘러도 변하지 않는 진심에서 나온 것이라고 생각하도록 해야 한다.

사람도 광고도 강한 매력이 있다. 어떤 매력은 귀가 솔깃하지만 내용을 알고 나면 지루한 것도 있다. 평범하고 진부한 특성이 있는가 하면 기분이 상쾌해지는 특성도 있다. 상대방에게 경계심을 주는 특성이 있는가 하면 신뢰를 한층 높여주는 특성도 있다.

기업에게 딱 맞는 매력과 특성을 만들어내는 것은 가장 중요한 일인데, 매력과 특성이 생성되면 명예도 따라온다. 이 점은 분명한 사실이다.

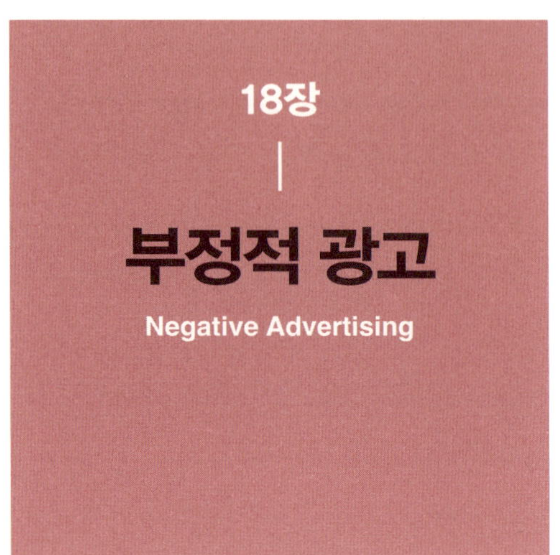

경쟁업체를 공격하는 것은 결코 좋은 광고가 아니다. 다른 브랜드의 약점을 들추어내는 것은 어떤 경우에도 좋은 방법이 아니다. 이런 방법은 치졸한 것이며, 자신의 이기심만 드러낼 뿐이다. 남을 헐뜯는 사람이 싫다면 자신부터 먼저 우호적인 동료가 되어야 한다.

그러므로 부정적이고 거부감이 드는 방식이 아니라 긍정적이고 기분이 좋아지는 느낌을 드러내야 한다. 노숙자가 아니라 아름답게 차려입은 사람, 아픈 사람이 아니라 건강한 사람을 등장시키는 것이다. 주름제거용 제품이라도 주름을 확대해서 보여줄 것이 아니라 얼굴 전체를 조명해야 한다. 어차피 고객들도 주름은 싫증나게 보아왔으니 말이다.

치약 광고에서는 상한 이가 아니라 가지런하고 고운 치아를 보여준다. 현재 안고 있는 문제가 아니라 앞으로 나아질 모습을 강조한

　　　　　　　　　　　　　　　　　　못 파는 광고는 쓰레기다

다. 의류 광고에서는 허름한 모습이 아니라 잘 차려입은 사람들을 등장시킨다. 비즈니스 강좌를 광고할 때에는 보란 듯이 성공한 비즈니스맨이 나서야 한다. 대중들이 지금 처한 상황이 아니라, 그들이 꿈꾸는 모습을 보여줘야 한다.

사람들은 따스한 햇살, 아름다움, 행복, 건강, 성공을 꿈꾼다. 이런 것과 멀어지는 것이 아니라 가까워지는 것을 보여줘야 한다. 따라서 남을 부러워하는 사람이 아니라, 남의 부러움을 사는 사람을 기용해야 한다. 또한 해서는 안 되는 행동이 아니라, 해야 하는 행동을 알려 주어야 한다.

모든 광고는 처음부터 끝까지 긍정적인 기운이 넘쳐야 한다. 굳이 슬프고 애처로운 상황을 연출할 필요는 없다.

사람들이 광고에서 말한 대로 움직인다고 가정해 보자. '이 제안을 왜 무시하세요?'가 아니라 '지금 바로 샘플을 신청하세요'라고 해야 한다. 전자는 상대방의 실수를 지적하는 것이고, 후자는 사람들에게 대세를 따르도록 권하는 것이다.

긍정적인 광고와 부정적인 광고를 한 번 비교해 보자. 전자는 밝은 면을 강조하며 사람들의 마음을 움직이지만, 후자는 어두운 면을 드러내고 경고를 전한다. 놀랍게도 긍정적인 광고는 부정적인 광고보다 반응이 네 배 이상 크다.

부정적인 광고는 이전 세대 광고가 남긴 우울한 수치(羞恥)다. 불만이 가득한 사람들 외에는 이런 광고에 마음을 열지 않는다. 따라서 우울한 분위기의 광고는 머릿속에서 깨끗이 지우기 바란다.

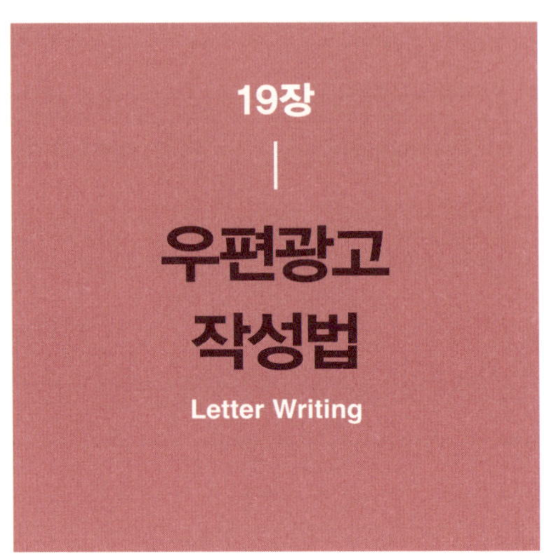

우편광고는 우리 모두가 심사숙고해야 하는 광고의 일부분이다. 모든 광고에서 우편광고 전략이 빠지는 일은 드물다. 사업가들은 엄청난 양의 우편광고를 받는다. 대부분은 쓰레기통으로 직행하지만, 어떤 것은 관심을 얻으며, 참고용으로 쓰이기도 한다.

우편광고를 찬찬히 살펴보라. 당신이 보관한 우편광고는 분명히 헤드라인에 눈길을 끄는 무언가가 있었다. 얼핏 보는 순간 당신이 알고 싶은 것 또는 당신이 원하는 것을 발견했을 것이다. 모든 광고에서 그 점을 명심해야 한다.

1년에 5,000만 달러치의 상품을 사들여야 하는 사람이 있었다. 그는 간행물이나 우편광고물이 오는 대로 자세히 들여다본다. 자신이 구입하려는 물건이 있는지 알아보려는 것이다.

그를 관찰해 보았더니 한 번에 수십 통의 광고성 우편물을 휴지통에 던져 넣었고, 한 통만 따로 빼놓는 것이었다. 골라낸 우편물의 헤드라인에는 '바니쉬'라는 문구가 있었고, 얼마 후 그는 우편물을 꼼꼼히 읽어보고 바니쉬라는 제품을 구매했다.

그는 성공적인 구매에 대한 글을 써서 상을 받은 적도 있었다. 그의 글을 읽어보면 쓸 만한 점이 많았다. 그렇지만 자신에게 날아오는 우편광고물 중 상당수는 제대로 보지 않고 버리는 사람이었다.

이 같은 원리는 모든 광고에 동일하게 적용된다. 우편광고물을 만드는 광고인들도 광고주와 마찬가지로 광고 원리에 무심하다. 그래서 소비자에게 외면당한다. 구매자들이 궁금해하는 것을 알려주지 못하니 당연한 결과다.

어느 잡지사는 정기구독자를 확보하거나 판매를 위해 매년 수백만 통의 우편광고물을 보낸다. 500만 통 발송 계획이 수립되면, 먼저 테스트를 실시한다. 25가지 종류의 광고물을 제작해 각 우편물을 1,000명의 잠재적 소비자에게 발송한다. 결과를 보고 수익성이 없으면 모든 계획을 접을 수도 있다. 수익성이 두드러지는 광고물이 나오면 그것만 사용한다. 이런 것이 과학적인 광고다.

통신판매 광고도 마찬가지다. 통신판매업체들은 당연히 우편광고물도 테스트한다. 수익성을 통해서 효과가 입증될 때까지 우편광고물을 함부로 사용하지 않는다.

우편광고물을 작성하는 것은 광고와 밀접한 관련이 있다. 제품에 대해 문의한 사람에게 보내는 답신도 포함된다. 가능하다면 테스트를 거치는 것이 좋다. 그러나 만약 테스트를 할 수 없다면 축적된 수치를 충분히 활용해야 한다.

우편광고물도 광고와 동일한 차이가 있다. 어떤 것은 반응이 오지만 그렇지 않은 것도 있다. 매출까지 이어지는 광고도 있고, 그동안 쌓은 이미지까지 다 무너뜨리는 광고도 있다. 마음이 반 정도 돌아

1906년에 제작된 비셀 카펫청소기 광고

선 소비자들에게 보내는 우편광고물은 매우 중요하다.

경험으로 보면 우편광고물의 포장에는 2센트를 들여도 1센트를 들인 것보다 나을 것이 없다. 종이의 재질을 달리 해도 마찬가지다. 결국 중요한 것은 내용이다.

고급 종이를 사용한 우편광고물과 팸플릿이 오히려 광고 효과를 억제한다는 조사 결과도 있다. 제품 자체의 장점이 아니라 다른 것으로 소비자를 현혹시킨다는 오해를 받기 때문이다. 이 점도 일반 광고와 다를 바 없다.

제품에 대해 문의한 고객에게 우편광고물을 보내는 것은 영업사원이 관심이 있는 잠재적 소비자를 방문하는 것과 같다. 일단 소비자가 관심을 보인 것에서 시작해야 한다. 다른 방향으로 관심을 끄는 행동은 자멸적이다. 소비자의 머릿속에 이미 형성되어 있는 이미지를 완성시켜 주는 것이 좋다. 막연한 추측에 따라 다른 시도를 하면 일을 그르칠 수 있다.

우편광고물의 목적도 즉각적인 행동을 유발하는 것이다. 소비자들이 꾸물거리는 것은 자연스러운 반응이다. 그런 상태를 내버려두면 결정을 보류하게 되고, 보류하다보면 어느새 잊어버리고 만다.

가능하다면 사람들이 즉각적인 행동을 하도록 자극을 주어야 한다. 결정을 보류할 때 오는 불이익을 말해주는 것도 하나의 방법이다.

한정판매 전략이 지금까지 수많은 성공을 거둔 것을 보면 이 방법은 꽤 효과가 있다. 만료 일자를 명확히 정하면 일단 미루고 보자는 식의 경향을 쉽게 막을 수 있다.

통신판매업자들은 카탈로그를 주로 사용한다. 고객은 비슷한 카탈로그를 서너 부 이상 받아보게 된다. 따라서 효과적인 판매를 하기 위해서는 다른 카탈로그와 경쟁을 해야 한다.

그래서 카탈로그를 보낼 때 카드를 동봉했다.

'새로운 고객이 되셨습니다. 따뜻하게 환영합니다. 주문서는 이 카드로 보내주십시오. 주문 상품과 함께 사은품을 드리겠습니다. 사은품은 소장할 만한 가치가 있을 겁니다.'

기존 고객에게는 다른 이유를 대서 사은품을 줄 수 있다. 이러한 제안을 받으면 누구나 솔깃해진다. 또한 그 카탈로그에만 유독 관심이 간다. 다른 카탈로그의 제품이 월등하게 낫지 않은 한, 고객은 사은품을 준다는 곳에 주문서를 보낼 것이다. 사은품은 카탈로그 1부당 매출을 크게 늘려주므로 제몫을 충분히 한다.

이 밖에도 행동을 유발하는 방법은 많다. 특정 방법이 여러 가지 품목에 두루 효과적인 경우는 거의 없지만 기본 원리는 반드시 통한다. 고객이 마음을 정하고 즉각적으로 행동하게 하는 것이 중요하다. 꾸물거리다가 잊히는 것보다 즉각적인 행동으로 매출을 성사시키는 것이 우리의 목표다. 어느 광고는 기본형 6개를 구매하여 트레이드마크를 오려 보내면 프리미엄을 준다고 광고했다. 그렇게 하자 단 일주일 만에 수천 명의 여성 고객들이 너도나도 제품을 구매했다.

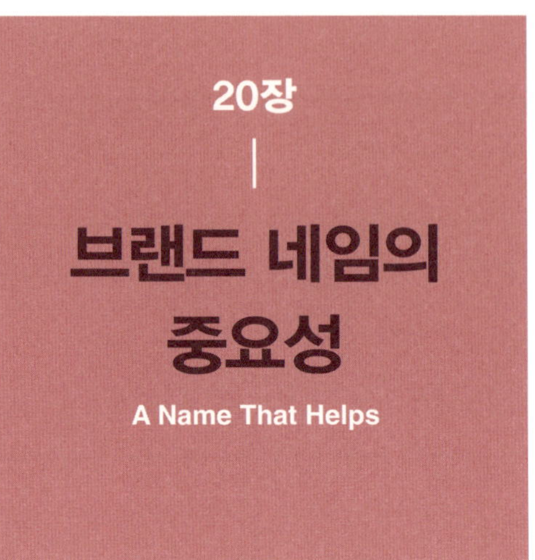

스토리가 있는 브랜드 네임은 영향력이 매우 크다. 그런 의미에서 브랜드 네임은 광고에 도움을 주어야 제 몫을 다한다고 말할 수 있다. 어떤 경우에는 브랜드 네임 자체가 광고의 전부라고 해도 과언이 아니다.

메이 브리치(May Breach), 크림 오브 휘트(Cream of Wheat)와 같은 제품명이 대표적이다. 특히 크림 오브 휘트의 이름값은 상상을 초월하는 수준이다. 그 밖에도 더치 클렌저(Dutch Cleanser), 큐티큐라(Cuticura), 다이언샤인(Dyanshine), 마이누트타피오카(Minute Tapioca), 쓰리인원오일(3-in-One Oil), 호울프루프(Holeproof), 알코러브(Alcorub) 등이 있다. 이런 브랜드 네임은 제품 자체를 설명하는 것들이기에 디스플레이에서 중요도가 매우 크다.

그런가 하면 별다른 의미 없이 임의로 생성한 브랜드 네임도 있다. 카로(Karo), 마쯔다(Mazda), 사폴리오(Sapolio), 바셀린(Vaseline), 코

　　　　　　　　　　　　못 파는 광고는 쓰레기다

텍스(Kotex), 럭스(Lux), 포스텀(Postum) 등이 그런 예다. 일단 성공하면 이러한 브랜드 네임의 가치도 매우 높아진다. 그러나 그런 위치에 오른 것들은 극소수에 지나지 않는다.

별다른 의미 없이 임의로 작명한 브랜드 네임은 광고에 별로 도움이 되지 않는다. 디스플레이를 할 만한 가치를 부여하기도 어렵다. 그러나 무엇보다 광고에

제품의 원료를 브랜드 네임으로 활용한 팜올리브 광고

서 중요한 것은 브랜드 네임이 아니라 제품의 특성이다. 판매에 도움이 되지 않는 브랜드 네임과 사진을 보여주는 것은 공간만 낭비할 뿐이다. 그래서 최근의 광고는 이런 점을 지양하고 있다.

한편 제품에 사용된 원료로 브랜드 네임을 짓는 경우도 있다. 시럽 오브 픽즈(Syrup of Figs), 코코넛 오일 샴푸(Coconut Oil Shampoo), 타르 비누(Tar Soap), 팜올리브 비누(Palmolive Soap) 등이 그러한 예다.

이런 경우 가격이 적당하면 시장을 지배할 수도 있다. 그러나 필연적으로 유사품이 등장하기 때문에 어느 정도의 경쟁은 각오해야 한다. 성분이 동일한 제품들이 쏟아져 나오면, 자연히 같은 레벨로 분류되므로 가격이 그들과 비슷해야 한다.

지금 와서 토스티드 콘 플레이크(Toasted Corn Flakes)와 몰티드 밀크(Malted Milk) 등의 브랜드 네임은 실패사례라고 할 수 있다. 이 제품군은 기존에 전혀 수요가 없던 것이다. 그런데 새로운 수요가 창

출되자 다른 기업도 동일한 브랜드 네임의 사용이 가능하여 새로운 수요의 상당부분을 빼앗겼다. 이렇게 새로 만들어낸 브랜드 네임의 가치가 얼마일지를 생각해 보는 것은 흥미로운 일이다.

특허 제품의 경우, 특허 기간이 종료되면 브랜드 네임 독점 사용권도 끝난다는 점을 인식해야 한다. 카스토리아(Castoria), 아스피린(Aspirin), 쉬레디드 휘트 비스킷(Shredded Wheat Biscuit)은 이제 어느 기업이나 자유롭게 쓸 수 있는 단어가 되었다. 이것은 진지하게 생각해 볼 문제다. 이 때문에 특허가 보호가 되지 못한다는 말이 나오는 것이다.

브랜드 네임 중에는 경박성이 문제가 되는 경우도 많다. 독특한 이름을 지으려고 욕심을 부리다가 하찮은 이름을 짓고 마는 것이다. 진지함을 요하는 제품에 경박한 이름을 붙이면 제품에 대한 신뢰도를 떨어뜨릴 수 있으므로 치명적인 약점이 된다.

브랜드 네임을 보통명사로 지을 생각이라면 사람 이름을 사용하는 것이 좋다. 제품을 만든 사람의 자부심을 보여줄 수 있으므로 별다른 의미 없이 임의로 짓는 것보다 훨씬 낫다.

이처럼 새로운 사업의 기초를 마련할 때 브랜드 네임은 매우 중요하다. 어떤 제품은 브랜드 네임 덕분에 크게 성공하는 반면, 브랜드 네임을 잘못 지어서 사업이 80% 가까이 무너져버린 제품도 있다.

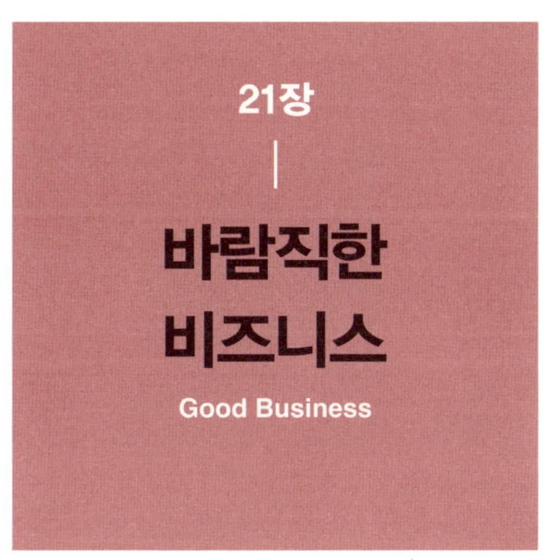

내가 어릴 때 살던 집 근처에 물살이 거센 냇물이 있었다. 물줄기의 힘으로 물레방아를 돌렸다. 원시적인 방법이긴 했지만 덕분에 냇물이 낭비되는 것이 거의 없었다. 그런데 어떤 사람이 과학적인 방법을 동원하여 터빈과 발전기를 설치했다. 이제는 그곳에 커다란 공장이 들어서 있다.

나는 광고의 힘이 낭비되는 경우를 볼 때마다 물레방아와 터빈을 떠올린다. 그런 사례를 찾으라면 수백 개도 넘게 찾을 수 있다. 엄청난 잠재력으로 고작 방앗간을 돌리는 기업이 있는가 하면, 같은 힘으로 몇 배 이상의 일을 해내는 기업도 있다.

매년 수없이 많은 새로운 광고가 등장하지만 상당수가 수익을 내지 못한다. 1달러로 할 수 있는 일에 5달러를 쓰는 경우가 허다하다. 비용의 150%에 해당하는 수익을 올릴 수 있는데도 불구하고 고작 30%밖에 건지지 못한다. 이러한 사실은 쉽게 증명할 수 있다.

지면이 낭비되는 경우를 비롯해 경박함, 교묘한 전략, 오락성이 두드러지는 광고도 많다. 값비싼 지면에 횡설수설하는 광고도 있다. 만약 영업사원이 그런 말을 했다가는 소비자들에게 정신이 이상한 사람이라며 손가락질을 받을 것이다. 이러한 광고는 핵심이 분명하지 않다. 광고에 대한 순간적인 욕심을 채우려고 맹목적으로 광고비를 쓰는 것이다.

경험이 많은 광고주도 마찬가지다. 그들도 광고의 결과에 대해서는 거의 혹은 전혀 관심을 갖지 않는다. 사업이 성장하는 것은 여러 가지 노력이 합쳐진 결과이며, 광고도 거기에 한 몫 했으리라고 추측할 뿐이다.

광고비만 매년 70만 달러 가까이 쓰는 광고주가 있었다. 그는 나에게 광고에 투자하는 것이 정말 필요한지 모르겠다고 털어놓았다. 막대한 돈을 들여 광고를 하지 않아도 사업 규모를 지금처럼 유지할 수 있을 것 같다는 생각이 드는 모양이었다.

"제가 장담하는데요, 당신의 광고는 수익에 전혀 도움이 되지 않습니다. 일주일만 시간을 주시면 그것을 증명해 드릴 수 있습니다. 광고를 끝까지 읽었다고 응답한 사람에게 5달러를 지불한다는 말로 광고를 끝내십시오. 그러나 응답하는 사람이 거의 없을 테니 깜짝 놀라실 준비를 하셔야 될 겁니다."

결과가 어떨지도 모르는 일에 수백만 달러를 썼다는 것을 깨닫는 기분은 어땠을까? 사업의 모든 측면에 그런 낭비를 했더라면 얼마 버티지 못하고 회사가 문을 닫았을 것이다.

눈을 돌려보면 마음에 썩 들지 않는 광고가 많다. 복잡하기만 하고 쓸데없는 말이 많다. 감탄을 자아내거나 즐거움을 주는 광고를 기대했다면 금방 실망으로 변할 것이다. 하지만 당신을 실망시킨 광

　　　　　　　　　　　　　　　　　　못 파는 광고는 쓰레기다

고들 중 적어도 핵심이 분명하면 광고주는 그런 광고가 제 몫을 톡톡히 한다는 것을 안다. 아마 수십 개의 광고를 추적해 보면 명쾌하게 핵심만을 강조하는 광고가 가장 쓸 만한 광고라는 사실을 깨달게 될 것이다.

대부분의 광고주는 광고로 성공한 경우 마치 효과가 입증된 묘약이라도 손에 넣은 것처럼 생각한다. 사업이 번창하면 광고라는 묘약의 효과가 좋았다고 말하고, 실패하면 운이 나빴다고 말한다. 그럼에도 불구하고 대다수의 광고주가 막연한 기대감으로 엄청난 광고비를 지출하는 것이 현실이다.

특히 전국 규모로 이루어지는 광고에서 이런 일이 비일비재하다. 아무런 근거 없이 추측에만 의존하여 돈을 쓰고 있다. 약간의 테스트만 해 봐도 효율을 몇 배로 늘릴 수 있는데 말이다.

지금도 이런 광고가 많지만 오래 가지 못할 것이다. 그런 광고를 만드는 사람들도 그 점을 간파하고 있다. 머지않아 기업주들이 광고비를 밑 빠진 독에 쏟아 부었다는 사실을 알게 될 것이다. 광고도 효율성에 입각한 비즈니스가 되어야 한다. 사람이든 광고든 측정된 결과를 통해 평가받으며, 평가에서 인

홉킨스가 설립한 '에드나 월러스 하퍼 화장품' 광고

정받지 못하면 살아남을 수 없어야 한다.

불과 한 시간 전에 나이가 많은 광고주가 이렇게 말했다.

"우리 광고는 이제 유행이 지나갔어요. 허풍이 이젠 먹히지 않아요. 난 무섭네요."

많은 사람들이 그의 말에 동감할 것이다. 과학적인 방법을 동원한 광고가 점차 세력을 확장하고 있다. 그러나 우리는 테스트에 통과할 자신이 있으므로 이러한 변화를 두 팔 벌려 환영한다. 광고가 안전하고 확실하다는 것을 눈으로 확인하면 광고주도 늘어날 것이다. 막연한 추측으로 소액을 지출하던 시대는 끝나고 확실성에 거액을 투자하는 시대가 열렸다. 그렇게 되면 광고는 결과만으로 평가받게 될 것이다.

못 파는 광고는 쓰레기다

저자 **클로드 C. 홉킨스**(Claude C. Hopkins, 1866~1932)

1866년 4월 24일 미국 미시간주에서 태어난 홉킨스는 1890년 비셀 카펫청소기에 입사해 회계부서에서 일하던 중 광고계에 입문했다. 능력을 인정받은 그는 육류회사인 스위프트와 닥터 슈프스 특허약품 회사의 광고책임자로 명성을 날렸다. 이후 프리랜서 카피라이터로 독립해 수많은 광고 캠페인으로 성공을 거두었으며, 로드 앤 토머스(Lord & Thomas)를 미국 최고의 광고대행사로 성장시켰다. 하드셀(hard sell) 소구의 일종인 선제적 리즌 와이(pre-emptive reason why) 기법을 창안했는데, 로서 리브스에 의해 USP 전략으로 완성되어 광고의 규범으로 활용되고 있다. 펩소던트 치약을 비롯해 팜올리브 비누, 선키스트 오렌지, 슐리츠맥주 광고 등 숱한 역작을 창조한 그는 언제나 상품판매를 촉진하는 전략을 개발했으며, 소비자 분석과 시장조사기법 등의 체계화로 광고의 현대화와 과학화를 선도했다. 그의 광고 원칙과 실천은 20세기 광고 크리에이티브의 발전에 이정표를 제시했다.

편역자 **심범섭**(沈凡燮)

1958년 강원도 춘천 태생으로 춘천고등학교와 강원대학교 법과대학을 졸업했다. 미국 피츠버그대학 마케팅 과정과 서울대학교 경영대학 최고경영자과정(AMP)을 수료했다. 산업디자인진흥원 마케팅 지도위원, 한국경제신문 수출중소기업 디자인 자문위원, 미래창조과학부 과학기술인으로 활동했다. 1982년 제일기획에 입사해 1997년 광고기획국장으로 퇴사할 때까지 삼성전자, 제일제당, 삼성자동차, 하이트맥주, 외환은행, 삼익가구, 삼성제약 등의 광고 전략을 담당했다.

IT산업의 발달로 촉발된 미디어 시장의 환경변화를 예견하고, 1997년 알라딘 홈쇼핑을 설립해 제조사(광고주)와 판매사(광고대행사)의 동반자적 파트너십을 모색했으며, 2007년 광고대행과 판매유통사를 결합한 새로운 개념의 광고유통사인 ㈜인포벨을 설립했다. 다채널 다매체, 그리고 N스크린 시대를 맞아 ㈜인포벨은 정보형 광고인 인포머셜(Informercial) 제작과 광고 효율 분석에 기반한 매체 운영으로 다이렉트 마케팅을 선도하고 있다.

인포머셜마케팅연구소를 설립해 〈인포머셜 뉴스레터〉 발행과 관련 서적의 출판, 학술 조사 등으로 국내 인포머셜 산업의 발전을 모색하는 한편 사단법인 한국인포머셜협회 회장으로 활동하고 있다. 한국기원 경영임원으로 활동하고 있으며, 쏘팔코사놀배 세계바둑대회를 후원하고 있다.

못 파는 광고는 쓰레기다
My Life in Advertising & Scientific Advertising
나의 광고 인생과 과학적 광고

2014년 1월 20일 1판 1쇄 발행
2014년 2월 24일 1판 2쇄 발행
2014년 3월 25일 2판 1쇄 발행
2025년 1월 10일 3판 1쇄 발행

지은이 | Claude C. Hopkins
편역자 | 심범섭

펴낸이 | 심범섭
편집주간 | 홍민석
자료조사 | 홍선하
펴낸곳 | 인포머셜마케팅연구소
출판신고 | 제2011-368호(2011년 12월 6일)
주소 | 서울시 강남구 광평로 280, 로즈데일빌딩 1839호 (수서동 724)
전화 | 02-3412-3004
팩스 | 02-3412-3078
이메일 | informercial@nate.com

디자인 | 홍영사